LAROUSSE
de la
Conjugaison

Tous les verbes du français

Les tableaux types

Les règles d'emploi

LAROUSSE

www.larousse.net
avec la collaboration de Yann Le Lay et André Jounette

———————

SOMMAIRE

PREMIÈRE PARTIE : Le verbe et la conjugaison

Les différentes catégories de verbes 6
La conjugaison 11
Le verbe dans la phrase 21

DEUXIÈME PARTIE : Tableaux de conjugaison

Les terminaisons régulières aux temps simples................44
La conjugaison temps par temps.................................45
Tableaux généraux...49
Les verbes irréguliers les plus courants 53
Les verbes du 1er groupe...................................64
Les verbes du 2e groupe 86
Les verbes du 3e groupe 88

TROISIÈME PARTIE : Répertoire des verbes..........152

Abréviations utilisées dans l'ouvrage

adj.	adjectif	inf.	infinitif
C.C.	complément circonstanciel	masc.	masculin
C.O.	complément d'objet	part.	participe
C.O.D.	complément d'objet direct	pers.	personnel
C.O.I.	complément d'objet indirect	plur.	pluriel
C.O.S.	complément d'objet second	prés.	présent
cond.	conditionnel	princ.	principale
fém.	féminin	prop.	proposition
imparf.	imparfait	sing.	singulier
impér.	impératif	sub.	subordonnée
ind.	indicatif	subj.	subjonctif

PREMIÈRE PARTIE

Le verbe et la conjugaison

Les différentes catégories de verbes 6

La conjugaison 11

Le verbe dans la phrase...........................21

LES DIFFÉRENTES CATÉGORIES DE VERBES

Le verbe est un mot de forme variable qui constitue, avec le nom ou le pronom, l'un des éléments fondamentaux de la plupart des phrases. Il donne des informations sur le sujet de la phrase, que celui-ci soit un être animé, un objet, une idée... et permet de répondre à ce type de questions :
- Que fait le sujet ?
- Qui est-il ?
- Que ressent-il ?

Les différentes formes que peut prendre le verbe ajoutent des précisions, par exemple sur l'époque à laquelle se situe une action, sur sa durée, etc.

■ Les verbes d'action

La grande majorité des verbes sont des verbes dits « d'action » ; ils expriment une action que réalise ou que subit le sujet du verbe :

Demain, je prendrai rendez-vous chez le garagiste

       sujet   verbe
      qui agit d'action

et, dans une semaine, la voiture sera réparée.

         sujet   verbe
    qui subit l'action d'action

■ Les verbes d'état

Les verbes d'état indiquent sous quelle apparence se présente le sujet, à quoi il ressemble, qui il est. Cet état s'exprime par un nom ou un adjectif appelé « attribut du sujet » :

Elle paraissait heureuse de me voir.

 sujet   verbe   attribut
      d'état   du sujet

Au sens strict, il s'agit des verbes :

être,	devenir,
paraître,	rester,
sembler,	demeurer (au sens de « rester dans le même état »
ressembler à,	et non au sens d'« habiter »),
avoir l'air (de),	s'appeler,
passer pour,	se nommer.

Mais d'autres verbes (habituellement des verbes d'action) peuvent exprimer l'état ; ils sont alors accompagnés d'un attribut du sujet :

vivre	*Jeanne a vécu **heureuse***	**se faire**	*Les écrevisses se font **rares***
tomber	*Le héros tombe **mort***	**partir**	*Je suis partie **confiante***
se trouver	*Je me trouve **beau***	**revenir**	*Je suis revenu **déçu**.*

◼ Les verbes pronominaux

Un verbe pronominal est toujours accompagné d'un pronom personnel réfléchi (qui renvoie au sujet) placé après le sujet :

Je   me   souviens très bien de vous ;   je ne me rappelle plus rien.
sujet pronom   sujet pronom
       réfléchi   réfléchi

Sans ce pronom, des verbes comme « se souvenir », « s'emparer de », « s'écrouler », « s'enfuir », « se repentir »… n'auraient aucun sens.

Ces verbes ne peuvent être mis ni à la voix active ni à la voix passive (voir plus loin « La notion de voix »). Ils sont appelés « essentiellement pronominaux » ; le pronom personnel réfléchi n'y a pas de signification particulière.

Remarque : Pour de nombreux verbes, la voix pronominale est une des trois voix possibles de la conjugaison, avec la voix active et la voix passive (voir p. 12).

◼ Les auxiliaires

L'auxiliaire est un verbe qui sert à conjuguer un autre verbe, à certains modes, à certains temps et à certaines voix (voir « La conjugaison », p. 11) : il aide à construire certaines formes verbales et, dans ce cas, il perd son sens.

Les auxiliaires « être » ou « avoir » sont les plus courants. Par exemple, on forme l'indicatif plus-que-parfait actif à l'aide de l'auxiliaire « être » ou « avoir » (selon les verbes) conjugué à l'imparfait actif et du participe passé du verbe que l'on veut conjuguer :

J' avais   chanté;   j' étais   partie
   auxiliaire part.   auxiliaire part.
               passé   passé

Remarque : Il arrive que « être » et « avoir » ne soient pas des auxiliaires :
Je suis (verbe d'état) *votre nouveau professeur de piano.*
J'ai (verbe d'action signifiant « je possède ») *ce livre chez moi.*

◼ L'auxiliaire « avoir »

Il s'emploie pour conjuguer la plupart des verbes aux temps composés de la voix active, sauf quelques-uns qui se conjuguent avec « être » (voir page suivante) :

J'ai lu (verbe « lire » au passé composé).

■ L'auxiliaire « être »

Il s'emploie pour conjuguer certains verbes et pour construire certaines formes.

• Quelques verbes construisent leurs temps composés de la voix active avec « être » :
– les verbes qui indiquent l'état ou la position où l'on se trouve : « demeurer » (quand il ne signifie pas « habiter »), « rester » :

> *Elle **est** restée calme* (verbe « rester » au passé composé) ;

– les verbes qui indiquent un changement d'état ou un déplacement dans l'espace : « devenir », « naître », « mourir », « tomber », « descendre »… :

> *Il **est** né hier* (verbe « naître » au passé composé).

ATTENTION

Quand un verbe de déplacement est accompagné d'un complément d'objet direct, on emploie l'auxiliaire « avoir » ; on dit ainsi :

*Je **suis** descendue chez la voisine ;*	*J'**ai** descendu la poubelle.*
auxiliaire « être » / complément circonstanciel de lieu	auxiliaire « avoir » / complément d'objet direct

• Tous les verbes conjugués à la voix pronominale construisent leurs temps composés avec « être » :

> *Je me **suis** blessée* (passé composé du verbe « blesser » conjugué à la voix pronominale).

• Tous les verbes à tous les temps de la voix passive ont leurs formes construites avec « être » :

> *Je **suis** soignée* (présent) ;
> *J'**ai** **été** soignée* (passé composé du verbe « soigner » conjugué à la voix passive).

■ Les semi-auxiliaires

Certains verbes ne jouent qu'occasionnellement le rôle d'auxiliaires. Dans ce cas, ils sont toujours suivis d'un verbe à l'infinitif ; ce sont :

• « aller », « être sur le point de » (cette expression en plusieurs mots s'appelle « une périphrase verbale »), qui servent à exprimer le futur proche :

> *Le facteur **va** passer d'une minute à l'autre ;*
> *L'orage **est sur le point d'**éclater ;*

• « venir de », employé pour indiquer un passé récent :

> *Nous **venons de** manger ;*

• « pouvoir », « devoir », « avoir à », qui n'indiquent pas qu'une action a (a eu ou aura) lieu à un moment précis, mais simplement qu'elle est possible, probable, nécessaire, obligatoire… On les appelle « auxiliaires modaux » :

> *Le facteur **doit** passer d'un moment à l'autre* (probabilité) ;
> *L'orage **peut** éclater* (possibilité) ;
> *J'**ai à** apprendre une leçon* (obligation) ;

• « **se mettre à** », « **être en train de** », qu'on appelle « auxiliaires d'aspect » (voir « Le verbe dans la phrase », p. 35) et qui expriment :
– qu'une action en est à son début : *ils se sont mis à rire ;*
– qu'une action est en cours : *Elle est en train de lire.*

Les verbes transitifs

Un verbe est transitif quand il se construit avec un complément d'objet (C.O.) direct ou indirect.
Un verbe est transitif direct si son complément d'objet est direct (C.O.D.) :

> *Je vois Laurence*
> verbe transitif   C.O.D.
> direct

Il est dit « transitif indirect » si ce complément d'objet est indirect (C.O.I.), c'est-à-dire précédé d'une préposition :

> *Je pense à Laurence*
> verbe transitif préposition C.O.I.
> indirect

Un verbe transitif peut ne pas être suivi d'un complément d'objet. Dans la conversation, par exemple, le C.O.D. n'est pas toujours exprimé (échanges rapides ou familiers, réponses à des questions, etc.) :
Désolé, j'ai déjà donné (= j'ai donné de l'argent à un autre démarcheur) ;
La société Dupont ? Oui, je connais (= je la connais).
On dit alors que ces verbes sont employés « absolument ».

Remarque : Deux verbes (ou plus) ne peuvent être suivis d'un ou de plusieurs compléments communs que s'ils ont la même construction (soit directe, soit indirecte). Il vaut mieux aussi (sauf volonté de produire un effet de style, un jeu de mots) que ces compléments soient des mots ou groupes de mots de même nature.
Il y aurait rupture de construction (anacoluthe) si cette règle n'était pas respectée ; ainsi, on ne peut écrire : Elle a apporté puis joué avec sa nouvelle poupée, car le verbe « apporter » est transitif direct (il doit être accompagné d'un C.O.D.) tandis que « jouer » est ici transitif indirect (il doit être suivi de la préposition « avec » et d'un C.O.I.). Il faut donc écrire :
Elle a apporté sa nouvelle poupée puis a joué avec elle (« elle », pronom personnel, représente « sa nouvelle poupée »).

Les verbes intransitifs

Un verbe est intransitif quand il est construit sans complément d'objet :

> *Nous marchons* (pas de complément) ;
> *Nous marchons dans la forêt* (un C.C. de lieu mais pas de C.O.).

Un même verbe peut, selon ses emplois, être tour à tour transitif direct, transitif indirect ou intransitif. Il change souvent de sens en changeant de construction :

construction	= verbe suivi de…	exemple
verbe transitif direct	C.O.D.	Je joue ma vie (= je risque…).
verbe transitif indirect	C.O.I.	Je joue du violon.
verbe intransitif	pas de C.O.	Les enfants jouent.

■ Les verbes impersonnels

Un verbe impersonnel (on dit aussi « unipersonnel ») est un verbe conjugué à la 3ᵉ personne du singulier et dont le pronom sujet « il » ne représente aucune réalité. On trouve sous la forme impersonnelle :

● des verbes ou des périphrases verbales exprimant des phénomènes météorologiques : « il neige », « il pleut », « il vente », « il tonne », « il fait beau », « il fait nuit »… ;

● des verbes ou des locutions verbales exprimant la nécessité : « il faut », « il est nécessaire de », « il est impératif de »… ;

● des tournures présentatives : « il y a » (« il y avait »…), « il est » (« il était »…) :
    Il est huit heures ; il était une fois un roi et une reine… ;

● des verbes d'action accidentellement construits de manière impersonnelle, aux voix active, pronominale ou passive : « il manque », « il reste », « il vaut mieux », « il passe », « il se produit », « il se vend », « il est décidé »…
Dans ce cas, comme avec « il y a » ou « il est nécessaire de », la phrase impersonnelle peut être transformée en phrase personnelle :

    Il manque des outils dans la boîte → Des outils manquent dans la boîte ;

    Il se vend 30 000 exemplaires de ce modèle chaque année → 30 000 exemplaires de ce modèle se vendent chaque année ;

    Il est pris une mesure en votre faveur → Une mesure est prise en votre faveur.

Remarque : Le sujet « il » d'un verbe impersonnel est appelé « sujet grammatical » ou « sujet apparent » ; le verbe est quelquefois suivi d'un autre sujet, le sujet logique (ou sujet réel) qui représente l'agent réel de l'action exprimée par le verbe :

    Il tombe de gros flocons (= de gros flocons tombent).
    | |
    sujet   sujet
    grammatical   logique

■ Les verbes défectifs

Les verbes défectifs ont une conjugaison incomplète : certaines formes manquent (elles font défaut) ou ne sont pas utilisées (elles sont inusitées). Par exemple, l'impératif du verbe « frire » est inusité aux 1ʳᵉ et 2ᵉ personnes du pluriel. C'est un verbe défectif.

LA CONJUGAISON

Le verbe est le mot qui peut prendre le plus de formes différentes. Comme les noms, les pronoms, les adjectifs, sa forme varie en fonction du nombre (singulier ou pluriel) et parfois du genre (masculin ou féminin). À ces variations s'ajoutent celles qui sont liées à la personne, au temps, au mode, à la voix (voir plus loin). On appelle « conjugaison » l'ensemble des formes que peut prendre un verbe sous l'effet de ces modifications.

■ La notion de personne

La forme du verbe varie selon que le sujet grammatical est singulier ou pluriel, et, aux temps composés, selon son genre et son nombre (dans certains cas seulement ; voir plus loin « L'accord du participe passé »).

En latin, langue à l'origine du français, la forme du verbe suffisait à indiquer si le pronom sujet était une 1re personne, une 2e ou une 3e, du singulier ou du pluriel. Le français a conservé ces variations bien qu'il exprime le pronom sujet :

	singulier		pluriel	
1re personne	je	chanterai	nous	chanterons
2e personne	tu	chanteras	vous	chanterez
3e personne	il/elle/on ou tout autre sujet	chantera	ils/elles ou tout autre sujet	chanteront

■ La 1re personne

La 1re personne désigne l'être (ou, parfois, la chose) qui s'exprime, seul ou inclus dans un groupe. On l'exprime à l'aide des pronoms sujets « je » (« j' » devant une voyelle ou un **h**- muet) au singulier, et « nous » au pluriel :

> *J'irai/nous irons en vacances en Suisse.*

Remarque : « Nous » indique que celui qui parle fait partie d'un groupe, et peut avoir plusieurs significations :
- Nous = toi + moi : *Nous allons être amis, tous les deux* ;
  nous = vous + moi : *Nous allons commencer la visite* ;
  nous = lui/elle + moi : *Nous vous rendrons visite demain* ;
- nous = eux/elles + moi : *Nous allons au cinéma, les enfants et moi.*

« Nous » a dans certains cas le sens d'un singulier :
  « nous de majesté » : *Nous vous faisons chevalier* ;
  « nous de modestie » (son emploi permet d'éviter de dire « je », qui peut paraître prétentieux) : *Dans notre étude, nous avons adopté la méthode suivante…* ;
  « nous » signifiant « tu » (familièrement ou ironiquement) : *Alors, nous n'avons toujours pas appris notre leçon ?*

Le pronom indéfini « on » remplace souvent « nous » en langage familier et prend alors la valeur d'un pronom personnel pluriel :

Nadia et moi, on est allés au cinéma hier.

■ La 2ᵉ personne

La 2ᵉ personne désigne le ou les êtres (ou, parfois, les choses) à qui l'on parle. On l'exprime par les pronoms personnels « tu » au singulier et « vous » au pluriel :

As-tu vu l'heure ? Les enfants, voulez-vous du gâteau ?

Le pronom « vous » peut aussi désigner une personne unique (vouvoiement de politesse) :

Vous êtes très aimable, monsieur.

Remarque : « Vous » (désignant un pluriel) a plusieurs sens : « toi + toi », « toi + vous » ou « toi + lui/eux/elle(s) ».

Le pronom « on » remplace quelquefois « tu » ou « vous » en langage familier :

On a perdu sa langue ? On est fatigué/ée/és/ées ?

■ La 3ᵉ personne

La 3ᵉ personne représente l'être de qui on parle, ou la chose dont on parle ; le sujet de 3ᵉ personne peut être :

– un nom ou un groupe nominal : ***Deux chats*** *se promènent sur le toit* ;

– un pronom de 3ᵉ personne qui peut être un pronom personnel sujet (« il/s, elle/s ») : *Jean est absent, on dit qu'**il** est malade* (« il » : pronom personnel), ou un pronom démonstratif, possessif, indéfini (« cela », « on »), etc. : *Mes géraniums poussent mal,* ***les tiens*** *sont magnifiques* (« les tiens » : pronom possessif) ;

– un autre équivalent du nom, par exemple un verbe à l'infinitif : ***Mentir*** *(= le mensonge) est inutile* ou une proposition subordonnée : ***Que Marie réussisse*** *(= la réussite de Marie) me ferait plaisir.*

Remarque : Parmi les pronoms personnels, le pronom de 3ᵉ personne est le seul à posséder un genre qui peut être :

– le masculin : *Il* (= le château) *tombe en ruine* ;

– le féminin : *Elle* (= la championne) *a battu le record* ;

– le neutre : « *Je suis jeune, il est vrai* » (*le Cid*, Pierre Corneille) = cela, le fait que je sois jeune, est vrai…

Rappel : Les verbes dits « impersonnels » se conjuguent seulement à la 3ᵉ personne du singulier.

■ La notion de voix

La voix est l'une des trois formes sous lesquelles peut se présenter le verbe. Schématiquement, elle permet d'indiquer quelle relation grammaticale existe entre le sujet, le verbe et l'éventuel complément d'objet.

■ La voix active

La voix active indique que le sujet du verbe :
– fait une action sur le C.O.D. :

> *L'enfant **casse** ses jouets ;*

– est dans un certain état (« être », « paraître »…), change d'état (sous l'effet d'une action dont l'agent n'est pas nommé : « devenir », « fondre », « bouillir », « prendre » au sens de « devenir solide »…), se déplace (« venir », « aller »…) ; dans ce cas, le verbe n'existe le plus souvent qu'à la voix active :

> *Cet enfant **paraît** très éveillé ;*
> *La glace **fond** ; le ciment **prend** ;*
> *Je **viens** vous parler.*

Remarque : Généralement, dans les livres de grammaire et les dictionnaires, les tableaux de conjugaison sont donnés à la voix active.

■ La voix passive

La voix passive, toujours conjuguée avec l'auxiliaire « être », indique que le sujet du verbe subit une action :

> *Le jouet **est** déjà **cassé.***

Seuls les verbes transitifs directs (suivis d'un C.O.D.) peuvent être mis à la voix passive ; le sujet du verbe passif est le C.O.D. du verbe actif correspondant :

> *Le maire **a inauguré** la patinoire → la patinoire **a été inaugurée** par le maire.*
>   Sujet du verbe actif   C.O.D. du verbe actif   Sujet du verbe passif

ATTENTION ─────

Les verbes « obéir à », « désobéir à » et « pardonner à », qui sont suivis d'un C.O.I. à la voix active, peuvent néanmoins admettre la voix passive : *Pierre **a été obéi** ; Lucie est **pardonnée.***

Remarque : L'agent (celui qui fait réellement l'action) peut être exprimé par un complément appelé « complément d'agent », lequel est introduit par les prépositions « par » ou « de » :

> *La patinoire **a été inaugurée** par le maire.*
>   Sujet qui subit l'action   Complément d'agent qui fait l'action

Ma grand-mère était aimée **de** tous.

■ La voix pronominale

Conjugué à la voix pronominale, le verbe est précédé d'un pronom personnel réfléchi, c'est-à-dire représentant le(s) même(s) être(s) ou la (les) même(s) chose(s) que le sujet, qui joue le rôle de complément :

> *Tu **te rappelles** son nom ?* (« te » : pronom personnel réfléchi).

Rappel : Les verbes essentiellement pronominaux n'existent qu'à la voix pronominale (voir p. 7). Le sens des verbes conjugués à la voix pronominale dépend du contexte.

Les verbes pronominaux à sens réfléchi

Ils signifient que le sujet fait une action sur lui-même ou pour lui-même :

Pierre se lave (= lave lui-même) : « se » est complément d'objet direct du verbe « laver » ;

Claire s'est offert une montre (= a offert une montre à elle-même) : « se » est complément d'objet second (C.O.S.) du verbe « offrir ».

Remarque : On appelle « C.O.S. » un second complément, qui s'ajoute au C.O.D. ; quand il indique, comme ici, en faveur ou au détriment de qui se fait l'action, il est appelé « complément d'attribution ».

Les verbes pronominaux à sens réciproque

Le pronom personnel renvoie aux différentes personnes représentées par le ou les sujets ; le verbe indique que ces personnes font une action les unes sur les autres, ou les unes pour les autres :

Les Dupont et les Martin se détestent (« se » est C.O.D. du verbe « détester » : les uns détestent les autres, et réciproquement) ;

Vous vous faites des cadeaux (« se » est C.O.S. du verbe « faire » : les uns font des cadeaux aux autres, et réciproquement).

Ces verbes ne peuvent guère exister qu'au pluriel, ou avec l'idée d'un pluriel :

Le chat s'est encore battu (idée implicite d'un adversaire).

Les verbes pronominaux à sens passif

Ils remplacent en une tournure plus élégante la voix passive, qu'on hésite souvent à utiliser, en particulier quand l'agent de l'action n'est pas précisé (on peut aussi employer le pronom « on »). Le pronom réfléchi n'a pas de fonction particulière :

L'huile pour moteur se vend en bidons (= l'huile… est vendue, ou : on vend l'huile…).

Les verbes pronominaux à sens vague

Ce sont les équivalents de verbes à la voix active et le pronom n'y a pas de valeur particulière. Il marque parfois une nuance de sens :

« Madame se meurt » (Bossuet) = Madame agonise.

POUR RÉSUMER

Le sens du verbe conjugué à la voix pronominale varie selon le contexte :

Il se sert dans le saladier → sens réfléchi = il sert lui-même ;

Les enfants se servent les uns les autres → sens réciproque = chaque enfant sert un autre enfant ;

Ce vin se sert bien frais → sens passif = ce vin doit être servi (ou : est générale-ment servi) bien frais ;

Il se sert de l'ordinateur → sens vague = il utilise.

ATTENTION

À l'infinitif et au participe, un verbe conjugué à la voix pronominale peut sembler conjugué à la voix active. Le pronom réfléchi tend en effet à disparaître après les verbes « faire », « laisser », « envoyer », « (em)mener » :

On a laissé échapper un tigre (= on a laissé un tigre s'échapper).

■ L'auxiliaire de conjugaison

À chacune des trois voix correspond une conjugaison spécifique :
– la voix passive se conjugue à tous les temps avec l'auxiliaire « être » ;
– la voix pronominale se conjugue aux temps composés avec l'auxiliaire « être » ;
– la voix active se conjugue aux temps composés avec l'auxiliaire « avoir » ou l'auxiliaire « être » selon les verbes :

	Indicatif	
	présent	passé composé
voix active	je lave je descends	j'ai lavé je suis descendu/e
voix passive	je suis lavé/e	j'ai été lavé/e
voix pronominale	je me lave	je me suis lavé/e

⬛ Les modes

Un mode est une catégorie de la conjugaison qui définit la manière dont celui qui parle perçoit l'état ou l'action exprimés par le verbe. Par exemple :
– le mode indicatif sert à exprimer des états ou des actions présentés comme réels ou certains :
  *Nous **partirons** demain ;*
– le mode subjonctif est utilisé pour des actions ou des états non réalisés, incertains, souhaités :
  *Il faut que nous **partions** demain.*

La conjugaison des verbes comprend sept modes, chacun d'entre eux pouvant (si le sens le permet) exister aux voix active, passive pronominale et à différents temps (voir plus loin).

■ Les modes personnels

Il existe quatre modes personnels, ainsi nommés car les formes verbales varient en personne et en nombre, et parfois en genre aux temps composés.

▬ L'indicatif

  Tu aimes ; tu es aimée ; vous vous aimez.

▬ Le subjonctif

  [Il faut] que tu aimes ; que tu sois aimée ; que vous vous aimiez.

▬ Le conditionnel

  Tu aimerais ; tu serais aimée ; vous vous aimeriez.

▬ L'impératif

  Aime ; sois aimée ; aimez-vous.

■ Les modes impersonnels

La conjugaison comporte trois modes impersonnels, c'est-à-dire dont la forme ne varie pas selon la personne ; seul le participe passé peut varier, mais en genre et en nombre et non pas en personne (voir « L'accord du participe passé », p. 25).

▬ L'infinitif

servir (prés., voix active) *; avoir été servi/ie/is/ies* (passé, voix passive) ;
s'être servi/ie/is/ies (passé, voix pronominale).

▬ Le participe

servant ; ayant été servi/ie/is/ies ; s'étant servi/ie/is/ies.

ATTENTION

On appelle couramment « participes passés » les formes comme « servi/ie/is/ies » qui, accompagnées d'un auxiliaire, servent à construire les temps composés.

▬ Le gérondif

en servant (voix active) *; en étant servi/ie/is/ies* (voix passive) *;*
en se servant (voix pronominale).
Voir aussi « L'emploi des modes », p. 31.

ATTENTION

À la voix pronominale, les modes impersonnels prennent la marque de la personne :
*On m'a dit de **me** servir ;*
*En **te** servant du micro-ordinateur, tu iras plus vite.*

■ Les temps

Dans une phrase, le verbe peut servir à évoquer une action, une situation en cours d'évolution, ou encore l'apparition d'un sentiment, un mécanisme intellectuel : c'est ce qu'on appelle un « procès », c'est-à-dire un processus. Il peut aussi évoquer un état ou un sentiment permanents.

Chaque mode du verbe comporte un ou plusieurs temps. Ceux-ci permettent de préciser à quel moment se situent ce procès ou cet état. Ce moment est défini par rapport au moment où l'on parle ou écrit. Par exemple, à l'indicatif :
– si le procès se déroule au moment où l'on s'exprime (= simultanéité)
→ on emploie le présent :
*Nous **mangeons** de la tarte ;*
– si le procès s'est déroulé avant le moment où l'on s'exprime (= antériorité)
→ on emploie un temps du passé :
*Hier, je **suis allée** au cinéma ;*
– si le procès doit se dérouler après le moment où l'on s'exprime (= postériorité)
→ on emploie le futur :
*Demain, il **fera** beau.*
On peut ainsi faire figurer les différents temps de la conjugaison de l'indicatif sur un axe du temps.

Axe du temps

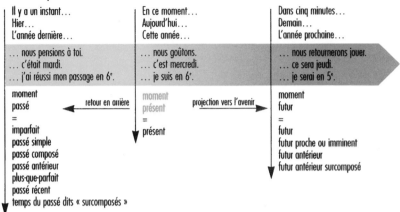

Il y a un instant…	En ce moment…	Dans cinq minutes…
Hier…	Aujourd'hui…	Demain…
L'année dernière…	Cette année…	L'année prochaine…

… nous pensions à toi.	… nous goûtons.	… nous retournerons jouer.
… c'était mardi.	… c'est mercredi.	… ce sera jeudi.
… j'ai réussi mon passage en 6ᵉ.	… je suis en 6ᵉ.	… je serai en 5ᵉ.

moment
passé ← retour en arrière
=
imparfait
passé simple
passé composé
passé antérieur
plus-que-parfait
passé récent
temps du passé dits « surcomposés »

moment
présent
=
présent

projection vers l'avenir →

moment
futur
=
futur
futur proche ou imminent
futur antérieur
futur antérieur surcomposé

De tous les modes, l'indicatif est celui qui comporte le plus grand nombre de temps (voir p. 18 et 19) ; c'est le seul qui exprime le futur.
Les autres modes n'ont qu'un présent et un ou plusieurs temps du passé.

■ Temps simples, composés et surcomposés

Il existe trois catégories de temps, classés selon leur forme.

Les temps simples

La forme verbale est constituée d'un seul mot :
Je marcherai (ind. futur simple, voix active).

Les temps composés

La forme verbale est constituée d'un auxiliaire ou d'un semi-auxiliaire (voir p. 7 à 9) à un temps simple, suivi du participe passé ou de l'infinitif présent :

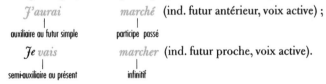

J'aurai   *marché* (ind. futur antérieur, voix active) ;
auxiliaire au futur simple   participe passé

Je vais   *marcher* (ind. futur proche, voix active).
semi-auxiliaire au présent   infinitif

Pour former les principaux temps composés, on procède ainsi :

temps composé voulu	temps de l'auxiliaire	exemples
indicatif		
passé composé	indicatif présent	*j'**ai** chanté ; je **suis** descendu/e*
plus-que-parfait	indicatif imparfait	*j'**avais** chanté ; j'**étais** descendu/e*
futur antérieur	indicatif futur simple	*j'**aurai** chanté ;*
		*je **serai** descendu/e*
passé antérieur	indicatif passé simple	*(quand) j'**eus** chanté ;*
		*je **fus** descendu/e*

temps composé voulu	temps de l'auxiliaire	exemples
impératif passé	impératif présent	*aie* chanté ; *sois* descendu/e
conditionnel passé 1ʳᵉ forme	conditionnel présent	j'*aurais* chanté ; je *serais* descendu/e
subjonctif passé plus-que-parfait	subjonctif présent subjonctif imparfait	que j'*aie* chanté ; que je *sois* descendu/e que j'*eusse* chanté ; que je *fusse* descendu/e
infinitif passé	infinitif présent	*avoir* chanté ; *être* descendu/e
participe passé	participe présent	*ayant* chanté ; *étant* descendu/e
Attention : le gérondif existe seulement au présent.		

Les temps surcomposés

La forme verbale est constituée d'un auxiliaire conjugué à un temps composé, suivi du participe passé :

J' ai eu   marché   (ind. passé surcomposé, voix active).

auxiliaire   Participe
au passé composé   passé

ATTENTION

Les temps surcomposés n'existent ni à la voix passive ni à la voix pronominale.
L'impératif passé n'existe ni à la voix passive ni à la voix pronominale.

Distribution des temps aux modes personnels de la voix active

	indicatif	subjonctif	conditionnel	impératif
temps simples	**présent** tu aimes	**présent** que tu aimes	**présent** tu aimerais	**présent** aime
	imparfait tu aimais	**imparfait** que tu aimasses	*n'existe pas*	*n'existe pas*
	futur simple tu aimeras	*n'existe pas*	*n'existe pas*	*n'existe pas*
	futur du passé tu aimerais	*n'existe pas*	*n'existe pas*	*n'existe pas*
	passé simple tu aimas	*n'existe pas*	*n'existe pas*	*n'existe pas*
temps composés	**passé composé** tu as aimé	**passé** que tu aies aimé	**passé 1ʳᵉ forme** tu aurais aimé	**passé** aie aimé
	plus-que-parfait tu avais aimé	**plus-que-parfait** que tu eusses aimé	**passé 2ᵉ forme** tu eusses aimé	*n'existe pas*

	indicatif	subjonctif	conditionnel	impératif
temps composés	**passé récent** tu viens d'aimer	*n'existe pas*	*n'existe pas*	*n'existe pas*
	passé récent du passé tu venais d'aimer	*n'existe pas*	*n'existe pas*	*n'existe pas*
	passé antérieur tu eus aimé	*n'existe pas*	*n'existe pas*	*n'existe pas*
	futur proche tu vas aimer	*n'existe pas*	*n'existe pas*	*n'existe pas*
	passé postérieur tu allais aimer	*n'existe pas*	*n'existe pas*	*n'existe pas*
	futur antérieur dans le passé tu aurais aimé	*n'existe pas*	*n'existe pas*	*n'existe pas*
	futur antérieur tu auras aimé	*n'existe pas*	*n'existe pas*	*n'existe pas*

▬ Distribution des temps aux modes impersonnels de la voix active

	infinitif	participe	gérondif
temps simples	**présent** aimer	**présent** aimant	**présent** en aimant
temps composés	**passé** avoir aimé	**passé** ayant aimé	*n'existe pas*

Pour *l'emploi* des différents temps verbaux, voir « Le verbe dans la phrase : l'emploi des temps », p. 35, et « La concordance des temps », p. 40.

▬ Les groupes de verbes

Selon la terminaison de leur infinitif présent actif, les verbes sont répartis en trois groupes de conjugaison :
• les verbes en -**er**, comme « aimer », constituent le premier groupe : (Ils sont tous réguliers, c'est-à-dire conformes à un modèle. Le verbe « aller » tableau 3, irrégulier, n'est pas du 1er groupe, malgré l'apparence de l'infinitif.).
• les verbes en -**ir** qui ont leur participe présent en -**issant**, comme « finir », forment le deuxième groupe ; ils sont tous réguliers sauf quelques formes des verbes « haïr » et « fleurir » ;

• les verbes en -**ir** qui ont leur participe présent terminé par -**ant**, comme « venir », les verbes en -**oir** comme « savoir » et en -**re** comme « vivre » sont rassemblés dans le troisième groupe : ils sont presque tous irréguliers.

Remarque : Lorsqu'un nouveau verbe, rendu nécessaire par l'évolution de l'activité humaine, est créé, ce verbe appartient généralement au 1ᵉʳ groupe (« délocaliser », « permanenter », « scotcher ») ou, plus rarement, au 2ᵉ (« alunir », calqué sur « atterrir »). On peut dire que le 3ᵉ groupe représente un ensemble de conjugaisons mortes puisqu'il ne produit plus de nouveaux verbes. Certains verbes du 3ᵉ groupe ont même tendance à disparaître au profit de synonymes plus faciles à conjuguer, au prix de néologismes parfois jugés inélégants : ainsi, « résoudre » est fortement concurrencé par « solutionner » ; « clore », par « clôturer », etc.

■ Le mécanisme de la conjugaison

Comme les noms et d'autres mots, le verbe est formé de plusieurs éléments.
• L'élément de base est la racine qui indique la signification du verbe et qui se retrouve, plus ou moins modifiée (on parle alors de « radical »), dans les mots de la même famille :

chant **er**   chant   chant **eur**   cant **atrice**   dé chant **er**
radical   radical   radical   radical   radical

• Au radical s'ajoute parfois un préfixe qui complète le sens (« **re**chanter » = chanter à nouveau) et toujours un suffixe. Ce suffixe a deux fonctions : il permet de construire, à partir du radical, un verbe, un nom, un adjectif ou un adverbe ; il sert de marque grammaticale au mot ainsi formé :

chant **eur**   inchant **able**   chant **er**
suffixe de nom   suffixe d'adjectif   suffixe de verbe

Dans le cas du verbe, ce suffixe est appelé « terminaison » ou « désinence ». Il permet au verbe de varier selon :

– le mode : *nous chant ons ;*   *chant er;*   *chant ant ;*
                indicatif   infinitif   participe

– le temps : *je chant e ;*   *je chant erai;*
                présent   futur

– la personne : *je chant erai ;*   *nous chant erons*
                1ʳᵉ pers. du sing.   1ʳᵉ pers. du plur.

Ces terminaisons sont récapitulées dans le tableau qui figure p. 44.

ATTENTION
– Certains verbes ont plusieurs radicaux ; on dit qu'ils ont plusieurs bases. C'est le cas de verbes d'emploi très fréquent comme « être », « avoir » ou « aller ».
– Les verbes dérivés à l'aide d'un préfixe se conjuguent généralement comme le verbe simple, sauf quelques cas particuliers (voir à partir de la p. 56).

LE VERBE DANS LA PHRASE

Élément central du groupe verbal, le verbe est indispensable dans les phrases appelées « phrases verbales ». Le verbe n'est généralement pas isolé dans la phrase. Pour orthographier correctement une forme verbale, il est donc nécessaire de savoir repérer son sujet et, souvent, son complément d'objet. Si l'on veut employer un verbe dans une phrase complexe, il faut aussi comprendre quels modes et quels temps utiliser en fonction du contexte.

❏ L'accord du verbe avec le sujet

Aux temps simples, le sujet d'une phrase impose au verbe un accord en personne et en nombre : le verbe prend une terminaison spécifique :

tu	*dans es,*	*elles*	*dans ent*
|	|	|	|
sujet à la	terminaison	sujet à la	terminaison
2ᵉ pers.	de la 2ᵉ pers.	3ᵉ pers.	de la 3ᵉ pers.
du sing.	du sing.	du plur.	du plur.

Aux temps composés, c'est l'auxiliaire qui s'accorde en personne et en nombre avec le sujet (pour l'accord du participe passé, voir p. 25).

■ L'accord avec un seul sujet

Lorsqu'il y a un seul sujet, le verbe s'accorde en personne et en nombre avec ce sujet :

L'avion décolle (sujet à la 3ᵉ pers. du sing.
→ verbe à la 3ᵉ pers. du sing.) ;

Tu arriveras bientôt (sujet à la 2ᵉ pers. du sing.
→ verbe à la 2ᵉ pers. du sing.).

ATTENTION

La règle s'applique aussi dans le cas du sujet inversé (placé après le verbe). On inverse obligatoirement le sujet :
– dans certaines phrases interrogatives (plus rarement dans une phrase exclamative) :

Vont-elles finir par arriver ? (le pronom sujet « elles » est inversé) ;
Aimez-vous voyager ? Où vont-ils en vacances ?

– avec le verbe « dire » ou tout verbe qui introduit des paroles que l'on rapporte, si ce verbe se trouve au milieu de la citation ou après celle-ci :

« Ils sont trop verts, dit-il, et bons pour des goujats » (La Fontaine) ;
« Quelle belle nuit ! » s'exclama Pierre en s'asseyant ;

– après des adverbes comme « aussi », au sens de « c'est pourquoi » :

Je te savais malade, aussi suis-je heureuse de te voir.

▬ Cas particuliers

Il peut arriver que le verbe ne s'accorde pas avec son sujet grammatical.

• Si le sujet est un nom collectif au singulier, comme « une classe » (= un ensemble d'élèves) ou « un tas » (= un empilement d'objets), l'accord du verbe se fait normalement, selon la personne et le nombre :

> *Un gros troupeau traverse la route.*

ATTENTION ────────────────────────────────

Si le nom collectif, employé avec un article indéfini (« un », « une »), est suivi d'un complément de détermination (appelé quelquefois « complément du nom »), on peut, au choix, accorder le verbe selon la grammaire ou selon le sens.
Si on veut insister sur l'idée d'un groupe uni, l'accord se fait au singulier :

> *Une foule de touristes se presse à l'entrée du musée.*

Si on veut mettre en valeur le grand nombre d'individus qui composent l'ensemble (et qui sont exprimés par le complément de détermination), l'accord se fait au pluriel :

> *Une foule de **touristes** se **pressent** à l'entrée du musée.*

La règle s'applique aussi à des expressions comme « le reste de », « ce que j'ai de » :
Le reste de mes livres ira/iront au grenier.

• Si le sujet est un nom numéral indiquant une fraction (« moitié », « tiers », « dixième »...) ou un ensemble (« dizaine », « (demi-)douzaine », « centaine » « millier », etc.) et qu'il est suivi d'un complément de détermination, c'est le sens de la phrase qui détermine l'accord :

> *Une demi-douzaine d'œufs **sera** nécessaire pour le gâteau* (ici, le nom « demi-douzaine » a un sens précis : c'est un ensemble de six → l'accord se fait selon l'idée d'ensemble) ;
>
> *Une demi-douzaine de badauds assist**aient** à la scène* (« une demi-douzaine » désigne ici un nombre indéfini : il pouvait y avoir aussi bien cinq badauds que sept → l'accord se fait selon l'idée de nombre).

• Si le sujet est un adverbe de quantité, ou une expression signifiant la quantité (« peu/beaucoup », « assez/trop », « tant », « la plupart », « nombre » suivis ou non de « de », etc.), l'accord se fait avec le complément qui suit (même s'il est sous-entendu). Celui-ci est le plus souvent au pluriel, mais peut se présenter au singulier, par exemple s'il désigne une quantité indénombrable (qu'on ne peut pas compter) :

> *Beaucoup de skieurs descend**ent** la piste ;*
> *Beaucoup la descend**ent*** (complément pluriel sous-entendu) ;
> *Beaucoup d'eau ruisselle dans ce chemin.*

• Malgré leurs sens, l'expression « plus d'un(e) » appelle un accord au singulier :

> ***Plus d'un** hôtel affiche « complet » ;*

et l'expression « moins de deux » demande un accord au pluriel :

> ***Moins de deux** heures suffiront.*

• Dans le cas des verbes impersonnels (voir p. 10), le sujet grammatical « il » appelle le singulier, même si le verbe est suivi d'un sujet logique au pluriel :

> *Il **faut** des outils.*

• Le pronom neutre « ce » (« c' ») est singulier :
> *C'est triste.*

Remarque : Quand « ce » joue le rôle de présentatif, l'accord peut se faire soit au singulier, soit au pluriel :
C'est mes neveux (usage oral et familier) ;
Ce sont mes neveux (surtout à l'écrit et à l'oral dans un style soutenu).
De la même manière, on peut dire « c'est eux » ou « ce sont eux ».

• Si le sujet est un verbe à l'infinitif, une proposition subordonnée ou une citation entre guillemets, l'accord se fait au singulier :
> *Conserver le bon cap paraît difficile ;*
> *Comment elle a réussi reste un mystère.*

• Si le sujet est un titre d'œuvre au pluriel, l'accord se fait plutôt au pluriel quand le titre commence par un article :
> *Les Femmes savantes **sont** au programme ;*
s'il ne comporte pas article, l'accord se fait au singulier :
> *Dialogues de bêtes **est** au programme.*

■ L'accord avec plusieurs sujets

Lorsqu'il y a plusieurs sujets juxtaposés ou coordonnés par « et », « puis », etc., le verbe s'accorde au pluriel :
> *L'aigle, le milan, le faucon, la buse **sont** des rapaces ;*
> *Janine, Michelle et Pierre arriv**eront** bientôt ;*
> *Toi et moi **irons** au cinéma.*

Voir plus loin l'accord en personne (p. 24).

▬ Cas particuliers

Il arrive quelquefois que l'accord se fasse au singulier.

• Quand les sujets juxtaposés formant une énumération sont repris par un pronom indéfini singulier (« tout », « rien », « nul », « personne »), l'accord se fait au singulier avec ce pronom placé en dernier :
> *« Un souffle, une ombre, un rien, **tout** lui donn**ait** la fièvre »* (La Fontaine).

• Quand les sujets sont coordonnés par les conjonctions « ou » ou « ni », tout dépend du sens de la phrase.
– On fait l'accord au pluriel quand la présence (ou l'absence) d'un sujet dans l'action n'exclut pas celle de l'autre :
> *Je ne sais pas si le vin ou le café **sont** compris* (ce peut être l'un et l'autre) ;
> *Ni le vin ni le café ne **sont** compris.*
– On fait l'accord au singulier quand seul l'un des sujets peut faire l'action :
> *Le Brésil ou l'Italie **gagnera** la Coupe du monde* (seul l'un des deux peut gagner).

ATTENTION

– Après « l'un(e) et l'autre », on met le plus souvent le pluriel, mais le singulier est possible si les deux sujets sont considérés séparément :

> *L'une et l'autre voiture **sont** en panne* (= les deux) ;
> *L'un et l'autre savant **fait** autorité dans son domaine* (= chacun d'eux).

– Après « l'un(e) ou l'autre », on met le plus souvent le singulier car les deux sujets s'excluent :

> *L'un ou l'autre **a** tort.*

– Après « ni l'un(e) ni l'autre », l'accord se fait au pluriel ou au singulier selon qu'on considère séparément ou non les deux sujets :

> *Ni l'une ni l'autre des voitures ne **sont** en panne ;*
> *Ni l'une ni l'autre ne **saura** vous aider.*

■ L'accord en personne avec plusieurs sujets

Lorsqu'il y a plusieurs sujets de même personne, le verbe s'accorde au pluriel avec cette personne :

> *La chatte et son petit   dorment dans le panier.*
>
> deux sujets à la   verbe à la
> 3ᵉ pers.   3ᵉ pers. du pluriel

Lorsqu'il y a plusieurs sujets de personnes différentes, le verbe s'accorde avec une seule des personnes représentées, selon des règles bien précises.

• La 1ʳᵉ personne l'emporte sur la 2ᵉ :

> *Toi et moi   irons   au cinéma.*
>
> 1ʳᵉ pers. du sing.   verbe à la
> 1ʳᵉ pers. du pluriel

• La 1ʳᵉ personne l'emporte sur la 3ᵉ :

> *Elle et **moi irons** au cinéma.*

• La 1ʳᵉ personne l'emporte sur la 2ᵉ et la 3ᵉ réunies :

> *Elle, toi et **moi irons** au cinéma.*

• La 2ᵉ personne l'emporte sur la 3ᵉ :

> *Toi et elle **irez** au cinéma ; Pierre, Claire, Marie et **toi irez** au cinéma.*

■ L'accord avec le sujet « qui »

Si le sujet est le pronom relatif « qui », le verbe s'accorde en personne avec l'antécédent de ce pronom (le nom que le pronom reprend) :

> *C'est   moi   qui   veux venir*
>
> antécédent à la   verbe à la
> 1ʳᵉ pers. du sing.   1ʳᵉ pers. du sing.

> *C'est **elle** qui **veut** venir ;*
> ***Vous** qui vouliez du gâteau, en voici.*

Remarque : Lorsque l'antécédent du relatif est un attribut du sujet, l'accord se fait plutôt avec la personne de cet attribut :

Vous	*êtes*	*un commerçant*	*qui*	*sait*	*conseiller ses clients.*
sujet à la 2ᵉ pers. du sing.		attribut du sujet à la 3ᵉ pers. du sing.	pronom relatif	verbe accordé : 3ᵉ pers. du sing.	

Cependant, avec les adjectifs attributs « le seul (la seule) qui », « le premier (la première) qui », « le dernier (la dernière) qui », l'accord en personne peut se faire avec cet attribut ou avec le sujet :
Vous êtes le seul qui puissiez (puisse) m'aider.
Avec les autres adjectifs attributs exprimant la pluralité, l'accord se fait avec la personne du sujet :
Vous êtes trois qui **puissiez** m'aider.

■ L'accord du participe passé

Les temps composés de la conjugaison sont formés à l'aide d'un auxiliaire et d'un participe passé. L'auxiliaire (« être » ou « avoir ») s'accorde en personne et en nombre avec le sujet du verbe. Le participe passé, qui n'est alors qu'un élément du verbe, peut prendre un accord en genre et en nombre, selon l'auxiliaire et la voix employés.

■ Verbes conjugués avec « être »

• Les verbes conjugués à la voix passive le sont toujours à l'aide de l'auxiliaire « être ». Le participe passé s'accorde en genre et en nombre avec le sujet du verbe :

Tous les déchets	*seront*	*recyclés*
sujet masc. plur.	auxiliaire « être »	part. passé au masc. plur.

ATTENTION

La règle reste la même quand l'auxiliaire « être » est lui-même à un temps composé ; mais il faut savoir que le verbe « être » se conjugue avec l'auxiliaire « avoir » (voir partie « Conjugaison », tableau 1) :

Tous les déchets	*ont été*	*recyclés*
	auxiliaire « être » au passé composé	accord avec le sujet pluriel

• À la voix pronominale, tous les verbes forment leurs temps composés avec « être ». Les verbes essentiellement pronominaux (voir p. 7), les pronominaux à sens passif ou à sens vague (voir p. 14) suivent la règle générale ; le participe passé s'accorde en genre et en nombre avec le sujet du verbe :

Les coureurs se sont élancés (essentiellement pronominal) ;
Cette marchandise s'est bien vendue (sens passif) ;
Marie s'est attaquée à un difficile problème (sens vague).

Pour l'accord du participe passé des verbes pronominaux de sens réfléchi et réciproque, voir p. 28.

• À la voix active, seuls certains verbes se conjuguent avec « être » (voir le « Répertoire des verbes »). La règle est la même qu'à la voix passive ; le participe s'accorde en genre et en nombre avec le sujet du verbe :

Elle est partie.

ATTENTION

Quelle que soit la voix, il faut être attentif au sens des pronoms sujets :

– « on » (pronom indéfini de la 3ᵉ personne du singulier) peut avoir le sens de « nous », « toi » ou « vous » :

On est allé dans le jardin (quelqu'un d'inconnu : « on » joue le rôle de pronom indéfini singulier) ;

Marie et moi, on est allées dans le jardin (« on » joue le rôle de pronom personnel pluriel au sens de « nous » →ʾ l'auxiliaire s'accorde au singulier mais le participe est au pluriel) ;

Alors, on est trop fatigué pour courir ? (« on » a ici le sens de « tu » et s'accorde donc au singulier) ;

– « nous » ou « vous » peuvent désigner une seule personne :

Êtes-vous venu(e)s en métro ? (on s'adresse à deux personnes → accord au pluriel) ;

Êtes-vous venu(e) en métro ? (« vous » de politesse = une seule personne → accord au singulier) ;

– quand le verbe comprend plusieurs sujets à la 3ᵉ personne de genres différents, le participe s'accorde au masculin pluriel :

Amélie, Catherine et Pierre sont partis.

■ Verbes conjugués avec « avoir »

Le participe passé des verbes conjugués avec l'auxiliaire « avoir » s'accorde en genre et en nombre avec le complément d'objet direct (C.O.D.) du verbe si ce complément existe et s'il est placé avant le participe :

Plus de cerises *! Les oiseaux* les *ont* mangées *!*

pronom C.O.D. du verbe « manger »
fém. plur. (remplace «cerises »)

part. passé accordé
au fém. plur.

Voici les arbres que *nous avons récemment* plantés·

pronom relatif C.O.D. du verbe « planter »,
masc. plur. (remplace « les arbres »)

part. passé accordé
au masc. plur.

ATTENTION

Cette règle est stricte ; on n'accorde donc pas le participe passé dans les cas suivants.

• Quand le verbe est intransitif (il ne peut avoir de C.O.), il n'y a pas d'accord :

Elles ont bien ri en le voyant.

• Quand le complément d'objet est indirect (C.O.I., introduit par une préposition), notamment avec les verbes transitifs indirects, il n'y a pas d'accord :

Je vais observer l'éclipse, la presse   *en*   *a beaucoup parlé.*

> pronom C.O.I. du verbe « parler »
> (= la presse a beaucoup parlé de l'éclipse)

• Quand le C.O.D. est placé après le participe, il n'y a pas d'accord :

Nous avons   *planté*   *des arbres*

> part. passé invariable   C.O.D. du verbe « planter »
> placé après le part. passé

• Quand le verbe est impersonnel, il n'y a pas d'accord ; ce qui peut précéder le verbe n'est pas un C.O.D., mais le sujet logique du verbe :

> *As-tu entendu la tempête qu'il y a **eu** pendant la nuit ?* (le sujet logique du verbe est « qu' », qui remplace le nom « tempête »).

• Quand vient avant le verbe non pas un C.O.D. mais un complément circonstanciel (C.C.) de quantité, il n'y a pas accord ; ce complément répond à la question « combien ? », alors que le C.O.D. répond à la question « quoi ? » ou « qui ? ». Souvent construit sans préposition, ce C.C. indique la taille que l'on fait, le poids, le prix, l'âge, la distance, etc. :

> *Les quinze kilomètres que j'ai marché m'ont fatiguée* (« que », qui remplace « les quinze kilomètres », est un C.C. de quantité : j'ai marché combien ? quinze kilomètres → pas d'accord) ;
> *Il a vu bien des événements durant les cent ans qu'il a **vécu*** (il a vécu combien de temps ? cent ans ; « qu' », remplaçant « cent ans », est C.C. de quantité du verbe « vivre » → pas accord).

Mais on fait l'accord du participe dans des phrases de ce type :

> *Elle a eu bien du courage devant les épreuves qu'elle a **vécues*** (elle a vécu quoi ? des épreuves ; « qu' », remplaçant « épreuves », est C.O.D. du verbe « vivre » → accord).

• Quand le C.O.D. placé devant le participe n'est pas le complément du verbe conjugué, mais celui d'un verbe à l'infinitif placé après le participe, il n'y a pas d'accord ; le sujet de ce verbe à l'infinitif est souvent sous-entendu :

> *Qui est cette actrice que j'ai entend**u** interviewer ?* (« que », remplaçant « cette actrice », est C.O.D. du verbe « interviewer » et non du verbe « entendre » : j'ai entendu quoi ? quelqu'un interviewer cette actrice) ;
> *Il s'est acheté tous les disques qu'il a **pu*** (« que », remplaçant « tous les disques », est C.O.D. non de « pouvoir » mais de « s'acheter » qui est sous-entendu : qu'il a pu s'acheter).

Mais on fait l'accord du participe quand le pronom antécédent est à la fois C.O.D. du verbe conjugué et sujet de l'infinitif qui le suit :

> *Qui est cette actrice que j'ai entend**ue** parler à la radio ?* (« que », remplaçant « cette actrice », est C.O.D. du verbe « entendre » et sujet du verbe « parler » : j'ai entendu qui ? cette actrice, et elle parlait).

• Quand le participe a devant lui pour C.O.D. le pronom adverbial neutre « en », l'accord ne se fait pas si « en » a un sens partitif et remplace un nom indénombrable (désignant quelque chose qu'on ne peut pas ou guère compter en unités) :

> *Il a mangé des pâtes, de la confiture → Il en a mangé.*

Remarque : On peut accorder le participe :
– si « en » remplace un nom précédé de « des », article indéfini pluriel (le nom déterminé est dénombrable, il représente des choses que l'on peut compter) :
As-tu acheté des livres ? → *En as-tu acheté(s) ?*
– si « en » est accompagné (et, de préférence, précédé) d'un adverbe de quantité :
*Des films, **combien** en ai-je v**u(s)** !* → *J'en ai **trop** v**u(s)** !*

• Certaines des règles énoncées p. 22 à 25 pour l'accord du verbe avec son sujet s'appliquent à l'accord en nombre du participe avec son C.O.D. ; sont concernés : les noms collectifs suivis d'un complément, les noms numéraux suivis d'un complément, les C.O.D. multiples ; dans ce cas :
– plusieurs C.O.D. singuliers entraînent un accord du participe au pluriel, sauf lorsqu'ils ont un sens très proche. On écrit ainsi : *Pierre, Paul et Jacques que j'ai v**us**,* mais *La peur, l'angoisse que j'ai éprouv**ée*** (accord au singulier : « la peur » = « l'angoisse ») ;
– les C.O.D. coordonnés par « ou » entraînent un accord du participe au singulier si la présence de l'un exclut celle de l'autre (voir p. 23) : *C'est Paul ou Jean que j'ai aperçu.*

Accord en genre du participe conjugué avec « avoir »

Si le participe est précédé de C.O.D. masculins et féminins, l'accord se fait au masculin pluriel :
*Marie, Lise et Luc, je les ai v**us** hier.*

ATTENTION ——————————————————————————————————
Le pronom « l' » placé avant le participe peut être
– féminin : *J'ai vu la pièce, je l'ai trouv**ée** ennuyeuse*
(accord au féminin car « l' » = « la pièce ») ;
– masculin : *Ce spectacle, je l'ai trouv**é** ennuyeux*
(accord au masculin car « l' » = « le spectacle ») ;
– neutre ; dans ce dernier cas, l'accord se fait au masculin (singulier) : *J'ai aimé la pièce, comme tu l'avais prév**u*** (« l' » est neutre et remplace une proposition : tu avais prévu quoi ? le fait que j'aimerais la pièce).

Verbes à la voix pronominale de sens réfléchi ou réciproque

À la voix pronominale, des règles d'accord particulières existent pour les verbes à sens réfléchi ou réciproque.
Le participe passé s'accorde avec le C.O.D. du verbe si celui-ci le précède (règle semblable à celle qui concerne les verbes conjugués à la voix active avec l'auxiliaire « avoir ») ; ce C.O.D. peut être le pronom réfléchi, inséparable du verbe pronominal, ou un autre mot de la phrase.

• Exemples avec des verbes pronominaux à sens réfléchi :

Marie et moi, nous   *nous*   *sommes déjà*   *lavé(e)s ;*

C.O.D. du verbe « laver » :
nous avons lavé qui ? nous-mêmes

part. passé
accordé avec le C.O.D.

• Exemples avec des verbes pronominaux à sens réciproque :

Les catastrophes naturelles se sont succédé cet hiver (pas d'accord du participe : « se » n'est pas un C.O.D. mais un C.O.I. = une catastrophe a succédé à l'autre) ;

Ils se sont menti/ressemblé/parlé… (« se » est un C.O.I. = l'un à l'autre).

ATTENTION

– Le participe d'un même verbe conjugué à la voix pronominale peut suivre des règles d'accord différentes selon son sens :

Les enfants se sont servi de la tarte → sens réfléchi, pas d'accord avec le C.O.D. « de la tarte » car il est placé après le verbe ;

Les enfants se sont servis de l'ordinateur → sens vague (= ils ont utilisé…), accord avec le sujet « les enfants ».

– Le participe des verbes « se rire (de) », « se sourire », « se plaire », « se déplaire » et « se complaire (à) » reste toujours invariable, que ces verbes soient employés :

• au sens réciproque, ce qui est normal puisque le pronom réfléchi a la fonction de C.O.I. (sourire, plaire l'un à l'autre) :

Elles se sont souri ; ils se sont tout de suite déplu ;

• ou au sens vague, alors que la règle voudrait que le participe s'accorde avec le sujet :

Elles se sont ri des pièges (= elles n'en ont pas tenu compte) ;

Ils se sont plu à tout critiquer (= ils y ont pris plaisir).

– Quand le participe passé est suivi d'un infinitif, on applique la même règle que pour le participe passé conjugué avec l'auxiliaire « avoir » : on fait l'accord avec le pronom réfléchi C.O.D. uniquement quand ce pronom est aussi le sujet du verbe à l'infinitif (voir p. 27) :

Elle s'est vue perdre l'équilibre (c'est elle qui perdait l'équilibre) ;

Elle s'est vu décerner un prix (c'est quelqu'un d'autre qui l'a décerné).

Remarque : Le participe du verbe « se faire » reste invariable :

Elle s'est fait pleurer en épluchant les oignons ;
Ils se sont fait mal en tombant.

■ Participe passé des verbes impersonnels

À toutes les voix, le participe passé des verbes employés impersonnellement est invariable :

*La circulation a été bloquée par la neige qu'il y a **eu** (voix active) ;*
Il s'est produit bien des événements depuis (voix pronominale) ;
Voici les mesures qu'il a été décidé de prendre (voix passive).

■ Participe passé employé sans auxiliaire

Le participe passé peut être employé sans auxiliaire :
– soit comme équivalent de l'adjectif qualificatif : *l'année **passée*** (= l'année dernière) ; *une fille **élancée*** (= svelte) ;
– soit avec la valeur d'un verbe, par exemple dans une proposition participiale :
À peine la lettre reçue (= dès que la lettre fut reçue), *il répondit.*
Le participe passé s'accorde alors en genre et en nombre avec le nom auquel il se rapporte, comme un adjectif qualificatif.

ATTENTION ───────────────────────────────

Le participe passé de certains verbes est invariable lorsqu'il est placé immédiatement avant le nom auquel il se rapporte, mais s'accorde normalement s'il est placé après lui. Il s'agit surtout des formes suivantes :

attendu	ci-inclus	étant donné	non compris	vu
ci-annexé	ci-joint	excepté	passé	y compris

Passé la frontière, le paysage change mais *La frontière passée… ;*

Le repas a coûté cent francs, y compris les boissons mais *boissons comprises.*

▣ Adjectif verbal et participe présent

Le participe présent actif (voir p. 16) a deux emplois :
– comme verbe ; dans ce cas, il reste invariable :

> ***Partant** demain en voyage, nous ne vous verrons pas* (« partant » est un part. présent employé comme verbe ; il équivaut à « comme nous partons ») ;

– comme adjectif qualificatif ; il est alors appelé « adjectif verbal » et, comme tout autre adjectif, s'accorde en genre et en nombre avec le nom ou le pronom qu'il qualifie :

> *Florence est toujours partante* (= enthousiaste).
> |
> adj. verbal accordé
> avec « Florence »

Remarque : L'adjectif verbal peut aussi parfois s'employer comme nom (on dit qu'il est substantivé) : *un(e) adhérent(e) ; un(e) passant(e) ; un(e) président(e).*

L'orthographe de l'adjectif verbal (substantivé ou non) peut être différente de celle du participe présent (voir le « Répertoire des verbes »), particulièrement pour les verbes en -ger, -guer et -quer.
Le participe conserve intact le radical de l'infinitif.

verbe	participe présent	adjectif verbal
fatiguer	fatiguant	*une promenade fatigante*
fabriquer	fabriquant	*un fabricant de meubles*
convaincre	convainquant	*un argument convaincant*
somnoler	somnolant	*un enfant somnolent*
diverger	divergeant	*des avis divergents*

■ L'emploi des modes

Le mode utilisé dans la phrase permet, quand on s'exprime, de présenter comme on le souhaite un état ou un procès. C'est le mode choisi qui indique si cet état ou ce procès sont réels, incertains, liés à une condition, souhaités ou redoutés, ou encore s'il s'agit d'un ordre ou d'une défense.

■ L'indicatif

L'indicatif, employé à ses différents temps (voir tableaux p. 18 et 19), permet de décrire des états ou des faits réels (passés, présents ou permanents), ou considérés comme certains dans le futur :
> *Pierre **est arrivé** hier, **reste** avec nous aujourd'hui et **repartira** demain.*

Dans un récit, l'indicatif peut exprimer des états ou des faits fictifs mais présentés comme réels :
> *« Une vieille femme **sortit** de la cabane. [...] Saisissant un coq par le cou, elle l'**égorgea** sur le feu »* (Henri Bosco).

■ Le subjonctif

Le subjonctif permet d'exprimer un état ou une action non réalisés et dont la réalisation est présentée comme :
– incertaine mais possible, éventuelle : *Il se peut qu'il **pleuve** demain* (subj. prés. du verbe « pleuvoir ») ;
– incertaine et douteuse : *Je ne crois pas qu'il **pleuve** demain* ;
– souhaitée, voulue, conseillée, ordonnée (mais on ne sait pas si cet ordre sera suivi d'effet) : *Pourvu qu'il **pleuve** ! Nous aimerions que tu **lises** ce roman ; Qu'ils **entrent*** (subjonctif à la place de l'impératif aux personnes où celui-ci est défectif) ;
– redoutée : *Je crains qu'il ne **pleuve** sur le ciment frais* ;
– supposée : *Qu'il **fasse** des excuses, et je l'autoriserai à rentrer* (= s'il fait...).

> **Remarque :** Le subjonctif permet aussi d'exprimer :
> – un procès réalisé mais qu'on examine intellectuellement, avec lequel on prend une distance pour se former une opinion : *Qu'il **soit** contrarié, d'accord, mais il pourrait rester poli ! Il est normal que la jeunesse **veuille** s'amuser ;*
> – une possibilité que l'on refuse d'envisager, par exemple parce que l'on est indigné : *Moi, que je lui **fasse** des excuses ?*

▬ Quand employer le subjonctif ?

C'est dans les propositions subordonnées que le subjonctif est le plus souvent employé.

• Après les verbes ou les périphrases verbales exprimant :
– la volonté, l'ordre, la défense : *je veux (voudrais) que, j'exige que, j'interdis que, je défends que, je souhaite(rais) que, je désire(rais) que ;*
– l'obligation : *il faut que, il est nécessaire que, il est impératif que, il importe que ;*
– la possibilité, l'éventualité : *il est possible que, il se peut que, il arrive que ;*
– le doute : *je doute que, je ne crois pas que* (mais : « je crois que » + indicatif), *je ne pense pas que* (mais : « je pense que » + indicatif), *je ne suis pas sûr/e que* (mais : « je suis sûr/e que » + indicatif) ;
– la crainte : *je crains que, je redoute que, j'ai peur que ;*
– des sentiments divers (regret, surprise, joie) : *il (c') est dommage que, je regrette que, je me plains que, je m'étonne que, je suis surpris/e que, je suis content/e que, je me réjouis que, je suis triste que, il est heureux que, il est malheureux que...*

• Après certaines conjonctions de subordination exprimant :
– le temps : *avant que, en attendant que, jusqu'à ce que* (mais : « après que » + indicatif) ;
– le but ou la crainte (ce qu'on cherche à éviter) : *afin que, pour que, de (telle) sorte que, de manière que, de peur que, pour éviter que ;*
– l'opposition ou la concession : *quoique, bien que, sans que ;*
– une cause que l'on écarte : *non que ;*
– la condition : *à condition que, pourvu que, pour peu que, en admettant que, à moins que.*

• On emploie aussi le subjonctif :
– après « le plus/le moins + adjectif ou adverbe (ou tout autre superlatif) + que » : *C'est le soda le moins cher que j'**aie pu** trouver ;*
– après « le seul (la seule) / le premier (la première)... qui (ou un autre pronom relatif)... » : *C'est le seul air que je **sache** jouer ;*
– après « il n'y a que... qui (ou un autre relatif) » : *Il n'y a que ce chandail qui m'**aille** encore ;*
– après « tout(e)... que » : *Tout courageux qu'il **prétende** être, il s'est enfui ;*
– après « quoi... que » : *Quoi qu'elle **ait fait**, elle est pardonnée ;*
– dans une proposition relative à valeur de but : *Je cherche un chien qui **sache** chasser ;*
– dans toute proposition subordonnée jouant le rôle de sujet : *Qu'il **pleuve** me chagrine ; Cela me chagrine qu'il **pleuve**.*

<hr>

ATTENTION

Le subjonctif est précédé de la conjonction « que » dans les tableaux de conjugaison, mais, dans certaines expressions, « que » n'accompagne pas toujours le subjonctif : ***Vive** le Québec !* (= que vive le Québec ! ; souhait) ; ***Advienne** que pourra* (= qu'il arrive ce qui peut arriver) ; ***Soit** le carré ABCD...* (= supposons qu'existe...).

■ Le conditionnel

Le conditionnel en tant que mode sert à exprimer en particulier un procès dont la réalisation n'est (ou n'était) pas certaine et dépend (ou dépendait) d'une condition. Cette condition, au moment où l'on parle, peut être :
– réalisable (cette nuance est appelée « le potentiel », ou « l'éventuel » si elle paraît moins probable) : *Vous **pourriez** venir à la fête demain si vos occupations le permettaient ;*
– non réalisable dans le présent (« irréel du présent ») : *Nous **sortirions** maintenant s'il ne pleuvait pas ;*
– non réalisée dans le passé (« irréel du passé ») : *Elle **serait venue** si elle n'avait été retenue par ses obligations.*
Le conditionnel permet d'exprimer aussi :
– un souhait pour le futur → on emploie le conditionnel présent : *Je **boirais** bien un café !*
– un regret concernant le passé → on emploie le conditionnel passé : *J'**aurais voulu** partir plus tôt ;*
– une affirmation dont on ne veut pas assumer la responsabilité (on n'est pas sûr qu'elle soit exacte ou on s'exprime ironiquement) : *Il **serait** gravement malade ; Te **serais**-tu **décidée** à venir ?* (nuance ironique : on n'ose y croire) ;
– une demande, un conseil dont on souhaite atténuer la brutalité : *J'**aurais souhaité** vous demander un service ; Vous **devriez** être plus prudent.*

ATTENTION

Il faut éviter de confondre le conditionnel-mode avec le futur du passé et le futur antérieur du passé qui, bien que leurs formes soient celles des conditionnels présent et passé, appartiennent au mode indicatif (voir p. 18 et 19). On les appelle parfois « formes en **-rais** » : *Je croyais que tu **viendrais*** (futur du passé).

■ L'impératif

Dans une proposition isolée, l'impératif exprime :
– l'ordre ou la défense : ***Entrez ! Sois** prêt à l'heure ! **N'entrez pas** !*
– une exhortation (un encouragement très vif) : ***Ayez** confiance !*
– une invitation : ***Asseyez-vous**, mademoiselle ;*
– une simple affirmation : ***Croyez** bien à mes sentiments cordiaux.*

ATTENTION

Dans une proposition indépendante juxtaposée ou coordonnée à une autre, il remplace souvent un complément circonstanciel :
– C.C. de condition : ***Fais** un pas de plus, et tu tombes !* (= si tu fais…) ;
– C.C. de concession (opposition) : ***Répétez**-le-lui vingt fois, il ne vous entendra pas* (= même si vous le lui répétez…).

■ L'infinitif

L'infinitif est d'abord la forme nominale du verbe : précédé ou non de l'article, il fait du verbe l'équivalent du nom (on dit qu'« il le substantive ») et lui en donne toutes les fonctions : ***Courir** est bon pour la santé* (= la course est bonne… ; « courir » :

sujet du verbe « être ») ; *Il en a perdu **le boire** et **le manger*** (« le boire », « le manger » : C.O.D. du verbe « perdre »).

L'infinitif a cependant souvent sa pleine valeur de verbe :

– avec son propre sujet parfois inversé, il est le centre d'une proposition subordonnée, dite « infinitive » *Je vois **des mésanges voler*** (= des mésanges qui volent) ; *La détonation a fait **s'envoler les oiseaux*** (= que les oiseaux se sont envolés) ;

– sans sujet propre, il peut être le noyau d'un groupe infinitif complétant un verbe conjugué (comme C.O.I. ou C.C.) : « *Je me suis empressé **de manquer la classe*** (groupe infinitif C.O.I.) *[...] **pour filer en bateau sur le Furens*** » (groupe infinitif C.C. de but) [Jules Vallès].

ATTENTION

On peut employer un tel groupe uniquement si le sujet non exprimé de l'infinitif est aussi celui du verbe conjugué qui l'accompagne. La phrase suivante, qui comporte un seul sujet grammatical, est donc incorrecte : *La voiture a dérapé avant de me rendre compte du danger. Il faut écrire :

> *La voiture a dérapé avant que je ne me rende compte...*

Valeurs particulières

Comme seul verbe d'une proposition indépendante ou principale, avec ou sans sujet, l'infinitif peut exprimer :

– un ordre, une consigne, un mode d'emploi, une recette... : *Entrer sans **fumer** ; **Battre** les œufs en neige... ;*

– une étape prévisible d'un récit (infinitif de narration, précédé de la préposition « de ») : *L'élève tomba de sa chaise ; et toute la classe **de rire** bruyamment ;*

– une hésitation, une indécision (infinitif délibératif, toujours de forme interrogative) : « *L'enfant* [Cosette] *jeta un regard lamentable en avant et en arrière. Que **faire** ? Que **devenir** ? Où **aller** ?* » (Victor Hugo) ;

– divers sentiments (indignation, hypothèse inacceptable...) dans une phrase exclamative ou interrogative : ***Rouler** à cette vitesse en ville ! Moi, **faire** des excuses ?*

■ Le participe

• Quand il joue un rôle d'adjectif, le participe se comporte dans la phrase exactement comme l'adjectif qualificatif.

On le reconnaît au fait qu'il peut toujours varier en genre et en nombre, et qu'il peut prendre les degrés comparatif et superlatif :

> *Ces livres sont intéress**ants** ;*
> *Cette pièce est plus intéress**ante** ;*
> *Ma question est intéress**ée**.*

• Quand il joue le rôle d'un verbe, le participe terminé par **-ant** est toujours invariable. On le trouve le plus souvent avec son propre sujet, comme centre d'une proposition dite « participiale » :

> *La pluie **ayant cessé**, nous pouvons sortir* (« la pluie » : sujet du participe).

Il peut aussi ne pas avoir de sujet propre, tout en gardant sa valeur de verbe :

> *Je la vois d'ici, **dévalant*** (= qui dévale) *les pentes ;*
> ***Partant** demain* (= comme elle part), *Marie fait ses bagages.*

■ Le gérondif

Le gérondif est la forme adverbiale du verbe : il n'existe qu'au présent et donne au verbe la valeur d'un adverbe circonstanciel ; il joue donc le rôle d'un complément circonstanciel :

– C.C. de temps : *Je siffle **en travaillant*** (= quand je travaille) ;
– C.C. de cause : *Elle s'est cassé la voix **en criant** trop fort* (= parce qu'elle a crié…) ;
– C.C. d'opposition : *Tu as réussi ton examen **en ayant** à peine révisé* (= bien que tu aies à peine révisé) ;
– C.C. de condition : ***En passant** par là, vous iriez plus vite* (= si vous passiez par là…) ;
– C.C. de manière : *Il a obéi **en grommelant*** (= de mauvais gré) ;
– C.C. de moyen : *Je n'ai pu ouvrir le placard qu'**en forçant** la serrure.*

ATTENTION

Le sujet non exprimé du gérondif doit être le même que celui du verbe dont le gérondif est complément circonstanciel :

> ***En démolissant** le mur, les ouvriers ont trouvé un trésor* (ce sont les ouvriers qui démolissent, et qui trouvent).

La phrase : En démolissant le mur, un trésor est apparu, est donc incorrecte.

■ L'emploi des temps

Un verbe à une forme donnée se caractérise généralement par trois valeurs qui précisent son sens :
– une valeur dite « modale », liée au mode utilisé (voir précédemment) ;
– une valeur dite « temporelle », liée au temps utilisé ;
– une valeur dite « d'aspect », liée elle aussi au temps utilisé mais définissant la manière dont celui qui parle ou qui écrit se représente l'état ou l'action exprimés par le verbe.
Par exemple, dans la phrase : *Nous **allions** souvent au cinéma*, le verbe « aller » est à l'indicatif imparfait et comporte :
– une valeur modale : l'indicatif exprime un fait réel ;
– une valeur temporelle : l'imparfait indique un fait passé ;
– une valeur d'aspect : l'imparfait insiste sur la répétition du fait.

■ L'indicatif présent

Le présent de l'indicatif exprime :
– une action ou un état qui commencent, qui sont en cours (le présent sert donc aussi à la description) ou qui se terminent au moment où l'on parle (au moment de l'énonciation) : *Le train **démarre** ; Il **pleut** ; La maison **est entourée** de grands saules ; Le jour **baisse** ;*
– une action qui vient de se produire (passé récent) ou qui est sur le point de se produire (futur imminent) : *Je **rentre** à l'instant ; Nous **partons** dans un quart d'heure ;*
– dans un récit, un événement passé auquel on veut donner un certain relief. Ce présent, appelé « présent de narration », remplace un verbe au passé simple ou au

passé composé (voir plus loin) : *Nous **déjeunions*** (imparfait) *; tout à coup, on **frappe*** (présent) *impatiemment à la porte… ;*

– un état qui se répète, une habitude ayant cours au moment où l'on parle (aspect dit « itératif ») : *Le mercredi, les enfants **vont** à la piscine ;*

– l'ordre : *Je passe devant, tu me **suis** ;*

– un état ou une action qui constituent une vérité permanente : *L'eau ne **gèle** pas quand on y **ajoute** de la glycérine ; Qui sème le vent **récolte** la tempête.*

> **Remarque :** Dans un récit au passé, l'emploi du présent de l'indicatif peut signifier que ce que l'on décrit est toujours exact ou existe toujours au moment où l'on s'exprime : « *[…] Elle chaussa des galoches et avala les quatre lieues qui **séparent** Pontl'Évêque d'Honfleur* » (Gustave Flaubert).

■ L'indicatif futur simple

Le futur simple indique qu'une action est à venir ou doit se réaliser avec certitude (telle est du moins l'opinion de celui qui parle) :

> *Nous **déjeunerons** à Bruxelles ; Il **fera** beau demain.*

Il peut aussi exprimer :

– un ordre (plus ou moins atténué) ou un précepte général, une obligation morale : *Vous m'**attendrez** ici ; Tu ne **tueras** point ;*

– une simple intention : *Je **réviserai** ma leçon après dîner ;*

– un passé (futur dit « d'anticipation historique ») : *Le Président ne **terminera** pas son mandat : Il **mourra** cinq ans après son élection ;*

– certains sentiments : *Elle **aura** encore raison !* (ironie indignée) ;

– une vérité permanente : *Paris **sera** toujours Paris.*

■ L'indicatif futur proche ou imminent

Ce futur a les même valeurs que le futur simple, mais indique qu'un événement doit avoir lieu dans un avenir assez ou très rapproché par rapport au moment où s'exprime :

> *Elle **va se marier*** (futur proche) ;
>
> *Tu **vas faire** ton lit* (nuance d'ordre) ;
>
> *L'omelette **était sur le point de brûler*** (futur proche du passé).

■ L'indicatif futur antérieur

Le futur antérieur indique que, de deux actions à venir, l'une se réalisera avant l'autre, exprimée au futur simple :

> *Quand tu*   *auras fini*   *ton travail, nous nous*   *promènerons*
> | |
>   futur antérieur   futur simple

Il prend, toujours avec l'idée d'une antériorité, les mêmes valeurs particulières que le futur (ordre, intention, anticipation historique…) : *Vous **aurez tapé** ce courrier avant ce soir ; Je t'**aurai donné** ma réponse d'ici à la fin du mois.*

Il peut aussi exprimer une supposition : « *Ce doit être un courant d'air qui **aura fait** grincer la porte* » (Marcel Aymé).

■ L'indicatif futur du passé

Le futur du passé (mêmes formes verbales que le conditionnel présent) indique que, dans le passé, un événement était encore à venir : *Je pensais que tu m'attendrais* (au présent, ce serait : *Je pense que tu m'attendras*).

■ L'indicatif futur antérieur du passé

Le futur antérieur du passé (mêmes formes verbales que le conditionnel passé) est employé pour indiquer que, de deux événements à venir dans le passé, l'un devait avoir lieu avant l'autre : *Je pensais que, quand tu **aurais fini**, tu viendrais me rejoindre* (au présent : *Je pense que, quand tu auras fini, tu viendras me rejoindre*).

■ L'indicatif imparfait

Comme son nom l'indique, l'imparfait exprime surtout un procès non terminé (ou même non commencé) dans le passé :
– procès en cours (aspect duratif) : *Tiens, nous **parlions** justement de toi*
ou état en cours (l'imparfait sert alors à la description dans le passé) : *La maison **était entourée** de grands saules ;*
– procès répété, habituel (aspect itératif : on n'envisage pas le moment où l'habitude a cessé) : *Le lundi **était** jour de fermeture ;*
– procès qui était sur le point de se réaliser, mais qui ne s'est pas accompli : *Il était temps, nous **partions** !* (= nous allions partir).

ATTENTION ────────────────────────────────
L'imparfait s'emploie aussi dans un système conditionnel et indique alors :
– dans une proposition subordonnée, une condition non remplie au moment où l'on parle (irréel du présent : on emploie obligatoirement l'imparfait dans la proposition de condition) : *Si je **parlais** allemand, je pourrais m'expliquer ;*
ou un souhait présenté comme une suggestion : *Si tu **écrivais** au journal, tu aurais tous les renseignements ;*
– dans une proposition indépendante ou principale, le résultat prévisible d'une condition qui a failli être remplie ; l'imparfait remplace ainsi parfois le conditionnel passé : *Un pas de plus, et tu **tombais** à l'eau* (= et tu serais tombé…).

■ L'indicatif passé simple

Ce temps est aujourd'hui absent de la langue parlée. Il ne se trouve qu'à l'écrit, dans la langue soutenue ou littéraire.
Comme l'imparfait, c'est un temps du passé mais, contrairement à lui, il exprime des faits totalement achevés :
– dont on peut situer le début et la fin à un moment précis du temps (d'où le nom de « passé défini » qu'on lui donne parfois) : *Nous étions au milieu du repas quand elle **arriva** ;*
– qu'on perçoit comme un tout sans en montrer le déroulement, sans en considérer la durée ; pour celui qui écrit, seul compte le fait que l'action ait eu lieu, peu importe qu'elle ait ou non pris du temps : *L'atmosphère était lourde, nous **mangeâmes** silencieusement*. Par conséquent, le passé simple est utilisé pour montrer, souvent rapidement, les étapes d'un récit (aspect ponctuel) : « *Enfin , il* [un perroquet] *se perdit. Elle*

[sa propriétaire] *l'avait posé sur l'herbe, s'**absenta** une minute ; et quand elle **revint**, plus de perroquet ! D'abord elle le **chercha** dans les buissons, au bord de l'eau et sur les toits. [...] Ensuite elle **inspecta** tous les jardins [...]. Enfin elle **rentra**, épuisée, les savates en lambeaux, la mort dans l'âme* » (Gustave Flaubert).

> **Remarque :** Contrairement au passé composé, le passé simple permet de narrer des faits situés dans un passé lointain, sans rapport avec le présent (faits révolus), même s'ils se sont réellement produits. C'est pourquoi il est parfois appelé « passé historique » : *Molière **naquit** en 1622.*

■ L'indicatif passé composé

Le passé composé est utilisé pour faire le récit oral ou écrit d'événements passés, comme le passé simple, qu'il remplace en langage courant :

> *Nous allions nous coucher quand elle **est arrivée**.*

On le trouve aussi dans des récits littéraires, et à l'intérieur d'un récit au passé simple quand l'auteur fait parler un personnage au discours direct : « *Alors l'homme au teint bronzé prononça d'une voix lente : "[...] Moi, j'**ai deviné** la peur en plein jour, il y a dix ans environ. Je l'**ai ressentie**, l'hiver dernier, par une nuit de décembre"* » (Guy de Maupassant).

Mais, contrairement au passé simple, le passé composé indique également l'antériorité d'un fait par rapport à un autre fait exprimé au présent ou au futur : *J'**ai repeint** les volets hier, ils seront bientôt secs.*

> **Remarque :** Cette action passée a souvent encore des conséquences au moment où l'on parle : *Il **a hérité** d'un oncle d'Amérique* (et, aujourd'hui, il est riche).

■ L'indicatif plus-que-parfait

Le plus-que-parfait s'emploie en proposition subordonnée ou indépendante et indique une action passée antérieure à une autre, exprimée à l'imparfait, au passé simple ou au passé composé :

> *Les enfants ont mangé toute la tarte que j'**avais faite**.*

■ L'indicatif passé antérieur

Le passé antérieur indique lui aussi l'antériorité d'une action par rapport à une autre action située dans le passé. On le trouve surtout dans les propositions subordonnées de temps, avec une proposition principale au passé simple. On l'emploie donc à l'écrit : « *Quand le cancer* [la tumeur] ***eut crevé**, elle le pansa tous les jours* » (Gustave Flaubert).

■ L'indicatif passé proche ou récent

Formé à l'aide du semi-auxiliaire « venir de » au présent, le passé proche indique un événement qui s'est produit juste avant le moment où l'on parle :

> *Je **viens de rentrer**.*

Construit avec le semi-auxiliaire à l'imparfait (passé proche du passé), il exprime qu'un événement s'était produit juste avant un autre événement dont on fait le récit :

> *Je **venais de rentrer** quand j'ai appris la nouvelle.*

Remarque : D'autres temps peuvent exprimer les mêmes nuances si on les accompagne de certains adverbes : *Je **rentre à l'instant*** (présent) ; *À **peine avais**-je **raccroché** que le téléphone sonnait de nouveau* (plus-que-parfait).

■ Les temps surcomposés

L'emploi des temps surcomposés est rare et plutôt caractéristique de la langue parlée. On ne les trouve guère qu'à l'indicatif :
– passé surcomposé (auxiliaire au passé composé) : *j'**ai eu** fini ;*
– plus-que-parfait surcomposé (auxiliaire au plus-que-parfait) : *j'**avais eu** fini ;*
– futur antérieur surcomposé (auxiliaire au futur antérieur) : *j'**aurai eu** fini.*
Les temps surcomposés permettent d'exprimer une antériorité par rapport à l'action exprimée par un verbe qui est lui-même employé à un temps composé. Par exemple, le passé surcomposé s'emploie en compagnie d'un verbe au passé composé pour indiquer un événement antérieur et totalement achevé :

> *Quand j'**ai eu recopié*** (passé surcomposé) *l'adresse, je me suis aperçue* (passé composé) *de mon erreur.*

■ L'emploi des temps aux autres modes

À tous les modes, le présent et le passé ont chacun une même valeur.
Le présent exprime un fait contemporain d'un autre fait (simultanéité) ou contemporain du moment où l'on parle :

> *Nous ne croyions pas nous **tromper*** (l'action de « se tromper » se passe en même temps que celle de « croire » qui, elle, se situe dans le passé).

Le passé indique généralement l'antériorité d'un fait envisagé par rapport au moment où l'on parle ou par rapport à un autre moment. Ainsi, l'impératif passé indique qu'un ordre devra être réalisé avant un certain événement :

> *Aie fini avant mon retour.*

Les temps du subjonctif

Le subjonctif comprend quatre temps dont trois du passé mais, dans le langage de tous les jours (langue courante), seuls deux temps sont réellement utilisés, le présent et le passé, dans les conditions décrites ci-dessus :

> *Je ne crois pas que Catherine **soit** encore là* (subjonctif présent) ;
> *Je ne crois pas que Laurent **ait pu** faire réparer l'aspirateur* (subjonctif passé).

L'imparfait et le plus-que-parfait ne sont utilisés qu'en langue soutenue (employée dans des circonstances plus rares) ou littéraire, quand on applique strictement les règles de la concordance des temps (voir page suivante).

Les temps du conditionnel

Le conditionnel comprend deux temps du passé ; ils ont tous deux la même valeur, indiquant en particulier un irréel du passé (condition non réalisée dans le passé), mais le passé 2ᵉ forme appartient à la langue écrite, soutenue ou littéraire :

> *Si je m'étais mieux entraînée, je **serais arrivée** en tête* (passé 1ʳᵉ forme) ;
> *Si vous me l'aviez demandé, j'**eusse pu** vous aider* (passé 2ᵉ forme).

■ La concordance des temps

Dans une proposition subordonnée, l'emploi d'un temps est le plus souvent imposé par le temps du verbe de la proposition dont elle dépend, par exemple si on transpose un énoncé au discours direct en discours indirect :

Elle m'a dit : « Je pars pour Lausanne » (= deux prop. indépendantes)

→ *Elle m'a dit   qu'elle partait pour Lausanne*

prop. principale   prop. subordonnée

On appelle « concordance des temps » le rapport qui doit exister entre le verbe de la principale et celui de la subordonnée.

Remarque : On parle parfois de « concordance des modes » quand les deux verbes sont à un mode différent.

■ Concordance dans une subordonnée à l'indicatif

Dans un système où la proposition principale et la proposition subordonnée sont toutes deux à l'indicatif, la concordance des temps se fait de manière logique, en tenant compte du moment où ont lieu les événements (ou les états) les uns par rapport aux autres.

• L'action ou l'état exprimés par la subordonnée ont lieu en même temps que ceux de la principale : on est dans un rapport de simultanéité → on emploie le même temps dans les deux propositions :

*Je **crois** qu'il **arrive*** (verbes au présent) ;

*Je **croyais** qu'il **arrivait*** (verbes à l'imparfait).

• L'action ou l'état exprimés par la subordonnée ont lieu avant ceux de la principale : on est dans un rapport d'antériorité → on emploie un temps composé du passé dans la subordonnée :

Je   crois   qu'elle   est arrivée ;   *Je   croyais   qu'elle   était arrivée*

présent   passé composé   imparfait   plus-que-parfait

• L'action ou l'état exprimés par la subordonnée ont lieu après ceux de la principale : on est dans un rapport de postériorité → on emploie un futur dans la subordonnée :

Je   crois   qu'il   fera   beau ;   *Je   croyais   qu'il   ferait   beau*

présent   futur simple   imparfait   futur du passé

Remarque : Il est possible d'exprimer une antériorité par rapport à un événement ou un état futurs. On emploie alors un temps composé du futur dans la subordonnée : *Je crois qu'il **sera arrivé** avant nous* (présent + futur antérieur) ; *Je croyais qu'il **serait arrivé** avant nous* (imparfait + futur antérieur du passé).

■ Concordance dans une subordonnée au subjonctif

Les rapports temporels sont aussi respectés de manière logique, mais ils se simplifient grâce à la nuance de sens du subjonctif (action ou état non réalisés).

• L'action ou l'état exprimés par la subordonnée ont lieu en même temps que ceux de la principale ou après → dans la langue courante, on emploie le subjonctif présent dans la subordonnée pour marquer la simultanéité ou la postériorité :

Je doute qu'elle vienne ce soir ; Je doutais qu'elle vienne ce soir.

ind. prés.	subj. prés.	ind. imparf.	subj. prés.

• L'action ou l'état exprimés par la subordonnée ont lieu avant ceux de la principale → dans la langue courante, on emploie le subjonctif passé dans la subordonnée pour marquer l'antériorité :

Je doutais qu'elle soit venue la veille au soir.

ind. prés.	subj. prés.

ATTENTION

– En langue soutenue, avec un verbe principal au passé, la règle de concordance des temps impose le subjonctif imparfait ou le subjonctif plus-que-parfait (s'il y a antériorité), surtout à la *3ᵉ* personne du singulier :

*Je doutais qu'il **vînt** ce soir-là* (ind. imparf. + subj. imparf.) ;

*Je doutais qu'elle **fût venue** la veille* (ind. imparf. + subj. plus-que-parfait).

– Les formes avec **-ss-**, peu élégantes, tendent à être remplacées par les formes correspondantes des temps employés dans la langue courante :

*Je voulais que vous **vinssiez*** → *que vous **veniez*** (subj. présent au lieu du subj. imparfait.) ;

Je doutais qu'ils ***eussent terminé*** → *qu'ils **aient terminé*** (subj. passé au lieu du subj. plus-que-parfait).

– Avec un verbe principal au conditionnel présent, le verbe de la subordonnée peut, en langue soutenue, se mettre au subjonctif imparfait (au lieu du subjonctif présent employé en langue courante) ou au subjonctif plus-que-parfait (au lieu du subjonctif passé) :

*Je souhaiterais que ce pauvre homme **pût** marcher* (au lieu de : « puisse ») ;

*Je voudrais qu'on **eût terminé** avant midi* (au lieu de : « qu'on ait terminé »).

DEUXIÈME PARTIE

Conjugaisons

Principes fondamentaux 44

**Les verbes irréguliers
les plus courants** 53

Les verbes du 1er groupe 64

Les verbes du 2e groupe 86

Les verbes du 3e groupe 88

Les terminaisons régulières aux temps simples (voix active)

INFINITIF

1ᴱᴿ GROUPE	2ᴱ GROUPE	3ᴱ GROUPE
Présent		
-er	-ir	-ir, -oir, -re

PARTICIPE

1ᴱᴿ GROUPE	2ᴱ GROUPE	3ᴱ GROUPE
Présent		
-ant	-issant	-ant
Passé		
-é/-ée	-i/-ie	-i/-ie/-is/-ies ;
-és/-ées	-is/-ies	-u/-ue/-us/-ues ; -is/-ise/-ises ; -us/-use/-uses

INDICATIF

1ᴱᴿ GROUPE	2ᴱ GROUPE	3ᴱ GROUPE
Présent		
-e	-is	-s
-es	-is	-s
-e	-it	-t
-ons	-issons	-ons
-ez	-issez	-ez
-ent	-issent	-ent, -ont
Imparfait		
-ais	-issais	-ais
-ais	-issais	-ais
-ait	-issait	-ait
-ions	-issions	-ions
-iez	-issiez	-iez
-aient	-issaient	-aient
Futur simple		
-erai	-irai	-rai
-eras	-iras	-ras
-era	-ira	-ra
-erons	-irons	-rons
-erez	-irez	-rez
-eront	-iront	-ront
Passé simple		
-ai	-is	-is, -us
-as	-is	-is, -us
-a	-it	-it, -ut
-âmes	-îmes	-îmes, -ûmes
-âtes	-îtes	-îtes, -ûtes
-èrent	-irent	-irent, -urent

SUBJONCTIF

1ᴱᴿ GROUPE	2ᴱ GROUPE	3ᴱ GROUPE
Présent		
-e	-isse	-e
-es	-isses	-es
-e	-isse	-e
-ions	-issions	-ions
-iez	-issiez	-iez
-ent	-issent	-ent
Imparfait		
-asse	-isse	-isse, usse
-asses	-isses	-isses, usses
-ât	-ît	-ît, -ût
-assions	-issions	-issions, -ussions
-assiez	-issiez	-issiez, -ussiez
-assent	-issent	-issent, -ussent

CONDITIONNEL

1ᴱᴿ GROUPE	2ᴱ GROUPE	3ᴱ GROUPE
Présent		
-erais	-irais	-rais
-erais	-irais	-rais
-erait	-irait	-rait
-erions	-irions	-rions
-eriez	-iriez	-riez
-eraient	-iraient	-raient

IMPÉRATIF

1ᴱᴿ GROUPE	2ᴱ GROUPE	3ᴱ GROUPE
inusité	*inusité*	*inusité*
-e	-is	-s
inusité	*inusité*	*inusité*
-ons	-issons	-ons
-ez	-ez	-ez
inusité	*inusité*	*inusité*

L'indicatif présent

		1ᴿᴱ GROUPE		2ᴱ GROUPE			3ᴱ GROUPE			
		infinitif en -er		infinitif en -ir (part. prés. en -issant)			infinitif en -ir (mais part. prés. en -ant), -oir ou -re			
1ᴿᴱ pers. sing.	je	chant	e	fin	i	s	par	s	prend	s
2ᴱ pers. sing.	tu	chant	e s	fin	i	s	par	s	prend	s
3ᴱ pers. sing.	il/elle	chant	e	fin	i	t	par	t	prend	
1ᴿᴱ pers. pl.	nous	chant	ons	fin	iss	ons	part	ons	pren	ons
2ᴱ pers. pl.	vous	chant	e z	fin	iss	ez	part	ez	pren	ez
3ᴱ pers. pl.	ils/elles	chant	e nt	fin	iss	ent	part	ent	prenn	ent

1 base : chant-   **2 bases** : fin- finiss-   **2 bases** : par- part-   **3 bases** : prend- pren- prenn-

■ Les ressemblances

• La caractéristique de la terminaison de la 2ᵉ personne du singulier est le **-s** final : il est présent dans tous les groupes et à tous les temps, sauf à l'impératif.

• Dans les trois groupes, la terminaison de la 1ʳᵉ personne du pluriel est **-ons** ou se termine par **-ons**. Cette terminaison s'ajoute à la base même si celle-ci se termine par une voyelle : **créer** → nous cré**ons**.

• Dans le 1ᵉʳ et le 2ᵉ groupe, la terminaison de la 2ᵉ personne du pluriel est **-ez** ou se termine par **-ez**.
Cette terminaison est remplacée par **-es** pour certains verbes du 3ᵉ groupe : **faire** → faites.

• Dans le 2ᵉ ainsi que dans le 3ᵉ groupe, la 1ʳᵉ et la 2ᵉ personne du singulier sont identiques et se terminent chacune par un **-s**.

• Dans le 1ᵉʳ groupe, la 1ʳᵉ et la 3ᵉ personne du singulier sont identiques.

• Dans le 1ᵉʳ groupe, les trois personnes du singulier se prononcent de la même façon. Mais, à l'écrit, la 2ᵉ personne prend toujours un **-s** final.

■ L'impératif présent

		1ᴿᴱ GROUPE		2ᴱ GROUPE			3ᴱ GROUPE			
Rappel : infinitif		chant	e r	fin	i	r	part	ir	prend	re
2ᴱ pers. sing.	tu	chant	e	fin	i	s	par	s	prend	s
1ᴿᴱ pers. pl.	nous	chant	ons	fin	iss	ons	part	ons	pren	ons
2ᴱ pers. pl.	vous	chant	e z	fin	iss	ez	part	ez	pren	ez

■ Les ressemblances

• La conjugaison du présent de l'impératif est identique à celle du présent de l'indicatif sauf sur un point : à la 2ᵉ personne du singulier, les verbes du 1ᵉʳ groupe ne prennent pas de **-s** final.

Certains verbes du 3ᵉ groupe suivent cette règle :

avoir → aie   **ouvrir** → ouvre
cueillir → cueille   **savoir** → sache

◼ Indicatif futur simple

Rappel : infinitif	1ᵉʳ GROUPE	2ᵉ GROUPE	3ᵉ GROUPE	
	chant | er	fin | ir	part | ir	prend | r | e
1ᵉ pers. sing. je	chant | er | ai	fin | ir | ai	part | ir | ai	prend | r | ai
2ᵉ pers. sing. tu	chant | er | **as**	fin | ir | **as**	part | ir | **as**	prend | r | **as**
3ᵉ pers. sing il/elle	chant | er | a	fin | ir | a	part | ir | a	prend | r | a
1ᵉ pers. pl. nous	chant | er | ons	fin | ir | ons	part | ir | ons	prend | r | ons
2ᵉ pers. pl. vous	chant | er | ez	fin | ir | ez	part | ir | ez	prend | r | ez
3ᵉ pers. pl. ils/elles	chant | er | ont	fin | ir | ront	part | ir | ont	prend | r | ont

◼ Les ressemblances

• Le **-r-** est la caractéristique du futur : on le retrouve à toutes les personnes des trois groupes. Les terminaisons sont les mêmes pour tous les groupes.
• Comme à l'indicatif présent, la 2ᵉ personne du singulier se termine toujours par **-s**.
• Sauf pour beaucoup de verbes du *3ᵉ* groupe, tout se passe comme si on ajoutait les terminaisons à l'infinitif présent.
• Pour les verbes du *3ᵉ* groupe qui ont leur infinitif en **-re**, il suffit de retrancher le **-e** final de l'infinitif pour construire le futur simple :
boire → *je boir ai.*
Mais pour de nombreux autres verbes du *3ᵉ* groupe la base est imprévisible :
venir → *je viend rai*   *être* → *je se rai*
avoir → *j'au rai*   *faire* → *je fe rai*
vouloir → *je voud rai*   *voir* → *je ver rai.*

◼ Le conditionnel présent

Rappel : futur simple	1ᵉʳ GROUPE	2ᵉ GROUPE	3ᵉ GROUPE	
1ᵉ pers. sing. je	chant | er | ai	fin | ir | ai	part | ir | ai	prend | r | ai
1ᵉ pers. sing. je	chant | er | ais	fin | ir | ais	part | ir | ais	prend | r | ais
2ᵉ pers. sing. tu	chant | er | ais	fin | ir | ais	part | ir | ais	prend | r | ais
3ᵉ pers. sing il/elle	chant | er | ait	fin | ir | ait	part | ir | ait	prend | r | ait
1ᵉ pers. pl. nous	chant | er | ions	fin | ir | ions	part | ir | ions	prend | r | ions
2ᵉ pers. pl. vous	chant | er | iez	fin | ir | iez	part | ir | iez	prend | r | iez
3ᵉ pers. pl. ils/elles	chant | er | aient	fin | ir | aient	part | ir | aient	prend | r | aient

◼ Les ressemblances

• Pour tous les verbes, la base utilisée est la même que pour l'indicatif futur simple ; seules les terminaisons diffèrent.
• Tout se passe comme si on remplaçait les terminaisons du futur par celles de l'imparfait (voir p. suivante) : *chanter* → *je chante r **ai*** (futur simple) → *je chante r **ais*** (conditionnel présent).

| **Remarque :** L'indicatif futur du passé a les mêmes formes que le conditionnel présent.

■ Indicatif imparfait

		1ᴿᴱ GROUPE	2ᴱ GROUPE	3ᴱ GROUPE	
Rappel : ind. prés.					
1ʳᵉ pers. pl.	nous	chant | ons	finiss | ons	part | ons	pren | ons
1ʳᵉ pers. sing.	je	chant **ais**	finiss **ais**	part **ais**	pren **ais**
2ᵉ pers. sing.	tu	chant **ais**	finiss **ais**	part **ais**	pren **ais**
3ᵉ pers. sing.	il/elle	chant ait	finiss ait	part ait	pren ait
1ʳᵉ pers. pl.	nous	chant ions	finiss ions	part ions	pren ions
2ᵉ pers. pl.	vous	chant iez	finiss iez	part iez	pren iez
3ᵉ pers. pl.	ils/elles	chant aient	finiss aient	part | aient	pren aient

■ Les ressemblances

• À tous les groupes, la base utilisée pour toutes les personnes est celle de la 1ʳᵉ personne du pluriel de l'indicatif présent. Seul le verbe « être » fait exception.

• Les terminaisons sont les mêmes pour tous les groupes ; à la 1ʳᵉ et à la 2ᵉ personne du pluriel, les terminaisons -**ions** et -**iez** s'ajoutent à la base sans la modifier, même si celle-ci se termine par une voyelle : nous balay**i**ons, nous étud**i**ions.

Mais ces terminaisons imposent à la base de certains verbes l'ajout d'une cédille au -**c**- ou l'ajout d'un -**e**- après -**g**- pour leur garder un son doux :

placer → *nous plaçons* (base : **plaç**-) ; *nous placions* (base : **plac**-) ;
manger → *nous mangeons* (base : **mange**-) ; *nous mangions* (base : **mang**-).

• Les terminaisons -**ais**/-**ais**/-**ait**/-**aient** se prononcent [ɛ], ce qui permet, à l'oral, de distinguer l'imparfait du 1ᵉʳ groupe « je chantais » et le passé simple « je chantai », dont la finale est prononcée plus fermée [e].

■ Le subjonctif présent

		1ᴿᴱ GROUPE	2ᴱ GROUPE	3ᴱ GROUPE	
Rappel : ind. prés.					
3ᵉ pers. pl.	ils/elles	chant | e | nt	finiss | e | nt	part | e | nt	prenn | e | nt
1ʳᵉ pers. sing.	que je	chant | e	finiss | e	part | e	prenn | e
2ᵉ pers. sing.	que tu	chant | e | s	finiss | e | s	part | e | s	prenn | e | s
3ᵉ pers. sing	qu'il/elle	chant | e	finiss | e	part | e	prenn | e
1ʳᵉ pers. pl.	que nous	chant | i | ons	finiss | i | ons	part | i | ons	pren | i | ons
2ᵉ pers. pl.	que vous	chant | i | ez	finiss | i | ez	part | i | ez	pren | i | ez
3ᵉ pers. pl.	qu'ils/elles	chant | e | nt	finiss | e | nt	part | e | nt	prenn | e | nt

■ Les ressemblances

• Les terminaisons sont les mêmes pour tous les verbes des trois groupes.

• Comme à l'indicatif imparfait, le -**i**- caractéristique des terminaisons des 1ʳᵉ et 2ᵉ personnes du pluriel s'ajoute à la base, même si celle-ci se termine par une voyelle : *que nous balay**i**ons, que nous étud**i**ions*.

• Aux trois personnes du singulier de tous les groupes, les terminaisons sont les mêmes que celles de l'indicatif présent du 1ᵉʳ groupe.

• Pour certains verbes très courants du 3ᵉ groupe, à l'oral, l'indicatif présent et le subjonctif présent semblent être le même aux trois premières personnes du singulier et à la 3ᵉ personne du pluriel. À l'écrit, leurs terminaisons les distinguent au singulier : *je, tu vois, on voit*, mais *que je voie, que tu voies, qu'on voie*.

◼ L'indicatif passé simple

		1ᴱᴿ GROUPE	2ᴱ GROUPE	3ᴱ GROUPE	
Rappel	: infinitif	chant‑e‑r	fin‑i‑r	part‑i‑r	boi‑r‑e
1ʳᵉ pers. sing.	je	chant‑a‑i	fin‑i‑s	part‑i‑s	b‑u‑s
2ᵉ pers. sing.	tu	chant‑a‑s	fin‑i‑s	part‑i‑s	b‑u‑s
3ᵉ pers. sing	il/elle	chant‑a	fin‑i‑t	part‑i‑t	b‑u‑t
1ʳᵉ pers. pl.	nous	chant‑â‑**mes**	fin‑î‑**mes**	part‑î‑**mes**	b‑û‑**mes**
2ᵉ pers. pl.	vous	chant‑â‑**tes**	fin‑î‑**tes**	part‑î‑**tes**	b‑û‑**tes**
3ᵉ pers. pl.	ils/elles	chant‑è‑rent	fin‑i‑rent	part‑i‑rent	b‑u‑rent

◼ Les ressemblances

• Au pluriel, la seule différence de terminaison entre les trois groupes est la voyelle :
1ᵉʳ groupe → -a- (et -è- à la 3ᵉ personne)
2ᵉ groupe → -i- partout
3ᵉ groupe → -i- ou -**u**- partout, selon les verbes.
Il y a toujours un accent circonflexe sur la voyelle aux 1ʳᵉ et 2ᵉ personnes.

• Au singulier, les consonnes finales de la terminaison sont les mêmes pour le 2ᵉ et le 3ᵉ groupe. Seul le 1ᵉʳ groupe est différent : à la 1ʳᵉ et à la 3ᵉ personne, il n'y a pas de consonne finale, comme à l'indicatif présent.

• Une seule et même base est utilisée pour construire toutes les formes de chaque verbe. Pour les verbes du 1ᵉʳ et du 2ᵉ groupe, c'est celle du présent de l'indicatif. La base des verbes du 3ᵉ groupe est moins prévisible mais est souvent la même que celle du participe passé ; on retrouve la voyelle caractéristique -i- ou -**u**- : *couru, je courus ; pris ; je pris* mais *vu, je vis*.

• La terminaison du 1ᵉʳ groupe -**ai** est prononcée [e], ce qui permet, à l'oral, de distinguer le passé simple « je chantai » et l'imparfait « je chantais » (voir p. 47).

◼ Le subjonctif imparfait

		1ᴱᴿ GROUPE	2ᴱ GROUPE	3ᴱ GROUPE	
Rappel : ind. passé simple 2ᵉ pers. sing.	tu	chant‑a‑s	fin‑i‑s	part‑i‑s	b‑u‑s
1ʳᵉ pers. sing.	que je	chant‑a‑sse	fin‑i‑sse	part‑i‑sse	b‑u‑sse
2ᵉ pers. sing.	que tu	chant‑a‑sses	fin‑i‑sses	part‑i‑sses	b‑u‑sses
3ᵉ pers. sing	qu'il/elle	chant‑â‑t	fin‑î‑t	part‑î‑t	b‑û‑t
1ʳᵉ pers. pl.	que nous	chant‑a‑ssions	fin‑i‑ssions	part‑i‑ssions	b‑u‑ssions
2ᵉ pers. pl.	que vous	chant‑a‑ssiez	fin‑i‑ssiez	part‑i‑ssiez	b‑u‑ssiez
3ᵉ pers. pl.	qu'ils/elles	chant‑a‑ssent	fin‑i‑ssent	part‑i‑ssent	b‑u‑ssent

◼ Les ressemblances

• Pour tous les verbes, la base est celle du passé simple de l'indicatif. Pour la trouver, on retranche le -**s**- final de la 2ᵉ personne du singulier du passé simple. On ajoute ensuite les terminaisons suivantes :

	singulier	pluriel
1ʳᵉ personne	-sse	
2ᵉ personne	-sses	-ssions
3ᵉ personne	-accent circonflexe sur la voyelle + **t**	-ssiez
		-ssent

• À tous les groupes, les 3ᵉˢ personnes du singulier de l'indicatif passé simple et du subjonctif imparfait ont la même prononciation. Mais elles se distinguent à l'écrit par l'accent circonflexe ainsi que par le -**t** au 1ᵉʳ groupe :
ind. passé simple : il/elle chanta   **subj. imparfait :** qu'il/elle chantât

Conjugaison à la voix passive

■ C'est toujours l'auxiliaire « être » qui est employé.
Attention : aux temps composés, « être » construit ses formes avec
l'auxiliaire « avoir » (*j'ai été*). **Été** est toujours invariable.

■ Le participe passé d'un verbe conjugué à la voix passive s'accorde
toujours avec le sujet : *Marie est aimée de ses collègues.*

INFINITIF

Présent
être aimé/ée,
aimés/ées

Passé
avoir été
aimé/ée/és/ées

PARTICIPE

Présent
étant aimé/ée/és/ées

Passé
ayant été aimé/ée/és/ées

INDICATIF

Présent

je	suis	aimé/ée
tu	es	aimé/ée
il/elle	est	aimé/ée
nous	sommes	aimés/ées
vous	êtes	aimés/ées
ils/elles	sont	aimés/ées

Passé composé

j'	ai	été	aimé/ée
tu	as	été	aimé/ée
il/elle	a	été	aimé/ée
nous	avons	été	aimés/ées
vous	avez	été	aimés/ées
ils/elles	ont	été	aimés/ées

Imparfait

j'	étais	aimé/ée
tu	étais	aimé/ée
il/elle	était	aimé/ée
nous	étions	aimés/ées
vous	étiez	aimés/ées
ils/elles	étaient	aimés/ées

Plus-que-parfait

j'	avais	été	aimé/ée
tu	avais	été	aimé/ée
il/elle	avait	été	aimé/ée
nous	avions	été	aimés/ées
vous	aviez	été	aimés/ées
ils/elles	avaient	été	aimés/ées

Futur simple

je	serai	aimé/ée
tu	seras	aimé/ée
il/elle	sera	aimé/ée
nous	serons	aimés/ées
vous	serez	aimés/ées
ils/elles	seront	aimés/ées

Futur antérieur

j'	aurai	été	aimé/ée
tu	auras	été	aimé/ée
il/elle	aura	été	aimé/ée
nous	aurons	été	aimés/ées
vous	aurez	été	aimés/ées
ils/elles	auront	été	aimés/ées

Passé simple

je	fus	aimé/ée
tu	fus	aimé/ée
il/elle	fut	aimé/ée
nous	fûmes	aimés/ées
vous	fûtes	aimés/ées
ils/elles	furent	aimés/ées

Passé antérieur

j'	eus	été	aimé/ée
tu	eus	été	aimé/ée
il/elle	eut	été	aimé/ée
nous	eûmes	été	aimés/ées
vous	eûtes	été	aimés/ées
ils/elles	eurent	été	aimés/ées

SUBJONCTIF

Présent

que	je	sois	aimé/ée
que	tu	sois	aimé/ée
qu'	il/elle	soit	aimé/ée
que	nous	soyons	aimés/ées
que	vous	soyez	aimés/ées
qu'	ils/elles	soient	aimés/ées

Imparfait

que	je	fusse	aimé/ée
que	tu	fusses	aimé/ée
qu'	il/elle	fût	aimé/ée
que	nous	fussions	aimés/ées
que	vous	fussiez	aimés/ées
qu'	ils/elles	fussent	aimés/ées

Passé

que	j'	aie	été	aimé/ée
que	tu	aies	été	aimé/ée
qu'	il/elle	ait	été	aimé/ée
que	nous	ayons	été	aimés/ées
que	vous	ayez	été	aimés/ées
qu'	ils/elles	aient	été	aimés/ées

Plus-que-parfait

que	j'	eusse	été	aimé/ée
que	tu	eusses	été	aimé/ée
qu'	il/elle	eût	été	aimé/ée
que	nous	eussions	été	aimés/ées
que	vous	eussiez	été	aimés/ées
qu'	ils/elles	eussent	été	aimés/ées

CONDITIONNEL

Présent

je	serais	aimé/ée
tu	serais	aimé/ée
il/elle	serait	aimé/ée
nous	serions	aimés/ées
vous	seriez	aimés/ées
ils/elles	seraient	aimés/ées

Passé 1ʳᵉ forme

j'	aurais	été	aimé/ée
tu	aurais	été	aimé/ée
il/elle	aurait	été	aimé/ée
nous	aurions	été	aimés/ées
vous	auriez	été	aimés/ées
ils/elles	auraient	été	aimés/ées

Passé 2ᵉ forme
mêmes formes que le subjonctif plus-que-parfait

IMPÉRATIF

Présent

sois	aimé/ée
soyons	aimés/ées
soyez	aimés/ées

Passé

aie	été	aimé/ée
ayons	été	aimés/ées
ayez	été	aimés/ées

Conjugaison à la voix pronominale

■ C'est toujours l'auxiliaire « être » qui est employé pour construire les formes composées.

■ Il arrive que le participe passé ne s'accorde pas avec le sujet (voir p. 28 et 29).

INFINITIF

Présent	Passé
s'amuser	s'être amusé/ée/és/ées

PARTICIPE

Présent	Passé
s'amusant	s'étant amusé/ée/és/ées

INDICATIF

Présent
je m'	amuse
tu t'	amuses
il/elle s'	amuse
nous nous	amusons
vous vous	amusez
ils/elles s'	amusent

Passé composé
je me	suis	amusé/ée
tu t'	es	amusé/ée
il/elle s'	est	amusé/ée
nous nous	sommes	amusés/ées
vous vous	êtes	amusés/ées
ils/elles se	sont	amusés/ées

Imparfait
je m'	amusais
tu t'	amusais
il/elle s'	amusait
nous nous	amusions
vous vous	amusiez
ils/elles s'	amusaient

Plus-que-parfait
je m'	étais	amusé/ée
tu t'	étais	amusé/ée
il/elle s'	était	amusé/ée
nous nous	étions	amusés/ées
vous vous	étiez	amusés/ées
ils/elles s'	étaient	amusés/ées

Futur simple
je m'	amuserai
tu t'	amuseras
il/elle s'	amusera
nous nous	amuserons
vous vous	amuserez
ils/elles s'	amuseront

Futur antérieur
je me	serai	amusé/ée
tu te	seras	amusé/ée
il/elle se	sera	amusé/ée
nous nous	serons	amusés/ées
vous vous	serez	amusés/ées
ils/elles se	seront	amusés/ées

Passé simple
je m'	amusai
tu t'	amusas
il/elle s'	amusa
nous nous	amusâmes
vous vous	amusâtes
ils/elles s'	amusèrent

Passé antérieur
je me	fus	amusé/ée
tu te	fus	amusé/ée
il/elle se	fut	amusé/ée
nous nous	fûmes	amusés/ées
vous vous	fûtes	amusés/ées
ils/elles se	furent	amusés/ées

SUBJONCTIF

Présent
que	je m'	amuse
que	tu t'	amuses
qu'	il/elle s'	amuse
que	nous nous	amusions
que	vous vous	amusiez
qu'	ils/elles s'	amusent

Imparfait
que	je m'	amusasse
que	tu t'	amusasses
qu'	il/elle s'	amusât
que	nous nous	amusassions
que	vous vous	amusassiez
qu'	ils/elles s'	amusassent

Passé
que	je me	sois	amusé/ée
que	tu te	sois	amusé/ée
qu'	il/elle se	soit	amusé/ée
que	nous nous	soyons	amusés/ées
que	vous vous	soyez	amusés/ées
qu'	ils/elles se	soient	amusés/ées

Plus-que-parfait
que	je me	fusse	amusé/ée
que	tu te	fusses	amusé/ée
qu'	il/elle se	fût	amusé/ée
que	nous nous	fussions	amusés/ées
que	vous vous	fussiez	amusés/ées
qu'	ils/elles se	fussent	amusés/ées

CONDITIONNE

Présent
je m'	amuserais
tu t'	amuserais
il/elle s'	amuserait
nous nous	amuserions
vous vous	amuseriez
ils/elles s'	amuseraient

Passé 1re forme
je me	serais	amusé/ée
tu te	serais	amusé/ée
il/elle se	serait	amusé/ée
nous nous	serions	amusés/ées
vous vous	seriez	amusés/ées
ils/elles se	seraient	amusés/ées

Passé 2e forme
mêmes formes que le subjonctif plus-que-parfait

IMPÉRATIF

Présent	Passé
amuse-toi	*inusité*
amusons-nous	
amusez-vous	

Conjugaison à la tournure négative

■ Attention : la place de « pas » varie selon les temps.
■ À la voix pronominale, tout se passe comme si le 2ᵉ pronom faisait partie du verbe : *ne pas se tromper,*
ne pas s'être trompé/ée/és/ées, elle ne se trompe pas,
je ne me suis pas trompé/ée...

INFINITIF

Présent	Passé
ne pas pleurer	ne pas avoir pleuré

PARTICIPE

Présent	Passé
ne pleurant pas	n'ayant pas pleuré

INDICATIF

Présent

je	ne pleure	pas
tu	ne pleures	pas
il/elle	ne pleure	pas
nous	ne pleurons	pas
vous	ne pleurez	pas
ils/elles	ne pleurent	pas

Passé composé

je	n'ai	pas	pleuré
tu	n'as	pas	pleuré
il/elle	n'a	pas	pleuré
nous	n'avons	pas	pleuré
vous	n'avez	pas	pleuré
ils/elles	n'ont	pas	pleuré

Imparfait

je	ne pleurais	pas
tu	ne pleurais	pas
il/elle	ne pleurait	pas
nous	ne pleurions	pas
vous	ne pleuriez	pas
ils/elles	ne pleuraient	pas

Plus-que-parfait

je	n'avais	pas	pleuré
tu	n'avais	pas	pleuré
il/elle	n'avait	pas	pleuré
nous	n'avions	pas	pleuré
vous	n'aviez	pas	pleuré
ils/elles	n'avaient	pas	pleuré

Futur simple

je	ne pleurerai	pas
tu	ne pleureras	pas
il/elle	ne pleurera	pas
nous	ne pleurerons	pas
vous	ne pleurerez	pas
ils/elles	ne pleureront	pas

Futur antérieur

je	n'aurai	pas	pleuré
tu	n'auras	pas	pleuré
il/elle	n'aura	pas	pleuré
nous	n'aurons	pas	pleuré
vous	n'aurez	pas	pleuré
ils/elles	n'auront	pas	pleuré

Passé simple

je	ne pleurai	pas
tu	ne pleuras	pas
il/elle	ne pleura	pas
nous	ne pleurâmes	pas
vous	ne pleurâtes	pas
ils/elles	ne pleurèrent	pas

Passé antérieur

je	n'eus	pas	pleuré
tu	n'eus	pas	pleuré
il/elle	n'eut	pas	pleuré
nous	n'eûmes	pas	pleuré
vous	n'eûtes	pas	pleuré
ils/elles	n'eurent	pas	pleuré

SUBJONCTIF

Présent

que	je	ne	pleure	pas
que	tu	ne	pleures	pas
qu'	il/elle	ne	pleure	pas
que	nous	ne	pleurions	pas
que	vous	ne	pleuriez	pas
qu'	ils/elles	ne	pleurent	pas

Imparfait

que	je	ne	pleurasse	pas
que	tu	ne	pleurasses	pas
qu'	il/elle	ne	pleurât	pas
que	nous	ne	pleurassions	pas
que	vous	ne	pleurassiez	pas
qu'	ils/elles	ne	pleurassent	pas

Passé

que	je	n'aie	pas	pleuré
que	tu	n'aies	pas	pleuré
qu'	il/elle	n'ait	pas	pleuré
que	nous	n'ayons	pas	pleuré
que	vous	n'ayez	pas	pleuré
qu'	ils/elles	n'aient	pas	pleuré

Plus-que-parfait

que	je	n'eusse	pas	pleuré
que	tu	n'eusses	pas	pleuré
qu'	il/elle	n'eût	pas	pleuré
que	nous	n'eussions	pas	pleuré
que	vous	n'eussiez	pas	pleuré
qu'	ils/elles	n'eussent	pas	pleuré

CONDITIONNEL

Présent

je	ne pleurerais	pas
tu	ne pleurerais	pas
il/elle	ne pleurerait	pas
nous	ne pleurerions	pas
vous	ne pleureriez	pas
ils/elles	ne pleureraient	pas

Passé 1ʳᵉ forme

je	n'aurais	pas	pleuré
tu	n'aurais	pas	pleuré
il/elle	n'aurait	pas	pleuré
nous	n'aurions	pas	pleuré
vous	n'auriez	pas	pleuré
ils/elles	n'auraient	pas	pleuré

Passé 2ᵉ forme
mêmes formes que le subjonctif plus-que-parfait

IMPÉRATIF

Présent		Passé		
ne pleure	pas	n'aie	pas	pleuré
ne pleurons	pas	n'ayons	pas	pleuré
ne pleurez	pas	n'ayez	pas	pleuré

Conjugaison à la tournure interrogative

■ Le sujet pronom est placé après le verbe. Il est relié à la forme verbale par un trait d'union.

■ À la 3e pers. du sing., un **-t-** est ajouté si la forme verbale se termine par une voyelle : *reste-t-il du pain ?* (on l'appelle **-t-** euphonique : il évite la rencontre de deux voyelles qui produisent une sonorité désagréable).

■ À la 1re pers. du sing. de l'ind. prés. des verbes du 1er groupe, la terminaison devient **-é** mais cette forme est peu employée.

■ Subjonctif et impératif n'existent pas.

INFINITIF

Présent	Passé
rester	être resté/ée
étant resté/ée/és/ées	restés/ées

PARTICIPE

Présent	Passé
restant	resté/ée, restés/ées

INDICATIF

Présent

resté-je ? *(rare)*		
restes-tu ?		
reste-t-il/elle		
restons-nous ?		
restez-vous ?		
restent-ils/elles ?		

Passé composé

suis-je	resté/ée ?
es-tu	resté/ée ?
est-il/elle	resté/ée ?
sommes-nous	restés/ées ?
êtes-vous	restés/ées ?
sont-ils/elles	restés/ées ?

Imparfait

restais-je ?
restais-tu ?
restait-t-il/elle ?
restions-nous ?
restiez-vous ?
restaient-ils/elles ?

Plus-que-parfait

étais-je	resté/ée ?
étais-tu	resté/ée ?
était-il/elle	resté/ée ?
étions-nous	restés/ées ?
étiez-vous	restés/ées ?
étaient-ils/elles	restés/ées ?

Futur simple

resterai-je ?
resteras-tu ?
restera-t-il/elle ?
resterons-nous ?
resterez-vous ?
resteront-ils/elles ?

Futur antérieur

serai-je	resté/ée ?
seras-tu	resté/ée ?
sera-t-il/elle	resté/ée ?
serons-nous	restés/ées ?
serez-vous	restés/ées ?
seront-ils/elles	restés/ées ?

Passé simple

restai-je ?
restas-tu ?
resta-t-il/elle ?
restâmes-nous ?
restâtes-vous ?
restèrent-ils/elles ?

Passé antérieur

fus-je	resté/ée ?
fus-tu	resté/ée ?
fut-il/elle	resté/ée ?
fûmes-nous	restés/ées ?
fûtes-vous	restés/ées ?
furent-ils/elles	restés/ées ?

TOURNURE INTERRO-NÉGATIVE

Présent

ne resté-je pas ?
ne restes-tu pas ?
ne reste-t-il/elle pas ?
ne restons-nous pas ?
ne restez-vous pas ?
ne restent-ils/elles pas ?

Passé composé

ne suis-je pas resté ?
n'es-tu pas resté ?
n'est-il/elle pas resté/ée ?
ne sommes-nous pas restés/ées
n'êtes-vous pas restés/ées ?
ne sont-ils/elles pas restés/ées

CONDITIONNEL

Présent

resterais-je ?
resterais-tu ?
resterait-il/elle ?
resterions-nous ?
resteriez-vous ?
resteraient-ils/elles ?

Passé 1re forme

serais-je	resté/ée ?
serais-tu	resté/ée ?
serait-il/elle	resté/ée ?
serions-nous	restés/ées ?
seriez-vous	restés/ées ?
seraient-ils/elles	restés/ées ?

Passé 2e forme
n'existe pas

■ Participe passé toujours invariable.
■ Sert d'auxiliaire de conjugaison :
  - pour toutes les formes de la voix passive ;
  - pour les temps composés de la voix pronominale et de certains verbes à la voix active.

Bases :
MULTIPLES

INFINITIF

Présent	Passé
être	avoir été

PARTICIPE

Présent	Passé
étant	été
	ayant été

INDICATIF

Présent		Passé composé		
je	suis	j'	ai	été
tu	es	tu	as	été
il/elle	est	il/elle	a	été
nous	sommes	nous	avons	été
vous	êtes	vous	avez	été
ils/elles	sont	ils/elles	ont	été

Imparfait		Plus-que-parfait		
j'	étais	j'	avais	été
tu	étais	tu	avais	été
il/elle	était	il/elle	avait	été
nous	étions	nous	avions	été
vous	étiez	vous	aviez	été
ils/elles	étaient	ils/elles	avaient	été

Futur simple		Futur antérieur		
je	serai	j'	aurai	été
tu	seras	tu	auras	été
il/elle	sera	il/elle	aura	été
nous	serons	nous	aurons	été
vous	serez	vous	aurez	été
ils/elles	seront	ils/elles	auront	été

Passé simple		Passé antérieur		
je	fus	j'	eus	été
tu	fus	tu	eus	été
il/elle	fut	il/elle	eut	été
nous	fûmes	nous	eûmes	été
vous	fûtes	vous	eûtes	été
ils/elles	furent	ils/elles	eurent	été

SUBJONCTIF

Présent		
que	je	sois
que	tu	sois
qu'	il/elle	soit
que	nous	soyons
que	vous	soyez
qu'	ils/elles	soient

Imparfait		
que	je	fusse
que	tu	fusses
qu'	il/elle	fût
que	nous	fussions
que	vous	fussiez
qu'	ils/elles	fussent

Passé			
que	j'	aie	été
que	tu	aies	été
qu'	il/elle	ait	été
que	nous	ayons	été
que	vous	ayez	été
qu'	ils/elles	aient	été

Plus-que-parfait			
que	j'	eusse	été
que	tu	eusses	été
qu'	il/elle	eût	été
que	nous	eussions	été
que	vous	eussiez	été
qu'	ils/elles	eussent	été

CONDITIONNEL

Présent		Passé 1ʳᵉ forme		
je	serais	j'	aurais	été
tu	serais	tu	aurais	été
il/elle	serait	il/elle	aurait	été
nous	serions	nous	aurions	été
vous	seriez	vous	auriez	été
ils/elles	seraient	ils/elles	auraient	été

Passé 2ᵉ forme
mêmes formes que le subjonctif plus-que-parfait

IMPERATIF

Présent	Passé	
sois	aie	été
soyons	ayons	été
soyez	ayez	été

AVOIR

3ᴱ GROUPE

Bases :
AV-/AU-
AI-/A-/AY-
O-
EU-

- Sert d'auxiliaire de conjugaison pour les temps composés de la plupart des verbes à la voix active.
- Emploi impersonnel : *il y a, il y aura, qu'il y ait, etc.* (= il existe…).

INFINITIF

Présent	Passé
avoir	avoir eu

PARTICIPE

Présent	Passé
ayant	eu/eue, eus/eues
	ayant eu

INDICATIF

Présent

j'	ai
tu	as
il/elle	a
nous	avons
vous	avez
ils/elles	ont

Passé composé

j'	ai	eu
tu	as	eu
il/elle	a	eu
nous	avons	eu
vous	avez	eu
ils/elles	ont	eu

Imparfait

j'	avais
tu	avais
il/elle	avait
nous	avions
vous	aviez
ils/elles	avaient

Plus-que-parfait

j'	avais	eu
tu	avais	eu
il/elle	avait	eu
nous	avions	eu
vous	aviez	eu
ils/elles	avaient	eu

Futur simple

j'	aurai
tu	auras
il/elle	aura
nous	aurons
vous	aurez
ils/elles	auront

Futur antérieur

j'	aurai	eu
tu	auras	eu
il/elle	aura	eu
nous	aurons	eu
vous	aurez	eu
ils/elles	auront	eu

Passé simple

j'	eus
tu	eus
il/elle	eut
nous	eûmes
vous	eûtes
ils/elles	eurent

Passé antérieur

j'	eus	eu
tu	eus	eu
il/elle	eut	eu
nous	eûmes	eu
vous	eûtes	eu
ils/elles	eurent	eu

SUBJONCTIF

Présent

que j'	aie
que tu	aies
qu' il/elle	ait
que nous	ayons
que vous	ayez
qu' ils/elles	aient

Imparfait

que j'	eusse
que tu	eusses
qu' il/elle	eût
que nous	eussions
que vous	eussiez
qu' ils/elles	eussent

Passé

que j'	aie	eu
que tu	aies	eu
qu' il/elle	ait	eu
que nous	ayons	eu
que vous	ayez	eu
qu' ils/elles	aient	eu

Plus-que-parfait

que j'	eusse	eu
que tu	eusses	eu
qu' il/elle	eût	eu
que nous	eussions	eu
que vous	eussiez	eu
qu' ils/elles	eussent	eu

CONDITIONNEL

Présent

j'	aurais
tu	aurais
il/elle	aurait
nous	aurions
vous	auriez
ils/elles	auraient

Passé 1ʳᵉ forme

j'	aurais	eu
tu	aurais	eu
il/elle	aurait	eu
nous	aurions	eu
vous	auriez	eu
ils/elles	auraient	eu

IMPÉRATIF

Présent	Passé	
aie	aie	eu
ayons	ayons	eu
ayez	ayez	eu

Passé 2ᵉ forme
mêmes formes que le subjonctif plus-que-parfait

- Il n'y a pas de -s final à la 2ᵉ pers. du sing. de l'impératif présent, sauf dans **vas-y** (-s- euphonique).
- Temps composés formés avec « être ».
- « Aller » sert d'auxiliaire pour le futur proche : *je vais partir* (= je suis sur le point de partir).
- Attention à l'ordre des mots dans « s'en aller ». À l'impératif : *va-t'en, allons-nous-en, allez-vous-en* ; aux temps composés, « en » se place avant l'auxiliaire : *je m'en suis allé/ée.*

ALLER | 3

3ᴱ GROUPE

Bases :
ALL-/AILL-
V-
I-

INFINITIF

Présent	Passé
aller	être allé/ée/és/ées

PARTICIPE

Présent	
allant	allé/ée, allés/ées
	étant allé/ée/és/ées

INDICATIF

Présent		Passé composé		
je	vais	je	suis	allé/ée
tu	vas	tu	es	allé/ée
il/elle	va	il/elle	est	allé/ée
nous	allons	nous	sommes	allés/ées
vous	allez	vous	êtes	allés/ées
ils/elles	vont	ils/elles	sont	allés/ées

Imparfait		Plus-que-parfait		
j'	allais	j'	étais	allé/ée
tu	allais	tu	étais	allé/ée
il/elle	allait	il/elle	était	allé/ée
nous	allions	nous	étions	allés/ées
vous	alliez	vous	étiez	allés/ées
ils/elles	allaient	ils/elles	étaient	allés/ées

Futur simple		Futur antérieur		
j'	irai	je	serai	allé/ée
tu	iras	tu	seras	allé/ée
il/elle	ira	il/elle	sera	allé/ée
nous	irons	nous	serons	allés/ées
vous	irez	vous	serez	allés/ées
ils/elles	iront	ils/elles	seront	allés/ées

Passé simple		Passé antérieur		
j'	allai	je	fus	allé/ée
tu	allas	tu	fus	allé/ée
il/elle	alla	il/elle	fut	allé/ée
nous	allâmes	nous	fûmes	allés/ées
vous	allâtes	vous	fûtes	allés/ées
ils/elles	allèrent	ils/elles	furent	allés/ées

SUBJONCTIF

Présent		
que j'	aille	
que tu	ailles	
qu' il/elle	aille	
que nous	allions	
que vous	alliez	
qu' ils/elles	aillent	

Imparfait		
que j'	allasse	
que tu	allasses	
qu' il/elle	allât	
que nous	allassions	
que vous	allassiez	
qu' ils/elles	allassent	

Passé		
que je	sois	allé/ée
que tu	sois	allé/ée
qu' il/elle	soit	allé/ée
que nous	soyons	allés/ées
que vous	soyez	allés/ées
qu' ils/elles	soient	allés/ées

Plus-que-parfait		
que je	fusse	allé/ée
que tu	fusses	allé/ée
qu' il/elle	fût	allé/ée
que nous	fussions	allés/ées
que vous	fussiez	allés/ées
qu' ils/elles	fussent	allés/ées

CONDITIONNEL

Présent		Passé 1ʳᵉ forme		
j'	irais	je	serais	allé/ée
tu	irais	tu	serais	allé/ée
il/elle	irait	il/elle	serait	allé/ée
nous	irions	nous	serions	allés/ées
vous	iriez	vous	seriez	allés/ées
ils/elles	iraient	ils/elles	seraient	allés/ées

Passé 2ᵉ forme
mêmes formes que le subjonctif plus-que-parfait

IMPÉRATIF

Présent	Passé	
va	sois	allé/ée
allons	soyons	allés/ées
allez	soyez	allés/ées

4 VENIR

3ᴱ GROUPE

Bases :
VEN-
VIEN-/VIENN-
VIEND-
VIN-

■ « Venir » sert d'auxiliaire de conjugaison pour le passé proche : *je viens d'arriver* (= je suis arrivé/ée à l'instant).
■ C'est l'auxiliaire « être » qui sert à former les temps composés.

INFINITIF

Présent	Passé
venir	être venu/ue, venus/ues

PARTICIPE

Présent	Passé
venant	venu/ue, venus/ues
	étant venu/ue/us/ues

INDICATIF

Présent			Passé composé		
je	viens		je	suis	venu/ue
tu	viens		tu	es	venu/ue
il/elle	vient		il/elle	est	venu/ue
nous	venons		nous	sommes	venus/ues
vous	venez		vous	êtes	venus/ues
ils/elles	viennent		ils/elles	sont	venus/ues

Imparfait			Plus-que-parfait		
je	venais		j'	étais	venu/ue
tu	venais		tu	étais	venu/ue
il/elle	venait		il/elle	était	venu/ue
nous	venions		nous	étions	venus/ues
vous	veniez		vous	étiez	venus/ues
ils/elles	venaient		ils/elles	étaient	venus/ues

Futur simple			Futur antérieur		
je	viendrai		je	serai	venu/ue
tu	viendras		tu	seras	venu/ue
il/elle	viendra		il/elle	sera	venu/ue
nous	viendrons		nous	serons	venus/ues
vous	viendrez		vous	serez	venus/ues
ils/elles	viendront		ils/elles	seront	venus/ues

Passé simple			Passé antérieur		
je	vins		je	fus	venu/ue
tu	vins		tu	fus	venu/ue
il/elle	vint		il/elle	fut	venu/ue
nous	vînmes		nous	fûmes	venus/ues
vous	vîntes		vous	fûtes	venus/ues
ils/elles	vinrent		ils/elles	furent	venus/ues

SUBJONCTIF

Présent		
que	je	vienne
que	tu	viennes
qu'	il/elle	vienne
que	nous	venions
que	vous	veniez
qu'	ils	viennent

Imparfait		
que	je	vinsse
que	tu	vinsses
qu'	il/elle	vînt
que	nous	vinssions
que	vous	vinssiez
qu'	ils/elles	vinssent

Passé			
que	je	sois	venu/ue
que	tu	sois	venu/ue
qu'	il/elle	soit	venu/ue
que	nous	soyons	venus/ues
que	vous	soyez	venus/ues
qu'	ils/elles	soient	venus/ues

Plus-que-parfait			
que	je	fusse	venu/ue
que	tu	fusses	venu/ue
qu'	il/elle	fût	venu/ue
que	nous	fussions	venus/ues
que	vous	fussiez	venus/ues
qu'	ils/elles	fussent	venus/ues

CONDITIONNEL

Présent			Passé 1ʳᵉ forme		
je	viendrais		je	serais	venu/ue
tu	viendrais		tu	serais	venu/ue
il/elle	viendrait		il/elle	serait	venu/ue
nous	viendrions		nous	serions	venus/ues
vous	viendriez		vous	seriez	venus/ues
ils/elles	viendraient		ils/elles	seraient	venus/ues

Passé 2ᵉ forme
mêmes formes que le subjonctif plus-que-parfait

IMPÉRATIF

Présent	Passé	
viens	sois	venu/ue
venons	soyons	venus/ues
venez	soyez	venus/ues

Se conjuguent sur ce modèle : les dérivés de « venir » (mais *circonvenir, prévenir* et *subvenir* sont conjugués avec « avoir ») ; « tenir » et ses dérivés (*retenir, contenir*...), conjugués aussi avec « avoir ».

FAIRE 5

3ᴱ GROUPE

- Attention à l'orthographe de certaines formes : on entend un -e- muet mais on écrit -ai- devant un -s- prononcé.
- Emploi impersonnel : *il fait chaud, il fait nuit...*

Bases :
FAI-/FAIS-
FE-
F-

INFINITIF

Présent	Passé
faire	avoir fait

PARTICIPE

Présent	Passé
faisant	fait/te, faits/tes
	ayant fait

INDICATIF

Présent		Passé composé		
je	fais	j'	ai	fait
tu	fais	tu	as	fait
il/elle	fait	il/elle	a	fait
nous	**faisons**	nous	avons	fait
vous	faites	vous	avez	fait
ils/elles	font	ils/elles	ont	fait

Imparfait		Plus-que-parfait		
je	**faisais**	j'	avais	fait
tu	**faisais**	tu	avais	fait
il/elle	**faisait**	il/elle	avait	fait
nous	**faisions**	nous	avions	fait
vous	**faisiez**	vous	aviez	fait
ils/elles	**faisaient**	ils/elles	avaient	fait

Futur simple		Futur antérieur		
je	ferai	j'	aurai	fait
tu	feras	tu	auras	fait
il/elle	fera	il/elle	aura	fait
nous	ferons	nous	aurons	fait
vous	ferez	vous	aurez	fait
ils/elles	feront	ils/elles	auront	fait

Passé simple		Passé antérieur		
je	fis	j'	eus	fait
tu	fis	tu	eus	fait
il/elle	fit	il/elle	eut	fait
nous	fîmes	nous	eûmes	fait
vous	fîtes	vous	eûtes	fait
ils/elles	firent	ils/elles	eurent	fait

SUBJONCTIF

Présent		
que	je	fasse
que	tu	fasses
qu'	il/elle	fasse
que	nous	fassions
que	vous	fassiez
qu'	ils/elles	fassent

Imparfait		
que	je	fisse
que	tu	fisses
qu'	il/elle	fît
que	nous	fissions
que	vous	fissiez
qu'	ils/elles	fissent

Passé			
que	j'	aie	fait
que	tu	aies	fait
qu'	il/elle	ait	fait
que	nous	ayons	fait
que	vous	ayez	fait
qu'	ils/elles	aient	fait

Plus-que-parfait			
que	j'	eusse	fait
que	tu	eusses	fait
qu'	il/elle	eût	fait
que	nous	eussions	fait
que	vous	eussiez	fait
qu'	ils/elles	eussent	fait

CONDITIONNEL

Présent		Passé 1ʳᵉ forme		
je	ferais	j'	aurais	fait
tu	ferais	tu	aurais	fait
il/elle	ferait	il/elle	aurait	fait
nous	ferions	nous	aurions	fait
vous	feriez	vous	auriez	fait
ils/elles	feraient	ils/elles	auraient	fait

Passé 2ᵉ forme
mêmes formes que le subjonctif plus-que-parfait

IMPÉRATIF

Présent	Passé	
fais	aie	fait
faisons	ayons	fait
faites	ayez	fait

Se conjuguent sur ce modèle : tous les dérivés de « faire » (*défaire, refaire, satisfaire...*).

6

METTRE
3ᴱ GROUPE

■ Attention aux deux -t- devant voyelle et devant -r-.

Bases :
MET-/METT-
M-

INFINITIF

Présent	Passé
mettre	avoir mis

PARTICIPE

Présent	Passé
mettant	mis/ise, mis/ises
	ayant mis

INDICATIF

Présent

je	mets
tu	mets
il/elle	met
nous	**mettons**
vous	**mettez**
ils/elles	**mettent**

Passé composé

j'	ai	mis
tu	as	mis
il/elle	a	mis
nous	avons	mis
vous	avez	mis
ils/elles	ont	mis

Imparfait

je	**mettais**
tu	**mettais**
il/elle	**mettait**
nous	**mettions**
vous	**mettiez**
ils/elles	**mettaient**

Plus-que-parfait

j'	avais	mis
tu	avais	mis
il/elle	avait	mis
nous	avions	mis
vous	aviez	mis
ils/elles	avaient	mis

Futur simple

je	**mettrai**
tu	**mettras**
il/elle	**mettra**
nous	**mettrons**
vous	**mettrez**
ils/elles	**mettront**

Futur antérieur

j'	aurai	mis
tu	auras	mis
il/elle	aura	mis
nous	aurons	mis
vous	aurez	mis
ils/elles	auront	mis

Passé simple

je	mis
tu	mis
il/elle	mit
nous	mîmes
vous	mîtes
ils/elles	mirent

Passé antérieur

j'	eus	mis
tu	eus	mis
il/elle	eut	mis
nous	eûmes	mis
vous	eûtes	mis
ils/elles	eurent	mis

SUBJONCTIF

Présent

que je	**mette**
que tu	**mettes**
qu' il/elle	**mette**
que nous	**mettions**
que vous	**mettiez**
qu' ils/elles	**mettent**

Imparfait

que je	misse
que tu	misses
qu' il/elle	mît
que nous	missions
que vous	missiez
qu' ils/elles	missent

Passé

que j'	aie	mis
que tu	aies	mis
qu' il/elle	ait	mis
que nous	ayons	mis
que vous	ayez	mis
qu' ils/elles	aient	mis

Plus-que-parfait

que j'	eusse	mis
que tu	eusses	mis
qu' il/elle	eût	mis
que nous	eussions	mis
que vous	eussiez	mis
qu' ils/elles	eussent	mis

CONDITIONNEL

Présent

je	**mettrais**
tu	**mettrais**
il/elle	**mettrait**
nous	**mettrions**
vous	**mettriez**
ils/elles	**mettraient**

Passé 1ʳᵉ forme

j'	aurais	mis
tu	aurais	mis
il/elle	aurait	mis
nous	aurions	mis
vous	auriez	mis
ils/elles	auraient	mis

Passé 2ᵉ forme
mêmes formes que le subjonctif plus-que-parfait

IMPÉRATIF

Présent	Passé	
mets	aie	mis
mettons	ayons	mis
mettez	ayez	mis

Se conjuguent sur ce modèle : tous les dérivés de « mettre » (*admettre, compromettre, omettre, promettre, transmettre...*).

- Terminaison **-x** (et non **-s**) aux deux premières personnes de l'indicatif présent.
- Deux **-r-** au futur simple et au conditionnel présent.
- Participe passé invariable.
- À la tournure interrogative, la 1ʳᵉ pers. de l'indicatif présent devient **puis** : *puis-je ?* (= est-ce que je peux ?).
- L'impératif présent est remplacé par le subjonctif de souhait : *puisses-tu...*

Bases :
**POUV-
PEU-/PEUV-
POUR-
PU-
P-**

INFINITIF

Présent	Passé
pouvoir	avoir pu

PARTICIPE

Présent	Passé
pouvant	**pu**
	ayant pu

INDICATIF

Présent

je	**peux**
tu	**peux**
il/elle	peut
nous	pouvons
vous	pouvez
ils/elles	peuvent

Passé composé

j'	ai	pu
tu	as	pu
il/elle	a	pu
nous	avons	pu
vous	avez	pu
ils/elles	ont	pu

Imparfait

je	pouvais
tu	pouvais
il/elle	pouvait
nous	pouvions
vous	pouviez
ils/elles	pouvaient

Plus-que-parfait

j'	avais	pu
tu	avais	pu
il/elle	avait	pu
nous	avions	pu
vous	aviez	pu
ils/elles	avaient	pu

Futur simple

je	**pourrai**
tu	**pourras**
il/elle	**pourra**
nous	**pourrons**
vous	**pourrez**
ils/elles	**pourront**

Futur antérieur

j'	aurai	pu
tu	auras	pu
il/elle	aura	pu
nous	aurons	pu
vous	aurez	pu
ils/elles	auront	pu

Passé simple

je	pus
tu	pus
il/elle	put
nous	pûmes
vous	pûtes
ils/elles	purent

Passé antérieur

j'	eus	pu
tu	eus	pu
il/elle	eut	pu
nous	eûmes	pu
vous	eûtes	pu
ils/elles	eurent	pu

SUBJONCTIF

Présent

que	je	puisse
que	tu	puisses
qu'	il/elle	puisse
que	nous	puissions
que	vous	puissiez
qu'	ils/elles	puissent

Imparfait

que	je	pusse
que	tu	pusses
qu'	il/elle	pût
que	nous	pussions
que	vous	pussiez
qu'	ils/elles	pussent

Passé

que	j'	aie	pu
que	tu	aies	pu
qu'	il/elle	ait	pu
que	nous	ayons	pu
que	vous	ayez	pu
qu'	ils/elles	aient	pu

Plus-que-parfait

que	j'	eusse	pu
que	tu	eusses	pu
qu'	il/elle	eût	pu
que	nous	eussions	pu
que	vous	eussiez	pu
qu'	ils/elles	eussent	pu

CONDITIONNEL

Présent

je	**pourrais**
tu	**pourrais**
il/elle	**pourrait**
nous	**pourrions**
vous	**pourriez**
ils/elles	**pourraient**

Passé 1ʳᵉ forme

j'	aurais	pu
tu	aurais	pu
il/elle	aurait	pu
nous	aurions	pu
vous	auriez	pu
ils/elles	auraient	pu

Passé 2ᵉ forme
mêmes formes que le subjonctif plus-que-parfait

IMPÉRATIF

Présent	Passé
inusité	*inusité*

8

VOULOIR

3ᵉ GROUPE

Bases :
VOUL-
VEU-/VEUL-/VEUILL-
VOUD-

■ Terminaison **-x** (et non **-s**) aux deux premières personnes de l'indicatif présent et à l'impératif présent.

■ Dans les formules de politesse, on emploie « *veuille, veuillez* » (et non « *veux, voulez* ») : *veuillez m'excuser.*

INFINITIF

Présent	Passé
vouloir	avoir voulu

PARTICIPE

Présent	Passé
voulant	voulu/ue, voulus/ues
	ayant voulu

INDICATIF

Présent		Passé composé		
je	**veux**	j'	ai	voulu
tu	**veux**	tu	as	voulu
il/elle	veut	il/elle	a	voulu
nous	voulons	nous	avons	voulu
vous	voulez	vous	avez	voulu
ils/elles	veulent	ils/elles	ont	voulu

Imparfait		Plus-que-parfait		
je	voulais	j'	avais	voulu
tu	voulais	tu	avais	voulu
il/elle	voulait	il/elle	avait	voulu
nous	voulions	nous	avions	voulu
vous	vouliez	vous	aviez	voulu
ils/elles	voulaient	ils/elles	avaient	voulu

Futur simple		Futur antérieur		
je	voudrai	j'	aurai	voulu
tu	voudras	tu	auras	voulu
il/elle	voudra	il/elle	aura	voulu
nous	voudrons	nous	aurons	voulu
vous	voudrez	vous	aurez	voulu
ils/elles	voudront	ils/elles	auront	voulu

Passé simple		Passé antérieur		
je	voulus	j'	eus	voulu
tu	voulus	tu	eus	voulu
il/elle	voulut	il/elle	eut	voulu
nous	voulûmes	nous	eûmes	voulu
vous	voulûtes	vous	eûtes	voulu
ils/elles	voulurent	ils/elles	eurent	voulu

SUBJONCTIF

Présent		
que	je	veuille
que	tu	veuilles
qu'	il/elle	veuille
que	nous	voulions
que	vous	vouliez
qu'	ils/elles	veuillent

Imparfait		
que	je	voulusse
que	tu	voulusses
qu'	il/elle	voulût
que	nous	voulussions
que	vous	voulussiez
qu'	ils/elles	voulussent

Passé			
que	j'	aie	voulu
que	tu	aies	voulu
qu'	il/elle	ait	voulu
que	nous	ayons	voulu
que	vous	ayez	voulu
qu'	ils/elles	aient	voulu

Plus-que-parfait			
que	j'	eusse	voulu
que	tu	eusses	voulu
qu'	il/elle	eût	voulu
que	nous	eussions	voulu
que	vous	eussiez	voulu
qu'	ils/elles	eussent	voulu

CONDITIONNEL

Présent		Passé 1ʳᵉ forme		
je	voudrais	j'	aurais	voulu
tu	voudrais	tu	aurais	voulu
il/elle	voudrait	il/elle	aurait	voulu
nous	voudrions	nous	aurions	voulu
vous	voudriez	vous	auriez	voulu
ils/elles	voudraient	ils/elles	auraient	voulu

IMPÉRATIF

Présent	Passé		
veux/veuille	aie	voulu
voulons/veuillons	ayons	voulu
voulez/veuillez	ayez	voulu

Passé 2ᵉ forme
mêmes formes que le subjonctif plus-que-parfait

L'impératif présent n'a pas de rapport avec l'indicatif présent : il se construit sur la base **sach**-, à l'aide des terminaisons du 1er groupe (comme le participe présent et le subjonctif présent).

3ᴱ GROUPE

Bases :
SAV-
SAI-
SAU-
S-
SACH-

INFINITIF

Présent	Passé
savoir	avoir su

PARTICIPE

Présent	Passé
sachant	su/ue, sus/ues
	ayant su

INDICATIF

Présent			Passé composé		
je	sais		j'	ai	su
tu	sais		tu	as	su
il/elle	sait		il/elle	a	su
nous	savons		nous	avons	su
vous	savez		vous	avez	su
ils/elles	savent		ils/elles	ont	su

Imparfait			Plus-que-parfait		
je	savais		j'	avais	su
tu	savais		tu	avais	su
il/elle	savait		il/elle	avait	su
nous	savions		nous	avions	su
vous	saviez		vous	aviez	su
ils/elles	savaient		ils/elles	avaient	su

Futur simple			Futur antérieur		
je	saurai		j'	aurai	su
tu	sauras		tu	auras	su
il/elle	saura		il/elle	aura	su
nous	saurons		nous	aurons	su
vous	saurez		vous	aurez	su
ils/elles	sauront		ils/elles	auront	su

Passé simple			Passé antérieur		
je	sus		j'	eus	su
tu	sus		tu	eus	su
il/elle	sut		il/elle	eut	su
nous	sûmes		nous	eûmes	su
vous	sûtes		vous	eûtes	su
ils/elles	surent		ils/elles	eurent	su

SUBJONCTIF

Présent		
que	je	**sache**
que	tu	**saches**
qu'	il/elle	**sache**
que	nous	**sachions**
que	vous	**sachiez**
qu'	ils/elles	**sachent**

Imparfait		
que	je	susse
que	tu	susses
qu'	il/elle	sût
que	nous	sussions
que	vous	sussiez
qu'	ils/elles	sussent

Passé			
que	j'	aie	su
que	tu	aies	su
qu'	il/elle	ait	su
que	nous	ayons	su
que	vous	ayez	su
qu'	ils/elles	aient	su

Plus-que-parfait			
que	j'	eusse	su
que	tu	eusses	su
qu'	il/elle	eût	su
que	nous	eussions	su
que	vous	eussiez	su
qu'	ils/elles	eussent	su

CONDITIONNEL

Présent			Passé 1ʳᵉ forme		
je	saurais		j'	aurais	su
tu	saurais		tu	aurais	su
il/elle	saurait		il/elle	aurait	su
nous	saurions		nous	aurions	su
vous	sauriez		vous	auriez	su
ils/elles	sauraient		ils/elles	auraient	su

Passé 2ᵉ forme
mêmes formes que le subjonctif plus-que-parfait

IMPÉRATIF

Présent	Passé	
sache	aie	su
sachons	ayons	su
sachez	ayez	su

10

DEVOIR

3ᴱ GROUPE

Bases :

DEV-
DOI-/DOIV-
D-

■ Attention à l'accent circonflexe du participe passé au masculin singulier (pas au pluriel, ni au féminin).

INFINITIF

Présent	Passé
devoir	avoir dû

PARTICIPE

Présent	Passé
devant	**dû**/ue, dus/ues
	ayant dû

INDICATIF

Présent		Passé composé		
je	dois	j'	ai	dû
tu	dois	tu	as	dû
il/elle	doit	il/elle	a	dû
nous	devons	nous	avons	dû
vous	devez	vous	avez	dû
ils/elles	doivent	ils/elles	ont	dû

Imparfait		Plus-que-parfait		
je	devais	j'	avais	dû
tu	devais	tu	avais	dû
il/elle	devait	il/elle	avait	dû
nous	devions	nous	avions	dû
vous	deviez	vous	aviez	dû
ils/elles	devaient	ils/elles	avaient	dû

Futur simple		Futur antérieur		
je	devrai	j'	aurai	dû
tu	devras	tu	auras	dû
il/elle	devra	il/elle	aura	dû
nous	devrons	nous	aurons	dû
vous	devrez	vous	aurez	dû
ils/elles	devront	ils/elles	auront	dû

Passé simple		Passé antérieur		
je	dus	j'	eus	dû
tu	dus	tu	eus	dû
il/elle	dut	il/elle	eut	dû
nous	dûmes	nous	eûmes	dû
vous	dûtes	vous	eûtes	dû
ils/elles	durent	ils/elles	eurent	dû

SUBJONCTIF

Présent		
que	je	doive
que	tu	doives
qu'	il/elle	doive
que	nous	devions
que	vous	deviez
qu'	ils/elles	doivent

Imparfait		
que	je	dusse
que	tu	dusses
qu'	il/elle	dût
que	nous	dussions
que	vous	dussiez
qu'	ils/elles	dussent

Passé			
que	j'	aie	dû
que	tu	aies	dû
qu'	il/elle	ait	dû
que	nous	ayons	dû
que	vous	ayez	dû
qu'	ils/elles	aient	dû

Plus-que-parfait			
que	j'	eusse	dû
que	tu	eusses	dû
qu'	il/elle	eût	dû
que	nous	eussions	dû
que	vous	eussiez	dû
qu'	ils/elles	eussent	dû

CONDITIONNEL

Présent		Passé 1ʳᵉ forme		
je	devrais	j'	aurais	dû
tu	devrais	tu	aurais	dû
il/elle	devrait	il/elle	aurait	dû
nous	devrions	nous	aurions	dû
vous	devriez	vous	auriez	dû
ils/elles	devraient	ils/elles	auraient	dû

Passé 2ᵉ forme
mêmes formes que le subjonctif plus-que-parfait

IMPÉRATIF

Présent	Passé	
dois	aie	dû
devons	ayons	dû
devez	ayez	dû

Redevoir, seul dérivé de « devoir », suit ce modèle.

- Participe passé invariable.
- Verbe impersonnel et défectif.

FALLOIR 11

3ᴱ GROUPE

Bases :
FALL-/FAILL-
FAU-
FAUD-

INFINITIF

Présent	Passé
falloir	avoir fallu

PARTICIPE

Présent	Passé
inusité	**fallu**
	ayant fallu

INDICATIF

Présent		Passé composé		
il	faut	il	a	fallu

Imparfait		Plus-que-parfait		
il	fallait	il	avait	fallu

Futur simple		Futur antérieur		
il	faudra	il	aura	fallu

Passé simple		Passé antérieur		
il	fallut	il	eut	fallu

SUBJONCTIF

Présent	
qu'il	faille

Imparfait	
qu'il	fallût

Passé		
qu'il	ait	fallu

Plus-que-parfait		
qu'il	eût	fallu

CONDITIONNEL

Présent		Passé 1ʳᵉ forme		
il	faudrait	il	aurait	fallu

Passé 2ᵉ forme
mêmes formes que le subjonctif plus-que-parfait

IMPÉRATIF

Présent	Passé
inusité	*inusité*

— 63 —

AIMER

1ᵉʳ GROUPE

Base :

AIM-

■ Modèle de conjugaison régulière du 1ᵉʳ groupe (infinitif en **-er**).
■ Attention : certains verbes forment leurs temps composés avec « être » (voir « aller », tableau 3).

INFINITIF

Présent	Passé
aimer	avoir aimé

PARTICIPE

Présent	Passé
aimant	aimé/ée, aimés/ées
	ayant aimé

INDICATIF

Présent
j'	aime
tu	aimes
il/elle	aime
nous	aimons
vous	aimez
ils/elles	aiment

Passé composé
j'	ai	aimé
tu	as	aimé
il/elle	a	aimé
nous	avons	aimé
vous	avez	aimé
ils/elles	ont	aimé

Imparfait
j'	aimais
tu	aimais
il/elle	aimait
nous	aimions
vous	aimiez
ils/elles	aimaient

Plus-que-parfait
j'	avais	aimé
tu	avais	aimé
il/elle	avait	aimé
nous	avions	aimé
vous	aviez	aimé
ils/elles	avaient	aimé

Futur simple
j'	aimerai
tu	aimeras
il/elle	aimera
nous	aimerons
vous	aimerez
ils/elles	aimeront

Futur antérieur
j'	aurai	aimé
tu	auras	aimé
il/elle	aura	aimé
nous	aurons	aimé
vous	aurez	aimé
ils/elles	auront	aimé

Passé simple
j'	aimai
tu	aimas
il/elle	aima
nous	aimâmes
vous	aimâtes
ils/elles	aimèrent

Passé antérieur
j'	eus	aimé
tu	eus	aimé
il/elle	eut	aimé
nous	eûmes	aimé
vous	eûtes	aimé
ils/elles	eurent	aimé

SUBJONCTIF

Présent
que	j'	aime
que	tu	aimes
qu'	il/elle	aime
que	nous	aimions
que	vous	aimiez
qu'	ils/elles	aiment

Imparfait
que	j'	aimasse
que	tu	aimasses
qu'	il/elle	aimât
que	nous	aimassions
que	vous	aimassiez
qu'	ils/elles	aimassent

Passé
que	j'	aie	aimé
que	tu	aies	aimé
qu'	il/elle	ait	aimé
que	nous	ayons	aimé
que	vous	ayez	aimé
qu'	ils/elles	aient	aimé

Plus-que-parfait
que	j'	eusse	aimé
que	tu	eusses	aimé
qu'	il/elle	eût	aimé
que	nous	eussions	aimé
que	vous	eussiez	aimé
qu'	ils/elles	eussent	aimé

CONDITIONNEL

Présent
j'	aimerais
tu	aimerais
il/elle	aimerait
nous	aimerions
vous	aimeriez
ils/elles	aimeraient

Passé 1ʳᵉ forme
j'	aurais	aimé
tu	aurais	aimé
il/elle	aurait	aimé
nous	aurions	aimé
vous	auriez	aimé
ils/elles	auraient	aimé

IMPÉRATIF

Présent
aime
aimons
aimez

Passé
aie	aimé
ayons	aimé
ayez	aimé

Suivent ce modèle : tous les verbes du 1ᵉʳ groupe, même ceux dont la base se termine par une voyelle (*cré/er, jou/er, salu/er...*) et pour lesquels il ne faut pas oublier le *e* au futur de l'indicatif et au présent du conditionnel (*nous jouerions*). Voir l'« Index des verbes » pour le choix de l'auxiliaire de conjugaison.

Passé 2ᵉ forme
mêmes formes que le subjonctif plus-que-parfait

- Le -é final de la base est présent à toutes les formes. Attention à la succession des voyelles, en particulier au féminin du participe passé : **créée, créées**.
- Le -é final de la base porte toujours un accent aigu.

Base :
CRÉ-

INFINITIF

Présent	Passé
créer	avoir créé

PARTICIPE

Présent	Passé
créant	créé/**créée**, créés/**créées**
	ayant créé

INDICATIF

Présent		Passé composé		
je	crée	j'	ai	créé
tu	crées	tu	as	créé
il/elle	crée	il/elle	a	créé
nous	créons	nous	avons	créé
vous	créez	vous	avez	créé
ils/elles	créent	ils/elles	ont	créé

Imparfait		Plus-que-parfait		
je	créais	j'	avais	créé
tu	créais	tu	avais	créé
il/elle	créait	il/elle	avait	créé
nous	créions	nous	avions	créé
vous	créiez	vous	aviez	créé
ils/elles	créaient	ils/elles	avaient	créé

Futur simple		Futur antérieur		
je	créerai	j'	aurai	créé
tu	créeras	tu	auras	créé
il/elle	créera	il/elle	aura	créé
nous	créerons	nous	aurons	créé
vous	créerez	vous	aurez	créé
ils/elles	créeront	ils/elles	auront	créé

Passé simple		Passé antérieur		
je	créai	j'	eus	créé
tu	créas	tu	eus	créé
il/elle	créa	il/elle	eut	créé
nous	créâmes	nous	eûmes	créé
vous	créâtes	vous	eûtes	créé
ils/elles	créèrent	ils/elles	eurent	créé

SUBJONCTIF

Présent		
que je	crée	
que tu	crées	
qu' il/elle	crée	
que nous	créions	
que vous	créiez	
qu' ils/elles	créent	

Imparfait		
que je	créasse	
que tu	créasses	
qu' il/elle	créât	
que nous	créassions	
que vous	créassiez	
qu' ils/elles	créassent	

Passé		
que j'	aie	créé
que tu	aies	créé
qu' il/elle	ait	créé
que nous	ayons	créé
que vous	ayez	créé
qu' ils/elles	aient	créé

Plus-que-parfait		
que j'	eusse	créé
que tu	eusses	créé
qu' il/elle	eût	créé
que nous	eussions	créé
que vous	eussiez	créé
qu' ils/elles	eussent	créé

CONDITIONNEL

Présent		Passé 1ʳᵉ forme		
je	créerais	j'	aurais	créé
tu	créerais	tu	aurais	créé
il/elle	créerait	il/elle	aurait	créé
nous	créerions	nous	aurions	créé
vous	créeriez	vous	auriez	créé
ils/elles	créeraient	ils/elles	auraient	créé

Passé 2ᵉ forme
mêmes formes que le subjonctif plus-que-parfait

IMPÉRATIF

Présent	Passé	
crée	aie	créé
créons	ayons	créé
créez	ayez	créé

Suivent ce modèle :
- les dérivés de « créer » (*procréer, recréer*) ;
- les rares verbes en **-éer** (*agréer, béer*…).

ÉTUDIER

1ᵉʳ GROUPE

Base :
ÉTUDI-

■ Le -**i** final de la base est présent à toutes les formes.
Il se juxtapose au -**i**- de certaines terminaisons : quatre formes comportent donc deux -**i**- successifs.

INFINITIF

Présent	Passé
étudier	avoir étudié

PARTICIPE

Présent	Passé
étudiant	étudié/ée, étudiés/ées
	ayant étudié

INDICATIF

Présent		Passé composé		
j'	étudie	j'	ai	étudié
tu	étudies	tu	as	étudié
il/elle	étudie	il/elle	a	étudié
nous	étudions	nous	avons	étudié
vous	étudiez	vous	avez	étudié
ils/elles	étudient	ils/elles	ont	étudié

Imparfait		Plus-que-parfait		
j'	étudiais	j'	avais	étudié
tu	étudiais	tu	avais	étudié
il/elle	étudiait	il/elle	avait	étudié
nous	**étudiions**	nous	avions	étudié
vous	**étudiiez**	vous	aviez	étudié
ils/elles	étudiaient	ils/elles	avaient	étudié

Futur simple		Futur antérieur		
j'	étudierai	j'	aurai	étudié
tu	étudieras	tu	auras	étudié
il/elle	étudiera	il/elle	aura	étudié
nous	étudierons	nous	aurons	étudié
vous	étudierez	vous	aurez	étudié
ils/elles	étudieront	ils/elles	auront	étudié

Passé simple		Passé antérieur		
j'	étudiai	j'	eus	étudié
tu	étudias	tu	eus	étudié
il/elle	étudia	il/elle	eut	étudié
nous	étudiâmes	nous	eûmes	étudié
vous	étudiâtes	vous	eûtes	étudié
ils/elles	étudièrent	ils/elles	eurent	étudié

SUBJONCTIF

Présent		
que j'	étudie	
que tu	étudies	
qu' il/elle	étudie	
que nous	**étudiions**	
que vous	**étudiiez**	
qu' ils/elles	étudient	

Imparfait		
que j'	étudiasse	
que tu	étudiasses	
qu' il/elle	étudiât	
que nous	étudiassions	
que vous	étudiassiez	
qu' ils/elles	étudiassent	

Passé		
que j'	aie	étudié
que tu	aies	étudié
qu' il/elle	ait	étudié
que nous	ayons	étudié
que vous	ayez	étudié
qu' ils/elles	aient	étudié

Plus-que-parfait		
que j'	eusse	étudié
que tu	eusses	étudié
qu' il/elle	eût	étudié
que nous	eussions	étudié
que vous	eussiez	étudié
qu' ils/elles	eussent	étudié

CONDITIONNEL

Présent		Passé 1ʳᵉ forme		
j'	étudierais	j'	aurais	étudié
tu	étudierais	tu	aurais	étudié
il/elle	étudierait	il/elle	aurait	étudié
nous	étudierions	nous	aurions	étudié
vous	étudieriez	vous	auriez	étudié
ils/elles	étudieraient	ils/elles	auraient	étudié

Passé 2ᵉ forme
mêmes formes que le subjonctif plus-que-parfait

IMPÉRATIF

Présent	Passé	
étudie	aie	étudié
étudions	ayons	étudié
étudiez	ayez	étudié

Suivent ce modèle : tous les verbes en -**ier**
(*apprécier, copier, lier, nier, prier*...).

DISTINGUER 15

1ER GROUPE

Base : **DISTINGU-**

Le **-u** final de la base est présent à toutes les formes, même si la terminaison commence par **-o-** ou **-a-**.

INFINITIF

Présent	Passé
distinguer	avoir distingué

PARTICIPE

Présent	Passé
distinguant	distingué/ée, distingués/ées ayant distingué

INDICATIF

Présent		Passé composé		
je	distingue	j'	ai	distingué
tu	distingues	tu	as	distingué
il/elle	distingue	il/elle	a	distingué
nous	**distinguons**	nous	avons	distingué
vous	distinguez	vous	avez	distingué
ils/elles	distinguent	ils/elles	ont	distingué

Imparfait		Plus-que-parfait		
je	**distinguais**	j'	avais	distingué
tu	**distinguais**	tu	avais	distingué
il/elle	**distinguait**	il/elle	avait	distingué
nous	distinguions	nous	avions	distingué
vous	distinguiez	vous	aviez	distingué
ils/elles	**distinguaient**	ils/elles	avaient	distingué

Futur simple		Futur antérieur		
je	distinguerai	j'	aurai	distingué
tu	distingueras	tu	auras	distingué
il/elle	distinguera	il/elle	aura	distingué
nous	distinguerons	nous	aurons	distingué
vous	distinguerez	vous	aurez	distingué
ils/elles	distingueront	ils/elles	auront	distingué

Passé simple		Passé antérieur		
je	**distinguai**	j'	eus	distingué
tu	**distinguas**	tu	eus	distingué
il/elle	**distingua**	il/elle	eut	distingué
nous	**distinguâmes**	nous	eûmes	distingué
vous	**distinguâtes**	vous	eûtes	distingué
ils/elles	distinguèrent	ils/elles	eurent	distingué

SUBJONCTIF

Présent		
que	je	distingue
que	tu	distingues
qu'	il/elle	distingue
que	nous	distinguions
que	vous	distinguiez
qu'	ils/elles	distinguent

Imparfait		
que	je	**distinguasse**
que	tu	**distinguasses**
qu'	il/elle	**distinguât**
que	nous	**distinguassions**
que	vous	**distinguassiez**
qu'	ils/elles	**distinguassent**

Passé			
que	j'	aie	distingué
que	tu	aies	distingué
qu'	il/elle	ait	distingué
que	nous	ayons	distingué
que	vous	ayez	distingué
qu'	ils/elles	aient	distingué

Plus-que-parfait			
que	j'	eusse	distingué
que	tu	eusses	distingué
qu'	il/elle	eût	distingué
que	nous	eussions	distingué
que	vous	eussiez	distingué
qu'	ils/elles	eussent	distingué

CONDITIONNEL

Présent		Passé 1re forme		
je	distinguerais	j'	aurais	distingué
tu	distinguerais	tu	aurais	distingué
il/elle	distinguerait	il/elle	aurait	distingué
nous	distinguerions	nous	aurions	distingué
vous	distingueriez	vous	auriez	distingué
ils/elles	distingueraient	ils/elles	auraient	distingué

Passé 2e forme

mêmes formes que le subjonctif plus-que-parfait

IMPÉRATIF

Présent	Passé
distingue	aie distingué
distinguons	ayons distingué
distinguez	ayez distingué

Suivent ce modèle : tous les verbes en **-guer** (*conjuguer, naviguer…*) et tous les verbes en **-quer** (*indiquer, manquer…*), **-q-** étant toujours suivi de **-u-** en français, sauf en fin de mot.

MANGER

1ER GROUPE

Bases :
MANG-/MANGE-

■ Devant une terminaison commençant par **-o-** ou **-a-**, le **-g** final de la base est suivi d'un **-e-** pour garder le son doux.

INFINITIF

Présent	Passé
manger	avoir mangé

PARTICIPE

Présent	Passé
mangeant	mangé/ée, mangés/ées
	ayant mangé

INDICATIF

Présent
je	mange
tu	manges
il/elle	mange
nous	**mangeons**
vous	mangez
ils/elles	mangent

Passé composé
j'	ai	mangé
tu	as	mangé
il/elle	a	mangé
nous	avons	mangé
vous	avez	mangé
ils/elles	ont	mangé

Imparfait
je	**mangeais**
tu	**mangeais**
il/elle	**mangeait**
nous	mangions
vous	mangiez
ils/elles	**mangeaient**

Plus-que-parfait
j'	avais	mangé
tu	avais	mangé
il/elle	avait	mangé
nous	avions	mangé
vous	aviez	mangé
ils/elles	avaient	mangé

Futur simple
je	mangerai
tu	mangeras
il/elle	mangera
nous	mangerons
vous	mangerez
ils/elles	mangeront

Futur antérieur
j'	aurai	mangé
tu	auras	mangé
il/elle	aura	mangé
nous	aurons	mangé
vous	aurez	mangé
ils/elles	auront	mangé

Passé simple
je	**mangeai**
tu	**mangeas**
il/elle	**mangea**
nous	**mangeâmes**
vous	**mangeâtes**
ils/elles	mangèrent

Passé antérieur
j'	eus	mangé
tu	eus	mangé
il/elle	eut	mangé
nous	eûmes	mangé
vous	eûtes	mangé
ils/elles	eurent	mangé

SUBJONCTIF

Présent
que	je	mange
que	tu	manges
qu'	il/elle	mange
que	nous	mangions
que	vous	mangiez
qu'	ils/elles	mangent

Imparfait
que	je	**mangeasse**
que	tu	**mangeasses**
qu'	il/elle	**mangeât**
que	nous	**mangeassions**
que	vous	**mangeassiez**
qu'	ils/elles	**mangeassent**

Passé
que	j'	aie	mangé
que	tu	aies	mangé
qu'	il/elle	ait	mangé
que	nous	ayons	mangé
que	vous	ayez	mangé
qu'	ils/elles	aient	mangé

Plus-que-parfait
que	j'	eusse	mangé
que	tu	eusses	mangé
qu'	il/elle	eût	mangé
que	nous	eussions	mangé
que	vous	eussiez	mangé
qu'	ils/elles	eussent	mangé

CONDITIONNEL

Présent
je	mangerais
tu	mangerais
il/elle	mangerait
nous	mangerions
vous	mangeriez
ils/elles	mangeraient

Passé 1re forme
j'	aurais	mangé
tu	aurais	mangé
il/elle	aurait	mangé
nous	aurions	mangé
vous	auriez	mangé
ils/elles	auraient	mangé

Passé 2e forme
mêmes formes que le subjonctif plus-que-parfait

IMPÉRATIF

Présent	Passé	
mange	aie	mangé
mangeons	ayons	mangé
mangez	ayez	mangé

Suivent ce modèle : tous les verbes en **-ger** (*arranger, changer, déménager, neiger, obliger, ranger, voyager...*).

PLACER

1ER GROUPE

Base :
PLAC-/PLAÇ-

Devant une terminaison commençant par **-o-** ou **-a-**, le **-c** final de la base prend une cédille pour garder le son doux [s].

INFINITIF

Présent	Passé
placer	avoir placé

PARTICIPE

Présent	Passé
plaçant	placé/ée, placés/ées ayant placé

INDICATIF

Présent

je	place
tu	places
il/elle	place
nous	**plaçons**
vous	placez
ils/elles	placent

Passé composé

j'	ai	placé
tu	as	placé
il/elle	a	placé
nous	avons	placé
vous	avez	placé
ils/elles	ont	placé

Imparfait

je	**plaçais**
tu	**plaçais**
il/elle	**plaçait**
nous	placions
vous	placiez
ils/elles	**plaçaient**

Plus-que-parfait

j'	avais	placé
tu	avais	placé
il/elle	avait	placé
nous	avions	placé
vous	aviez	placé
ils/elles	avaient	placé

Futur simple

je	placerai
tu	placeras
il/elle	placera
nous	placerons
vous	placerez
ils/elles	placeront

Futur antérieur

j'	aurai	placé
tu	auras	placé
il/elle	aura	placé
nous	aurons	placé
vous	aurez	placé
ils/elles	auront	placé

Passé simple

je	**plaçai**
tu	**plaças**
il/elle	**plaça**
nous	**plaçâmes**
vous	**plaçâtes**
ils/elles	**placèrent**

Passé antérieur

j'	eus	placé
tu	eus	placé
il/elle	eut	placé
nous	eûmes	placé
vous	eûtes	placé
ils/elles	eurent	placé

SUBJONCTIF

Présent

que	je	place
que	tu	places
qu'	il/elle	place
que	nous	placions
que	vous	placiez
qu'	ils/elles	placent

Imparfait

que	je	**plaçasse**
que	tu	**plaçasses**
qu'	il/elle	**plaçât**
que	nous	**plaçassions**
que	vous	**plaçassiez**
qu'	ils/elles	**plaçassent**

Passé

que	j'	aie	placé
que	tu	aies	placé
qu'	il/elle	ait	placé
que	nous	ayons	placé
que	vous	ayez	placé
qu'	ils/elles	aient	placé

Plus-que-parfait

que	j'	eusse	placé
que	tu	eusses	placé
qu'	il/elle	eût	placé
que	nous	eussions	placé
que	vous	eussiez	placé
qu'	ils/elles	eussent	placé

CONDITIONNEL

Présent

je	placerais
tu	placerais
il/elle	placerait
nous	placerions
vous	placeriez
ils/elles	placeraient

Passé 1re forme

j'	aurais	placé
tu	aurais	placé
il/elle	aurait	placé
nous	aurions	placé
vous	auriez	placé
ils/elles	auraient	placé

Passé 2e forme :
mêmes formes que le subjonctif plus-que-parfait

IMPÉRATIF

Présent	Passé
place	aie placé
plaçons	ayons placé
placez	ayez placé

Suivent ce modèle : tous les verbes en **-cer** (*annoncer, avancer, coincer, commencer, prononcer, tracer*...).

ACQUIESCER

1ᴱᴿ GROUPE

Bases :
**ACQUIESC-/
ACQUIESÇ-**

■ Suit le modèle 17, mais attention : ne pas oublier le **-s-** qui précède toujours le **-c** (ou **-ç**) final de la base.
■ Participe passé invariable.

INFINITIF

Présent	Passé
acquiescer	avoir acquiescé

PARTICIPE

Présent	Passé
acquiesçant	acquiescé
	ayant acquiescé

INDICATIF

Présent		Passé composé		
j'	acquiesce	j'	ai	acquiescé
tu	acquiesces	tu	as	acquiescé
il/elle	acquiesce	il/elle	a	acquiescé
nous	**acquiesçons**	nous	avons	acquiescé
vous	acquiescez	vous	avez	acquiescé
ils/elles	acquiescent	ils/elles	ont	acquiescé

Imparfait		Plus-que-parfait		
j'	**acquiesçais**	j'	avais	acquiescé
tu	**acquiesçais**	tu	avais	acquiescé
il/elle	**acquiesçait**	il/elle	avait	acquiescé
nous	acquiescions	nous	avions	acquiescé
vous	acquiesciez	vous	aviez	acquiescé
ils/elles	**acquiesçaient**	ils/elles	avaient	acquiescé

Futur simple		Futur antérieur		
j'	acquiescerai	j'	aurai	acquiescé
tu	acquiesceras	tu	auras	acquiescé
il/elle	acquiescera	il/elle	aura	acquiescé
nous	acquiescerons	nous	aurons	acquiescé
vous	acquiescerez	vous	aurez	acquiescé
ils/elles	acquiesceront	ils/elles	auront	acquiescé

Passé simple		Passé antérieur		
j'	**acquiesçai**	j'	eus	acquiescé
tu	**acquiesças**	tu	eus	acquiescé
il/elle	**acquiesça**	il/elle	eut	acquiescé
nous	**acquiesçâmes**	nous	eûmes	acquiescé
vous	**acquiesçâtes**	vous	eûtes	acquiescé
ils/elles	**acquiescèrent**	ils/elles	eurent	acquiescé

SUBJONCTIF

Présent		
que	j'	acquiesce
que	tu	acquiesces
qu'	il/elle	acquiesce
que	nous	acquiescions
que	vous	acquiesciez
qu'	ils/elles	acquiescent

Imparfait		
que	j'	**acquiesçasse**
que	tu	**acquiesçasses**
qu'	il/elle	**acquiesçât**
que	nous	**acquiesçassions**
que	vous	**acquiesçassiez**
qu'	ils/elles	**acquiesçassent**

Passé			
que	j'	aie	acquiescé
que	tu	aies	acquiescé
qu'	il/elle	ait	acquiescé
que	nous	ayons	acquiescé
que	vous	ayez	acquiescé
qu'	ils/elles	aient	acquiescé

Plus-que-parfait			
que	j'	eusse	acquiescé
que	tu	eusses	acquiescé
qu'	il/elle	eût	acquiescé
que	nous	eussions	acquiescé
que	vous	eussiez	acquiescé
qu'	ils/elles	eussent	acquiescé

CONDITIONNEL

Présent		Passé 1ʳᵉ forme		
j'	acquiescerais	j'	aurais	acquiescé
tu	acquiescerais	tu	aurais	acquiescé
il/elle	acquiescerait	il/elle	aurait	acquiescé
nous	acquiescerions	nous	aurions	acquiescé
vous	acquiesceriez	vous	auriez	acquiescé
ils/elles	acquiesceraient	ils/elles	auraient	acquiescé

Passé 2ᵉ forme
mêmes formes que le subjonctif plus-que-parfait

IMPÉRATIF

Présent	Passé	
acquiesce	aie	acquiescé
acquiesçons	ayons	acquiescé
acquiescez	ayez	acquiescé

- Devant une terminaison qui ne comporte qu'une syllabe contenant un **-e-** muet, c'est la base **cèd** (avec un accent grave) qui sert à construire la forme verbale : je cède (mais : nous cédons).
- Au futur simple et au conditionnel présent, **-é-** est généralement prononcé [ɛ].

Base :
CÉD-
CÈD-

INFINITIF

Présent	Passé
céder	avoir cédé

PARTICIPE

Présent	Passé
cédant	cédé/ée, cédés/ées
	ayant cédé

INDICATIF

Présent

je	**cède**
tu	**cèdes**
il/elle	**cède**
nous	cédons
vous	cédez
ils/elles	**cèdent**

Passé composé

j'	ai	cédé
tu	as	cédé
il/elle	a	cédé
nous	avons	cédé
vous	avez	cédé
ils/elles	ont	cédé

Imparfait

je	cédais
tu	cédais
il/elle	cédait
nous	cédions
vous	cédiez
ils/elles	cédaient

Plus-que-parfait

j'	avais	cédé
tu	avais	cédé
il/elle	avait	cédé
nous	avions	cédé
vous	aviez	cédé
ils/elles	avaient	cédé

Futur simple

je	céderai
tu	céderas
il/elle	cédera
nous	céderons
vous	céderez
ils/elles	céderont

Futur antérieur

j'	aurai	cédé
tu	auras	cédé
il/elle	aura	cédé
nous	aurons	cédé
vous	aurez	cédé
ils/elles	auront	cédé

Passé simple

je	cédai
tu	cédas
il/elle	céda
nous	cédâmes
vous	cédâtes
ils/elles	cédèrent

Passé antérieur

j'	eus	cédé
tu	eus	cédé
il/elle	eut	cédé
nous	eûmes	cédé
vous	eûtes	cédé
ils/elles	eurent	cédé

CONDITIONNEL

Présent

je	céderais
tu	céderais
il/elle	céderait
nous	céderions
vous	céderiez
ils/elles	céderaient

Passé 1re forme

j'	aurais	cédé
tu	aurais	cédé
il/elle	aurait	cédé
nous	aurions	cédé
vous	auriez	cédé
ils/elles	auraient	cédé

Passé 2e forme :
mêmes formes que le subjonctif plus-que-parfait

SUBJONCTIF

Présent

que	je	**cède**
que	tu	**cèdes**
qu'	il/elle	**cède**
que	nous	cédions
que	vous	cédiez
qu'	ils/elles	**cèdent**

Imparfait

que	je	cédasse
que	tu	cédasses
qu'	il/elle	cédât
que	nous	cédassions
que	vous	cédassiez
qu'	ils/elles	cédassent

Passé

que	j'	aie	cédé
que	tu	aies	cédé
qu'	il/elle	ait	cédé
que	nous	ayons	cédé
que	vous	ayez	cédé
qu'	ils/elles	aient	cédé

Plus-que-parfait

que	j'	eusse	cédé
que	tu	eusses	cédé
qu'	il/elle	eût	cédé
que	nous	eussions	cédé
que	vous	eussiez	cédé
qu'	ils/elles	eussent	cédé

IMPÉRATIF

Présent	Passé	
cède	aie	cédé
cédons	ayons	cédé
cédez	ayez	cédé

L'alternance **-é-/-è-** se retrouve dans la conjugaison de tous les verbes du 1er groupe qui comportent un **-e-** avec accent aigu avant le dernier son-consonne de la base (*aérer, compléter, espérer, répéter, sécher...*).

20 PROTÉGER

1ᴱᴿ GROUPE

Bases :
**PROTÉG-/PROTÉGE-
PROTÈG-**

- Devant une terminaison commençant par **-o-** ou **-a-**, le **-g** final de la base est suivi d'un **-e-** pour garder le son doux [3].
- Alternance **-é-/-è-** de la base (voir tableau 19).

INFINITIF

Présent	Passé
protéger	avoir protégé

PARTICIPE

Présent	Passé
protégeant	protégé/ée, protégés/ées
	ayant protégé

INDICATIF

Présent

je	**protège**
tu	**protèges**
il/elle	**protège**
nous	**protégeons**
vous	protégez
ils/elles	**protègent**

Passé composé

j'	ai	protégé
tu	as	protégé
il/elle	a	protégé
nous	avons	protégé
vous	avez	protégé
ils/elles	ont	protégé

Imparfait

je	**protégeais**
tu	**protégeais**
il/elle	**protégeait**
nous	protégions
vous	protégiez
ils/elles	**protégeaient**

Plus-que-parfait

j'	avais	protégé
tu	avais	protégé
il/elle	avait	protégé
nous	avions	protégé
vous	aviez	protégé
ils/elles	avaient	protégé

Futur simple

je	protégerai
tu	protégeras
il/elle	protégera
nous	protégerons
vous	protégerez
ils/elles	protégeront

Futur antérieur

j'	aurai	protégé
tu	auras	protégé
il/elle	aura	protégé
nous	aurons	protégé
vous	aurez	protégé
ils/elles	auront	protégé

Passé simple

je	**protégeai**
tu	**protégeas**
il/elle	**protégea**
nous	**protégeâmes**
vous	**protégeâtes**
ils/elles	**protégèrent**

Passé antérieur

j'	eus	protégé
tu	eus	protégé
il/elle	eut	protégé
nous	eûmes	protégé
vous	eûtes	protégé
ils/elles	eurent	protégé

SUBJONCTIF

Présent

que	je	**protège**
que	tu	**protèges**
qu'	il/elle	**protège**
que	nous	protégions
que	vous	protégiez
qu'	ils/elles	**protègent**

Imparfait

que	je	**protégeasse**
que	tu	**protégeasses**
qu'	il/elle	**protégeât**
que	nous	**protégeassions**
que	vous	**protégeassiez**
qu'	ils/elles	**protégeassent**

Passé

que	j'	aie	protégé
que	tu	aies	protégé
qu'	il/elle	ait	protégé
que	nous	ayons	protégé
que	vous	ayez	protégé
qu'	ils/elles	aient	protégé

Plus-que-parfait

que	j'	eusse	protégé
que	tu	eusses	protégé
qu'	il/elle	eût	protégé
que	nous	eussions	protégé
que	vous	eussiez	protégé
qu'	ils/elles	eussent	protégé

CONDITIONNEL

Présent

je	protégerais
tu	protégerais
il/elle	protégerait
nous	protégerions
vous	protégeriez
ils/elles	protégeraient

Passé 1ʳᵉ forme

j'	aurais	protégé
tu	aurais	protégé
il/elle	aurait	protégé
nous	aurions	protégé
vous	auriez	protégé
ils/elles	auraient	protégé

Passé 2ᵉ forme
mêmes formes que le subjonctif plus-que-parfait

IMPÉRATIF

Présent	Passé	
protège	aie	protégé
protégeons	ayons	protégé
protégez	ayez	protégé

Suivent ce modèle : les verbes en **-éger** (*abréger, alléger, assiéger, siéger...*).

1ᴱᴿ GROUPE

- Devant une terminaison commençant par -o- ou -a-, le -c final de la base prend une cédille pour garder le son doux [s].
- Alternance -é-/-è- de la base (voir tableau 19).

Bases :
**RAPIÉC-/RAPIÉÇ-
RAPIÈÇ-**

INFINITIF

Présent	Passé
rapiécer	avoir rapiécé

PARTICIPE

Présent	Passé
rapiéçant	rapiécé/ée,rapiécés/ées
	ayant rapiécé

INDICATIF

Présent		Passé composé		
je	**rapièce**	j'	ai	rapiécé
tu	**rapièces**	tu	as	rapiécé
il/elle	**rapièce**	il/elle	a	rapiécé
nous	**rapiéçons**	nous	avons	rapiécé
vous	rapiécez	vous	avez	rapiécé
ils/elles	**rapiècent**	ils/elles	ont	rapiécé

Imparfait		Plus-que-parfait		
je	**rapiéçais**	j'	avais	rapiécé
tu	**rapiéçais**	tu	avais	rapiécé
il/elle	**rapiéçait**	il/elle	avait	rapiécé
nous	rapiécions	nous	avions	rapiécé
vous	rapiéciez	vous	aviez	rapiécé
ils/elles	**rapiéçaient**	ils/elles	avaient	rapiécé

Futur simple		Futur antérieur		
je	rapiécerai	j'	aurai	rapiécé
tu	rapiéceras	tu	auras	rapiécé
il/elle	rapiécera	il/elle	aura	rapiécé
nous	rapiécerons	nous	aurons	rapiécé
vous	rapiécerez	vous	aurez	rapiécé
ils/elles	rapiéceront	ils/elles	auront	rapiécé

Passé simple		Passé antérieur		
je	**rapiéçai**	j'	eus	rapiécé
tu	**rapiéças**	tu	eus	rapiécé
il/elle	**rapiéça**	il/elle	eut	rapiécé
nous	**rapiéçâmes**	nous	eûmes	rapiécé
vous	**rapiéçâtes**	vous	eûtes	rapiécé
ils/elles	rapiécèrent	ils/elles	eurent	rapiécé

SUBJONCTIF

Présent		
que	je	**rapièce**
que	tu	**rapièces**
qu'	il/elle	**rapièce**
que	nous	rapiécions
que	vous	rapiéciez
qu'	ils/elles	**rapiècent**

Imparfait		
que	je	**rapiéçasse**
que	tu	**rapiéçasses**
qu'	il/elle	**rapiéçât**
que	nous	**rapiéçassions**
que	vous	**rapiéçassiez**
qu'	ils/elles	**rapiéçassent**

Passé			
que	j'	aie	rapiécé
que	tu	aies	rapiécé
qu'	il/elle	ait	rapiécé
que	nous	ayons	rapiécé
que	vous	ayez	rapiécé
qu'	ils/elles	aient	rapiécé

Plus-que-parfait			
que	j'	eusse	rapiécé
que	tu	eusses	rapiécé
qu'	il/elle	eût	rapiécé
que	nous	eussions	rapiécé
que	vous	eussiez	rapiécé
qu'	ils/elles	eussent	rapiécé

CONDITIONNEL

Présent		Passé 1ʳᵉ forme		
je	rapiécerais	j'	aurais	rapiécé
tu	rapiécerais	tu	aurais	rapiécé
il/elle	rapiécerait	il/elle	aurait	rapiécé
nous	rapiécerions	nous	aurions	rapiécé
vous	rapiéceriez	vous	auriez	rapiécé
ils/elles	rapiéceraient	ils/elles	auraient	rapiécé

IMPÉRATIF

Présent	Passé	
rapièce	aie	rapiécé
rapiéçons	ayons	rapiécé
rapiécez	ayez	rapiécé

Passé 2ᵉ forme :
mêmes formes que le subjonctif plus-que-parfait

22 APPELER

1ER GROUPE

Bases :
APPEL-
APPELL-

C'est la base **appell-** (avec deux **-l-**) qui sert à construire les formes dont la terminaison comporte un **-e-** muet et toutes les formes du futur simple et du conditionnel présent.

INFINITIF

Présent	Passé
appeler	avoir appelé

PARTICIPE

Présent	Passé
appelant	appelé/ée, appelés/ées ayant appelé

INDICATIF

Présent		Passé composé		
j'	**appelle**	j'	ai	appelé
tu	**appelles**	tu	as	appelé
il/elle	**appelle**	il/elle	a	appelé
nous	appelons	nous	avons	appelé
vous	appelez	vous	avez	appelé
ils/elles	**appellent**	ils/elles	ont	appelé

Imparfait		Plus-que-parfait		
j'	appelais	j'	avais	appelé
tu	appelais	tu	avais	appelé
il/elle	appelait	il/elle	avait	appelé
nous	appelions	nous	avions	appelé
vous	appeliez	vous	aviez	appelé
ils/elles	appelaient	ils/elles	avaient	appelé

Futur simple		Futur antérieur		
j'	**appellerai**	j'	aurai	appelé
tu	**appelleras**	tu	auras	appelé
il/elle	**appellera**	il/elle	aura	appelé
nous	**appellerons**	nous	aurons	appelé
vous	**appellerez**	vous	aurez	appelé
ils/elles	**appelleront**	ils/elles	auront	appelé

Passé simple		Passé antérieur		
j'	appelai	j'	eus	appelé
tu	appelas	tu	eus	appelé
il/elle	appela	il/elle	eut	appelé
nous	appelâmes	nous	eûmes	appelé
vous	appelâtes	vous	eûtes	appelé
ils/elles	appelèrent	ils/elles	eurent	appelé

SUBJONCTIF

Présent		
que	j'	**appelle**
que	tu	**appelles**
qu'	il/elle	**appelle**
que	nous	appelions
que	vous	appeliez
qu'	ils/elles	**appellent**

Imparfait		
que	j'	appelasse
que	tu	appelasses
qu'	il/elle	appelât
que	nous	appelassions
que	vous	appelassiez
qu'	ils/elles	appelassent

Passé			
que	j'	aie	appelé
que	tu	aies	appelé
qu'	il/elle	ait	appelé
que	nous	ayons	appelé
que	vous	ayez	appelé
qu'	ils/elles	aient	appelé

Plus-que-parfait			
que	j'	eusse	appelé
que	tu	eusses	appelé
qu'	il/elle	eût	appelé
que	nous	eussions	appelé
que	vous	eussiez	appelé
qu'	ils/elles	eussent	appelé

CONDITIONNEL

Présent		Passé 1re forme		
j'	**appellerais**	j'	aurais	appelé
tu	**appellerais**	tu	aurais	appelé
il/elle	**appellerait**	il/elle	aurait	appelé
nous	**appellerions**	nous	aurions	appelé
vous	**appelleriez**	vous	auriez	appelé
ils/elles	**appelleraient**	ils/elles	auraient	appelé

Passé 2e forme :
mêmes formes que le subjonctif plus-que-parfait

IMPÉRATIF

Présent	Passé
appelle	aie appelé
appelons	ayons appelé
appelez	ayez appelé

Suivent ce modèle : la majorité des verbes en **-eler** (*chanceler, épeler, rappeler*...), mais *harceler* peut aussi se conjuguer comme « geler » (tableau 24).

1ᴱᴿ GROUPE

■ Attention : même si certaines formes se prononcent avec un **-e-** comme dans « appeler », les deux **-l-** de la base sont présents partout.

Base :
INTERPELL-

INFINITIF

Présent	Passé
interpeller	avoir interpellé

PARTICIPE

Présent	Passé
interpellant	interpellé/ée, interpellés/ées
	ayant interpellé

INDICATIF

Présent

j'	interpelle
tu	interpelles
il/elle	interpelle
nous	**interpellons**
vous	**interpellez**
ils/elles	interpellent

Passé composé

j'	ai	interpellé
tu	as	interpellé
il/elle	a	interpellé
nous	avons	interpellé
vous	avez	interpellé
ils/elles	ont	interpellé

Imparfait

j'	**interpellais**
tu	**interpellais**
il/elle	**interpellait**
nous	**interpellions**
vous	**interpelliez**
ils/elles	**interpellaient**

Plus-que-parfait

j'	avais	interpellé
tu	avais	interpellé
il/elle	avait	interpellé
nous	avions	interpellé
vous	aviez	interpellé
ils/elles	avaient	interpellé

Futur simple

j'	interpellerai
tu	interpelleras
il/elle	interpellera
nous	interpellerons
vous	interpellerez
ils/elles	interpelleront

Futur antérieur

j'	aurai	interpellé
tu	auras	interpellé
il/elle	aura	interpellé
nous	aurons	interpellé
vous	aurez	interpellé
ils/elles	auront	interpellé

Passé simple

j'	**interpellai**
tu	**interpellas**
il/elle	**interpella**
nous	**interpellâmes**
vous	**interpellâtes**
ils/elles	**interpellèrent**

Passé antérieur

j'	eus	interpellé
tu	eus	interpellé
il/elle	eut	interpellé
nous	eûmes	interpellé
vous	eûtes	interpellé
ils/elles	eurent	interpellé

SUBJONCTIF

Présent

que j'	interpelle
que tu	interpelles
qu' il/elle	interpelle
que nous	**interpellions**
que vous	**interpelliez**
qu' ils/elles	interpellent

Imparfait

que j'	**interpellasse**
que tu	**interpellasses**
qu' il/elle	**interpellât**
que nous	**interpellassions**
que vous	**interpellassiez**
qu' ils/elles	**interpellassent**

Passé

que j'	aie	interpellé
que tu	aies	interpellé
qu' il/elle	ait	interpellé
que nous	ayons	interpellé
que vous	ayez	interpellé
qu' ils/elles	aient	interpellé

Plus-que-parfait

que j'	eusse	interpellé
que tu	eusses	interpellé
qu' il/elle	eût	interpellé
que nous	eussions	interpellé
que vous	eussiez	interpellé
qu' ils/elles	eussent	interpellé

CONDITIONNEL

Présent

je	interpellerais
tu	interpellerais
il/elle	interpellerait
nous	interpellerions
vous	interpelleriez
ils/elles	interpelleraient

Passé 1ʳᵉ forme

j'	aurais	interpellé
tu	aurais	interpellé
il/elle	aurait	interpellé
nous	aurions	interpellé
vous	auriez	interpellé
ils/elles	auraient	interpellé

IMPÉRATIF

Présent

interpelle
interpellons
interpellez

Passé

aie	interpellé
ayons	interpellé
ayez	interpellé

Passé 2ᵉ forme :
mêmes formes que le subjonctif plus-que-parfait

24 GELER

1ER GROUPE

Bases :
GEL-
GÈL-

■ C'est la base **gèl-** (avec accent grave) qui sert à construire les formes dont la terminaison comporte un **-e-** muet et toutes les formes du futur simple et du conditionnel présent.

INFINITIF

Présent	Passé
geler	avoir gelé

PARTICIPE

Présent	Passé
gelant	gelé/ée, gelés/ées ayant gelé

INDICATIF

Présent		Passé composé		
je	**gèle**	j'	ai	gelé
tu	**gèles**	tu	as	gelé
il/elle	**gèle**	il/elle	a	gelé
nous	gelon	nous	avons	gelé
vous	gelez	vous	avez	gelé
ils/elles	**gèlent**	ils/elles	ont	gelé

Imparfait		Plus-que-parfait		
je	gelais	j'	avais	gelé
tu	gelais	tu	avais	gelé
il/elle	gelait	il/elle	avait	gelé
nous	gelions	nous	avions	gelé
vous	geliez	vous	aviez	gelé
ils/elles	gelaient	ils/elles	avaient	gelé

Futur simple		Futur antérieur		
je	**gèlerai**	j'	aurai	gelé
tu	**gèleras**	tu	auras	gelé
il/elle	**gèlera**	il/elle	aura	gelé
nous	**gèlerons**	nous	aurons	gelé
vous	**gèlerez**	vous	aurez	gelé
ils/elles	**gèleront**	ils/elles	auront	gelé

Passé simple		Passé antérieur		
je	gelai	j'	eus	gelé
tu	gelas	tu	eus	gelé
il/elle	gela	il/elle	eut	gelé
nous	gelâmes	nous	eûmes	gelé
vous	gelâtes	vous	eûtes	gelé
ils/elles	gelèrent	ils/elles	eurent	gelé

SUBJONCTIF

Présent		
que	je	**gèle**
que	tu	**gèles**
qu'	il/elle	**gèle**
que	nous	gelions
que	vous	geliez
qu'	ils/elles	**gèlent**

Imparfait		
que	je	gelasse
que	tu	gelasses
qu'	il/elle	gelât
que	nous	gelassions
que	vous	gelassiez
qu'	ils/elles	gelassent

Passé			
que	j'	aie	gelé
que	tu	aies	gelé
qu'	il/elle	ait	gelé
que	nous	ayons	gelé
que	vous	ayez	gelé
qu'	ils/elles	aient	gelé

Plus-que-parfait			
que	j'	eusse	gelé
que	tu	eusses	gelé
qu'	il/elle	eût	gelé
que	nous	eussions	gelé
que	vous	eussiez	gelé
qu'	ils/elles	eussent	gelé

CONDITIONNEL

Présent		Passé 1re forme		
je	**gèlerais**	j'	aurais	gelé
tu	**gèlerais**	tu	aurais	gelé
il/elle	**gèlerait**	il/elle	aurait	gelé
nous	**gèlerions**	nous	aurions	gelé
vous	**gèleriez**	vous	auriez	gelé
ils/elles	**gèleraient**	ils/elles	auraient	gelé

Passé 2e forme

mêmes formes que le subjonctif plus-que-parfait

IMPÉRATIF

Présent	Passé
gèle	aie gelé
gelons	ayons gelé
gelez	ayez gelé

Suivent ce modèle : les composés de « geler », d'autres verbes en **-eler** (*celer, déceler, ciseler, écarteler, marteler, modeler, peler*) et les verbes en **-emer**, **-ener**, **-eser**, **-ever** (*semer, mener, peser, lever*…).

- Devant une terminaison commençant par **-o-** ou **-a-**, le **-c** final de la base prend une cédille pour garder le son doux [s].
- Attention à l'alternance des bases **dépèc-/dépec-** : elle existe aux présents de l'indicatif, du subjonctif et de l'impératif.

Base :
**DÉPEC-/DÉPEÇ-
DÉPÈC-**

INFINITIF

Présent	Passé
dépecer	avoir dépecé

PARTICIPE

Présent	Passé
dépeçant	dépecé/ée, dépecés/ées ayant dépecé

INDICATIF

Présent
je	dépèce
tu	dépèces
il/elle	dépèce
nous	dépeçons
vous	dépecez
ils/elles	dépècent

Passé composé
j'	ai	dépecé
tu	as	dépecé
il/elle	a	dépecé
nous	avons	dépecé
vous	avez	dépecé
ils/elles	ont	dépecé

Imparfait
je	dépeçais
tu	dépeçais
il/elle	dépeçait
nous	dépecions
vous	dépeciez
ils/elles	dépeçaient

Plus-que-parfait
j'	avais	dépecé
tu	avais	dépecé
il/elle	avait	dépecé
nous	avions	dépecé
vous	aviez	dépecé
ils/elles	avaient	dépecé

Futur simple
je	dépècerai
tu	dépèceras
il/elle	dépècera
nous	dépècerons
vous	dépècerez
ils/elles	dépèceront

Futur antérieur
j'	aurai	dépecé
tu	auras	dépecé
il/elle	aura	dépecé
nous	aurons	dépecé
vous	aurez	dépecé
ils/elles	auront	dépecé

Passé simple
je	dépeçai
tu	dépeças
il/elle	dépeça
nous	dépeçâmes
vous	dépeçâtes
ils/elles	dépecèrent

Passé antérieur
j'	eus	dépecé
tu	eus	dépecé
il/elle	eut	dépecé
nous	eûmes	dépecé
vous	eûtes	dépecé
ils/elles	eurent	dépecé

SUBJONCTIF

Présent
que je	dépèce
que tu	dépèces
qu' il/elle	dépèce
que nous	dépecions
que vous	dépeciez
qu' ils/elles	dépècent

Imparfait
que je	dépeçasse
que tu	dépeçasses
qu' il/elle	dépeçât
que nous	dépeçassions
que vous	dépeçassiez
qu' ils/elles	dépeçassent

Passé
que j'	aie	dépecé
que tu	aies	dépecé
qu' il/elle	ait	dépecé
que nous	ayons	dépecé
que vous	ayez	dépecé
qu' ils/elles	aient	dépecé

Plus-que-parfait
que j'	eusse	dépecé
que tu	eusses	dépecé
qu' il/elle	eût	dépecé
que nous	eussions	dépecé
que vous	eussiez	dépecé
qu' ils/elles	eussent	dépecé

CONDITIONNEL

Présent
je	dépècerais
tu	dépècerais
il/elle	dépècerait
nous	dépècerions
vous	dépèceriez
ils/elles	dépèceraient

Passé 1ʳᵉ forme
j'	aurais	dépecé
tu	aurais	dépecé
il/elle	aurait	dépecé
nous	aurions	dépecé
vous	auriez	dépecé
ils/elles	auraient	dépecé

IMPÉRATIF

Présent		Passé	
dépèce		aie	dépecé
dépeçons		ayons	dépecé
dépecez		ayez	dépecé

Passé 2ᵉ forme :
mêmes formes que le subjonctif plus-que-parfait

JETER

1ᴱᴿ GROUPE

Bases :
JET-
JETT-

■ C'est la base **jett-** (avec deux **-t-**) qui sert à construire les formes dont la terminaison commence par un **-e-**, sauf à la 2ᵉ pers. du pluriel de l'indicatif présent et de l'impératif présent.

INFINITIF

Présent	Passé
jeter	avoir jeté

PARTICIPE

Présent	Passé
jetant	jeté/ée, jetés/ées
	ayant jeté

INDICATIF

Présent

je	**jette**	j'	ai	jeté
tu	**jettes**	tu	as	jeté
il/elle	**jette**	il/elle	a	jeté
nous	jetons	nous	avons	jeté
vous	jetez	vous	avez	jeté
ils/elles	**jettent**	ils/elles	ont	jeté

Passé composé (second group of columns above)

Imparfait

je	jetais	j'	avais	jeté
tu	jetais	tu	avais	jeté
il/elle	jetait	il/elle	avait	jeté
nous	jetions	nous	avions	jeté
vous	jetiez	vous	aviez	jeté
ils/elles	jetaient	ils/elles	avaient	jeté

Plus-que-parfait

Futur simple

je	**jetterai**	j'	aurai	jeté
tu	**jetteras**	tu	auras	jeté
il/elle	**jettera**	il/elle	aura	jeté
nous	**jetterons**	nous	aurons	jeté
vous	**jetterez**	vous	aurez	jeté
ils/elles	**jetteront**	ils/elles	auront	jeté

Futur antérieur

Passé simple

je	jetai	j'	eus	jeté
tu	jetas	tu	eus	jeté
il/elle	jeta	il/elle	eut	jeté
nous	jetâmes	nous	eûmes	jeté
vous	jetâtes	vous	eûtes	jeté
ils/elles	jetèrent	ils/elles	eurent	jeté

Passé antérieur

SUBJONCTIF

Présent

que je	**jette**	
que tu	**jettes**	
qu' il/elle	**jette**	
que nous	jetions	
que vous	jetiez	
qu' ils/elles	**jettent**	

Imparfait

que je	jetasse	
que tu	jetasses	
qu' il/elle	jetât	
que nous	jetassions	
que vous	jetassiez	
qu' ils/elles	jetassent	

Passé

que j'	aie	jeté
que tu	aies	jeté
qu' il/elle	ait	jeté
que nous	ayons	jeté
que vous	ayez	jeté
qu' ils/elles	aient	jeté

Plus-que-parfait

que j'	eusse	jeté
que tu	eusses	jeté
qu' il/elle	eût	jeté
que nous	eussions	jeté
que vous	eussiez	jeté
qu' ils/elles	eussent	jeté

CONDITIONNEL

Présent

je	**jetterais**	j'	aurais	jeté
tu	**jetterais**	tu	aurais	jeté
il/elle	**jetterait**	il/elle	aurait	jeté
nous	**jetterions**	nous	aurions	jeté
vous	**jetteriez**	vous	auriez	jeté
ils/elles	**jetteraient**	ils/elles	auraient	jeté

Passé 1ʳᵉ forme (second group of columns above)

Passé 2ᵉ forme
mêmes formes que le subjonctif plus-que-parfait

IMPÉRATIF

Présent		Passé	
jette		aie	jeté
jetons		ayons	jeté
jetez		ayez	jeté

Suivent ce modèle : la plupart des verbes en **-eter** (sauf ceux qui sont indiqués tableau 27).

■ C'est la base **achèt-** (avec accent grave) qui sert à construire les formes dont la terminaison commence par un **-e-** muet.

Base :
ACHET-
ACHÈT-

INFINITIF

Présent	Passé
acheter	avoir acheté

PARTICIPE

Présent	Passé
achetant	acheté/ée, achetés/ées
	ayant acheté

INDICATIF

Présent		Passé composé		
j'	**achète**	j'	ai	acheté
tu	**achètes**	tu	as	acheté
il/elle	**achète**	il/elle	a	acheté
nous	achetons	nous	avons	acheté
vous	achetez	vous	avez	acheté
ils/elles	**achètent**	ils/elles	ont	acheté

Imparfait		Plus-que-parfait		
j'	achetais	j'	avais	acheté
tu	achetais	tu	avais	acheté
il/elle	achetait	il/elle	avait	acheté
nous	achetions	nous	avions	acheté
vous	achetiez	vous	aviez	acheté
ils/elles	achetaient	ils/elles	avaient	acheté

Futur simple		Futur antérieur		
j'	**achèterai**	j'	aurai	acheté
tu	**achèteras**	tu	auras	acheté
il/elle	**achètera**	il/elle	aura	acheté
nous	**achèterons**	nous	aurons	acheté
vous	**achèterez**	vous	aurez	acheté
ils/elles	**achèteront**	ils/elles	auront	acheté

Passé simple		Passé antérieur		
j'	achetai	j'	eus	acheté
tu	achetas	tu	eus	acheté
il/elle	acheta	il/elle	eut	acheté
nous	achetâmes	nous	eûmes	acheté
vous	achetâtes	vous	eûtes	acheté
ils/elles	achetèrent	ils/elles	eurent	acheté

SUBJONCTIF

Présent		
que	j'	**achète**
que	tu	**achètes**
qu'	il/elle	**achète**
que	nous	achetions
que	vous	achetiez
qu'	ils/elles	**achètent**

Imparfait		
que	j'	achetasse
que	tu	achetasses
qu'	il/elle	achetât
que	nous	achetassions
que	vous	achetassiez
qu'	ils/elles	achetassent

Passé			
que	j'	aie	acheté
que	tu	aies	acheté
qu'	il/elle	ait	acheté
que	nous	ayons	acheté
que	vous	ayez	acheté
qu'	ils/elles	aient	acheté

Plus-que-parfait			
que	j'	eusse	acheté
que	tu	eusses	acheté
qu'	il/elle	eût	acheté
que	nous	eussions	acheté
que	vous	eussiez	acheté
qu'	ils/elles	eussent	acheté

CONDITIONNEL

Présent		Passé 1ʳᵉ forme		
j'	**achèterais**	j'	aurais	acheté
tu	**achèterais**	tu	aurais	acheté
il/elle	**achèterait**	il/elle	aurait	acheté
nous	**achèterions**	nous	aurions	acheté
vous	**achèteriez**	vous	auriez	acheté
ils/elles	**achèteraient**	ils/elles	auraient	acheté

Passé 2ᵉ forme :
mêmes formes que le subjonctif plus-que-parfait

IMPERATIF

Présent	Passé	
achète	aie	acheté
achetons	ayons	acheté
achetez	ayez	acheté

Suivent ce modèle : *racheter* et quelques autres verbes en **-eter** (*bégueter, corseter, crocheter, fileter, fureter, haleter...*).

— 79 —

PAYER(1)

1ᵉʳ GROUPE

Bases :
PAY-
PAI-

■ La base **pai-** sert à construire les formes dont la terminaison commence par un **-e-** muet.

■ **-y- + -i-** aux 1ʳᵉ et 2ᵉ pers. du plur. à l'indicatif imparfait et au subjonctif présent.

■ Ce verbe peut se conjuguer de deux façons (voir aussi tableau 29).

INFINITIF

Présent	Passé
payer	avoir payé

PARTICIPE

Présent	Passé
payant	payé/ée, payés/ées
	ayant payé

INDICATIF

Présent		Passé composé		
j'	paie	j'	ai	payé
tu	paies	tu	as	payé
il/elle	paie	il/elle	a	payé
nous	payons	nous	avons	payé
vous	payez	vous	avez	payé
ils/elles	paient	ils/elles	ont	payé

Imparfait		Plus-que-parfait		
je	payais	j'	avais	payé
tu	payais	tu	avais	payé
il/elle	payait	il/elle	avait	payé
nous	payions	nous	avions	payé
vous	payiez	vous	aviez	payé
ils/elles	payaient	ils/elles	avaient	payé

Futur simple		Futur antérieur		
je	paierai	j'	aurai	payé
tu	paieras	tu	auras	payé
il/elle	paiera	il/elle	aura	payé
nous	paierons	nous	aurons	payé
vous	paierez	vous	aurez	payé
ils/elles	paieront	ils/elles	auront	payé

Passé simple		Passé antérieur		
je	payai	j'	eus	payé
tu	payas	tu	eus	payé
il/elle	paya	il/elle	eut	payé
nous	payâmes	nous	eûmes	payé
vous	payâtes	vous	eûtes	payé
ils/elles	payèrent	ils/elles	eurent	payé

SUBJONCTIF

Présent		
que je	paie	
que tu	paies	
qu' il/elle	paie	
que nous	payions	
que vous	payiez	
qu' ils/elles	paient	

Imparfait		
que je	payasse	
que tu	payasses	
qu' il/elle	payât	
que nous	payassions	
que vous	payassiez	
qu' ils/elles	payassent	

Passé		
que j'	aie	payé
que tu	aies	payé
qu' il/elle	ait	payé
que nous	ayons	payé
que vous	ayez	payé
qu' ils/elles	aient	payé

Plus-que-parfait		
que j'	eusse	payé
que tu	eusses	payé
qu' il/elle	eût	payé
que nous	eussions	payé
que vous	eussiez	payé
qu' ils/elles	eussent	payé

CONDITIONNEL

Présent		Passé 1ʳᵉ forme		
je	paierais	j'	aurais	payé
tu	paierais	tu	aurais	payé
il/elle	paierait	il/elle	aurait	payé
nous	paierions	nous	aurions	payé
vous	paieriez	vous	auriez	payé
ils/elles	paieraient	ils/elles	auraient	payé

Passé 2ᵉ forme
mêmes formes que le subjonctif plus-que-parfait

IMPERATIF

Présent	Passé	
paie	aie	payé
payons	ayons	payé
payez	ayez	payé

Tous les verbes en **-ayer** peuvent être conjugués de deux façons, comme « payer » : *balayer, effrayer, essayer, rayer…*

■ Le **-y-** de la base est présent à toutes les formes.
Il est suivi d'un **-i-** aux deux premières personnes du pluriel de
l'indicatif imparfait et du subjonctif présent.

Base :
PAY-

INFINITIF

Présent	Passé
payer	avoir payé

PARTICIPE

Présent	Passé
payant	payé/ée, payés/ées
	ayant payé

INDICATIF

Présent		Passé composé		
je	paye	j'	ai	payé
tu	payes	tu	as	payé
il/elle	paye	il/elle	a	payé
nous	payons	nous	avons	payé
vous	payez	vous	avez	payé
ils/elles	payent	ils/elles	ont	payé

Imparfait		Plus-que-parfait		
je	payais	j'	avais	payé
tu	payais	tu	avais	payé
il/elle	payait	il/elle	avait	payé
nous	**payions**	nous	avions	payé
vous	**payiez**	vous	aviez	payé
ils/elles	payaient	ils/elles	avaient	payé

Futur simple		Futur antérieur		
je	payerai	j'	aurai	payé
tu	payeras	tu	auras	payé
il/elle	payera	il/elle	aura	payé
nous	payerons	nous	aurons	payé
vous	payerez	vous	aurez	payé
ils/elles	payeront	ils/elles	auront	payé

Passé simple		Passé antérieur		
je	payai	j'	eus	payé
tu	payas	tu	eus	payé
il/elle	paya	il/elle	eut	payé
nous	payâmes	nous	eûmes	payé
vous	payâtes	vous	eûtes	payé
ils/elles	payèrent	ils/elles	eurent	payé

SUBJONCTIF

Présent		
que je	paye	
que tu	payes	
qu' il/elle	paye	
que nous	**payions**	
que vous	**payiez**	
qu' ils/elles	payent	

Imparfait		
que je	payasse	
que tu	payasses	
qu' il/elle	payât	
que nous	payassions	
que vous	payassiez	
qu' ils/elles	payassent	

Passé		
que j'	aie	payé
que tu	aies	payé
qu' il/elle	ait	payé
que nous	ayons	payé
que vous	ayez	payé
qu' ils/elles	aient	payé

Plus-que-parfait		
que j'	eusse	payé
que tu	eusses	payé
qu' il/elle	eût	payé
que nous	eussions	payé
que vous	eussiez	payé
qu' ils/elles	eussent	payé

CONDITIONNEL

Présent		Passé 1ʳᵉ forme		
je	payerais	j'	aurais	payé
tu	payerais	tu	aurais	payé
il/elle	payerait	il/elle	aurait	payé
nous	payerions	nous	aurions	payé
vous	payeriez	vous	auriez	payé
ils/elles	payeraient	ils/elles	auraient	payé

IMPERATIF

Présent	Passé	
paye	aie	payé
payons	ayons	payé
payez	ayez	payé

Passé 2ᵉ forme :
mêmes formes que le subjonctif plus-que-parfait

Suivent ce modèle : les rares verbes en **-eyer**
(*capeyer, faseyer, grasseyer, langueyer*).

EMPLOYER

1ᴱᴿ GROUPE

Bases :
EMPLOY-
EMPLOI-

■ La base **emploi-** sert obligatoirement à construire les formes dont la terminaison commence par un **-e-** muet.

■ **-y-** + **-i-** aux 1ʳᵉ et 2ᵉ pers. du pluriel de l'indicatif imparfait et du subjonctif présent.

INFINITIF

Présent	Passé
employer	avoir employé

PARTICIPE

Présent	Passé
employant	employé/ée, employés/ées
	ayant employé

INDICATIF

Présent

j'	**emploie**			
tu	**emploies**			
il/elle	**emploie**			
nous	employons			
vous	employez			
ils/elles	**emploient**			

Passé composé

j'	ai	employé
tu	as	employé
il/elle	a	employé
nous	avons	employé
vous	avez	employé
ils/elles	ont	employé

Imparfait

j'	employais
tu	employais
il/elle	employait
nous	**employions**
vous	**employiez**
ils/elles	employaient

Plus-que-parfait

j'	avais	employé
tu	avais	employé
il/elle	avait	employé
nous	avions	employé
vous	aviez	employé
ils/elles	avaient	employé

Futur simple

j'	**emploierai**
tu	**emploieras**
il/elle	**emploiera**
nous	**emploierons**
vous	**emploierez**
ils/elles	**emploieront**

Futur antérieur

j'	aurai	employé
tu	auras	employé
il/elle	aura	employé
nous	aurons	employé
vous	aurez	employé
ils/elles	auront	employé

Passé simple

j'	employai
tu	employas
il/elle	employa
nous	employâmes
vous	employâtes
ils/elles	employèrent

Passé antérieur

j'	eus	employé
tu	eus	employé
il/elle	eut	employé
nous	eûmes	employé
vous	eûtes	employé
ils/elles	eurent	employé

SUBJONCTIF

Présent

que	j'	**emploie**
que	tu	**emploies**
qu'	il/elle	**emploie**
que	nous	**employions**
que	vous	**employiez**
qu'	ils/elles	**emploient**

Imparfait

que	j'	employasse
que	tu	employasses
qu'	il/elle	employât
que	nous	employassions
que	vous	employassiez
qu'	ils/elles	employassent

Passé

que	j'	aie	employé
que	tu	aies	employé
qu'	il/elle	ait	employé
que	nous	ayons	employé
que	vous	ayez	employé
qu'	ils/elles	aient	employé

Plus-que-parfait

que	j'	eusse	employé
que	tu	eusses	employé
qu'	il/elle	eût	employé
que	nous	eussions	employé
que	vous	eussiez	employé
qu'	ils/elles	eussent	employé

CONDITIONNEL

Présent

j'	**emploierais**
tu	**emploierais**
il/elle	**emploierait**
nous	**emploierions**
vous	**emploieriez**
ils/elles	**emploieraient**

Passé 1ʳᵉ forme

j'	aurais	employé
tu	aurais	employé
il/elle	aurait	employé
nous	aurions	employé
vous	auriez	employé
ils/elles	auraient	employé

Passé 2ᵉ forme
mêmes formes que le subjonctif plus-que-parfait

IMPÉRATIF

Présent	Passé	
emploie	aie	employé
employons	ayons	employé
employez	ayez	employé

Suivent ce modèle : tous les verbes en **-oyer** (*aboyer, nettoyer, tutoyer*...) sauf **envoyer** qui est irrégulier (voir tableau 32).

■ C'est la base **essui-** qui sert obligatoirement à construire les formes dont la terminaison commence par un **-e-** muet.

■ **-y- + -i-** aux 1ᵉ et 2ᵉ pers. du pluriel de l'indicatif imparfait et du subjonctif présent.

Base :
ESSUY-
ESSUI-

INFINITIF

Présent	Passé
essuyer	avoir essuyé

PARTICIPE

Présent	Passé
essuyant	essuyé/ée, essuyés/ées
	ayant essuyé

INDICATIF

Présent

		Passé composé		
j'	essuie	j'	ai	essuyé
tu	essuies	tu	as	essuyé
il/elle	essuie	il/elle	a	essuyé
nous	essuyons	nous	avons	essuyé
vous	essuyez	vous	avez	essuyé
ils/elles	essuient	ils/elles	ont	essuyé

Imparfait

		Plus-que-parfait		
j'	essuyais	j'	avais	essuyé
tu	essuyais	tu	avais	essuyé
il/elle	essuyait	il/elle	avait	essuyé
nous	essuyions	nous	avions	essuyé
vous	essuyiez	vous	aviez	essuyé
ils/elles	essuyaient	ils/elles	avaient	essuyé

Futur simple

		Futur antérieur		
j'	essuierai	j'	aurai	essuyé
tu	essuieras	tu	auras	essuyé
il/elle	essuiera	il/elle	aura	essuyé
nous	essuierons	nous	aurons	essuyé
vous	essuierez	vous	aurez	essuyé
ils/elles	essuieront	ils/elles	auront	essuyé

Passé simple

		Passé antérieur		
j'	essuyai	j'	eus	essuyé
tu	essuyas	tu	eus	essuyé
il/elle	essuya	il/elle	eut	essuyé
nous	essuyâmes	nous	eûmes	essuyé
vous	essuyâtes	vous	eûtes	essuyé
ils/elles	essuyèrent	ils/elles	eurent	essuyé

SUBJONCTIF

Présent

que	j'	essuie
que	tu	essuies
qu'	il/elle	essuie
que	nous	essuyions
que	vous	essuyiez
qu'	ils/elles	essuient

Imparfait

que	j'	essuyasse
que	tu	essuyasses
qu'	il/elle	essuyât
que	nous	essuyassions
que	vous	essuyassiez
qu'	ils/elles	essuyassent

Passé

que	j'	aie	essuyé
que	tu	aies	essuyé
qu'	il/elle	ait	essuyé
que	nous	ayons	essuyé
que	vous	ayez	essuyé
qu'	ils/elles	aient	essuyé

Plus-que-parfait

que	j'	eusse	essuyé
que	tu	eusses	essuyé
qu'	il/elle	eût	essuyé
que	nous	eussions	essuyé
que	vous	eussiez	essuyé
qu'	ils/elles	eussent	essuyé

CONDITIONNEL

Présent

		Passé 1ʳᵉ forme		
j'	essuierais	j'	aurais	essuyé
tu	essuierais	tu	aurais	essuyé
il/elle	essuierait	il/elle	aurait	essuyé
nous	essuierions	nous	aurions	essuyé
vous	essuieriez	vous	auriez	essuyé
ils/elles	essuieraient	ils/elles	auraient	essuyé

Passé 2ᵉ forme :
mêmes formes que le subjonctif plus-que-parfait

IMPERATIF

Présent	Passé	
essuie	aie	essuyé
essuyons	ayons	essuyé
essuyez	ayez	essuyé

Suivent ce modèle : les quelques verbes en **-uyer** (*appuyer, ennuyer, désennuyer, ressuyer*).

ENVOYER

1ᴱᴿ GROUPE

Bases :
ENVOY-
ENVOI-
ENVERR-

■ L'indicatif futur et le conditionnel présent sont construits sur le modèle du verbe « voir » (tableau 51), à l'aide de la base **enverr-**.
■ Aux autres formes, mêmes particularités que le verbe « employer » (tableau 30).

— INFINITIF

Présent	Passé
envoyer	avoir envoyé

— PARTICIPE

Présent	Passé
envoyant	envoyé/ée, envoyés/ées
	ayant envoyé

— INDICATIF

Présent		Passé composé		
j'	envoie	j'	ai	envoyé
tu	envoies	tu	as	envoyé
il/elle	envoie	il/elle	a	envoyé
nous	envoyons	nous	avons	envoyé
vous	envoyez	vous	avez	envoyé
ils/elles	envoient	ils/elles	ont	envoyé

Imparfait		Plus-que-parfait		
j'	envoyais	j'	avais	envoyé
tu	envoyais	tu	avais	envoyé
il/elle	envoyait	il/elle	avait	envoyé
nous	**envoyions**	nous	avions	envoyé
vous	**envoyiez**	vous	aviez	envoyé
ils/elles	envoyaient	ils/elles	avaient	envoyé

Futur simple		Futur antérieur		
j'	**enverrai**	j'	aurai	envoyé
tu	**enverras**	tu	auras	envoyé
il/elle	**enverra**	il/elle	aura	envoyé
nous	**enverrons**	nous	aurons	envoyé
vous	**enverrez**	vous	aurez	envoyé
ils/elles	**enverront**	ils/elles	auront	envoyé

Passé simple		Passé antérieur		
j'	envoyai	j'	eus	envoyé
tu	envoyas	tu	eus	envoyé
il/elle	envoya	il/elle	eut	envoyé
nous	envoyâmes	nous	eûmes	envoyé
vous	envoyâtes	vous	eûtes	envoyé
ils/elles	envoyèrent	ils/elles	eurent	envoyé

— SUBJONCTIF

Présent		
que	j'	envoie
que	tu	envoies
qu'	il/elle	envoie
que	nous	**envoyions**
que	vous	**envoyiez**
qu'	ils/elles	envoient

Imparfait		
que	j'	envoyasse
que	tu	envoyasses
qu'	il/elle	envoyât
que	nous	envoyassions
que	vous	envoyassiez
qu'	ils/elles	envoyassent

Passé			
que	j'	aie	envoyé
que	tu	aies	envoyé
qu'	il/elle	ait	envoyé
que	nous	ayons	envoyé
que	vous	ayez	envoyé
qu'	ils/elles	aient	envoyé

Plus-que-parfait			
que	j'	eusse	envoyé
que	tu	eusses	envoyé
qu'	il/elle	eût	envoyé
que	nous	eussions	envoyé
que	vous	eussiez	envoyé
qu'	ils/elles	eussent	envoyé

— CONDITIONNEL

Présent		Passé 1ʳᵉ forme		
j'	**enverrais**	j'	aurais	envoyé
tu	**enverrais**	tu	aurais	envoyé
il/elle	**enverrait**	il/elle	aurait	envoyé
nous	**enverrions**	nous	aurions	envoyé
vous	**enverriez**	vous	auriez	envoyé
ils/elles	**enverraient**	ils/elles	auraient	envoyé

Passé 2ᵉ forme
mêmes formes que le subjonctif plus-que-parfait

— IMPÉRATIF

Présent	Passé	
envoie	aie	envoyé
envoyons	ayons	envoyé
envoyez	ayez	envoyé

Se conjugue sur ce modèle : *renvoyer*, dérivé de « envoyer ». Mais les deux dérivés *convoyer* et *dévoyer* se conjuguent comme « employer » (tableau 30).

Deux prononciations et deux orthographes possibles pour certaines formes de ce verbe peu employé.

ARGUER 33

1ER GROUPE

Base :
ARGU-[arg]
ARGU-[argy]

INFINITIF

Présent	Passé
arguer	avoir argué

PARTICIPE

Présent	Passé
arguant	argué/ée, argués/ées ayant argué

INDICATIF

Présent		Passé composé		
j'	argue arguë	j'	ai	argué
tu	argues arguës	tu	as	argué
il/elle	argue arguë	il/elle	a	argué
nous	arguons	nous	avons	argué
vous	arguez	vous	avez	argué
ils/elles	arguent arguënt	ils/elles	ont	argué

Imparfait		Plus-que-parfait		
j'	arguais	j'	avais	argué
tu	arguais	tu	avais	argué
il/elle	arguait	il/elle	avait	argué
nous	arguions	nous	avions	argué
vous	arguiez	vous	aviez	argué
ils/elles	arguaient	ils/elles	avaient	argué

Futur simple		Futur antérieur		
j'	arguerai arguërai	j'	aurai	argué
tu	argueras arguëras	tu	auras	argué
il/elle	arguera arguëra	il/elle	aura	argué
nous	arguerons arguërons	nous	aurons	argué
vous	arguerez arguërez	vous	aurez	argué
ils/elles	argueront arguëront	ils/elles	auront	argué

Passé simple		Passé antérieur		
j'	arguai	j'	eus	argué
tu	arguas	tu	eus	argué
il/elle	argua	il/elle	eut	argué
nous	arguâmes	nous	eûmes	argué
vous	arguâtes	vous	eûtes	argué
ils/elles	arguèrent	ils/elles	eurent	argué

SUBJONCTIF

Présent		
que	j'	argue arguë
que	tu	argues arguës
qu'	il/elle	argue arguë
que	nous	arguions
que	vous	arguiez
qu'	ils/elles	arguent arguënt

Imparfait		
que	j'	arguasse
que	tu	arguasses
qu'	il/elle	arguât
que	nous	arguassions
que	vous	arguassiez
qu'	ils/elles	arguassent

Passé			
que	j'	aie	argué
que	tu	aies	argué
qu'	il/elle	ait	argué
que	nous	ayons	argué
que	vous	ayez	argué
qu'	ils/elles	aient	argué

Plus-que-parfait			
que	j'	eusse	argué
que	tu	eusses	argué
qu'	il/elle	eût	argué
que	nous	eussions	argué
que	vous	eussiez	argué
qu'	ils/elles	eussent	argué

IMPÉRATIF

Présent	Passé
argue arguë	aie argué
arguons	ayons argué
arguez	ayez argué

CONDITIONNEL

Présent			
j'	arguerais arguërais	nous	arguerions arguërions
tu	arguerais arguërais	vous	argueriez arguëriez
il/elle	arguerait arguërait	ils/elles	argueraient arguëraient

Passé 1re forme		
j'	aurais	argué
tu	aurais	argué
il/elle	aurait	argué
nous	aurions	argué
vous	auriez	argué
ils/elles	auraient	argué

Passé 2e forme : *mêmes formes que le subjonctif plus-que-parfait*

FINIR

2ᴱ GROUPE

■ Modèle de conjugaison régulière du 2ᵉ groupe (infinitif en -**ir**, participe présent en -**issant**).

Base :
FIN-

INFINITIF

Présent	Passé
finir	avoir fini

PARTICIPE

Présent	Passé
finissant	fini/ie, finis/ies
	ayant fini

INDICATIF

Présent
je	finis
tu	finis
il/elle	finit
nous	finissons
vous	finissez
ils/elles	finissent

Passé composé
j'	ai	fini
tu	as	fini
il/elle	a	fini
nous	avons	fini
vous	avez	fini
ils/elles	ont	fini

Imparfait
je	finissais
tu	finissais
il/elle	finissait
nous	finissions
vous	finissiez
ils/elles	finissaient

Plus-que-parfait
j'	avais	fini
tu	avais	fini
il/elle	avait	fini
nous	avions	fini
vous	aviez	fini
ils/elles	avaient	fini

Futur simple
je	finirai
tu	finiras
il/elle	finira
nous	finirons
vous	finirez
ils/elles	finiront

Futur antérieur
j'	aurai	fini
tu	auras	fini
il/elle	aura	fini
nous	aurons	fini
vous	aurez	fini
ils/elles	auront	fini

Passé simple
je	finis
tu	finis
il/elle	finit
nous	finîmes
vous	finîtes
ils/elles	finirent

Passé antérieur
j'	eus	fini
tu	eus	fini
il/elle	eut	fini
nous	eûmes	fini
vous	eûtes	fini
ils/elles	eurent	fini

SUBJONCTIF

Présent
que	je	finisse
que	tu	finisses
qu'	il/elle	finisse
que	nous	finissions
que	vous	finissiez
qu'	ils/elles	finissent

Imparfait
que	je	finisse
que	tu	finisses
qu'	il/elle	finît
que	nous	finissions
que	vous	finissiez
qu'	ils/elles	finissent

Passé
que	j'	aie	fini
que	tu	aies	fini
qu'	il/elle	ait	fini
que	nous	ayons	fini
que	vous	ayez	fini
qu'	ils/elles	aient	fini

Plus-que-parfait
que	j'	eusse	fini
que	tu	eusses	fini
qu'	il/elle	eût	fini
que	nous	eussions	fini
que	vous	eussiez	fini
qu'	ils/elles	eussent	fini

CONDITIONNEL

Présent
j'	finirais
tu	finirais
il/elle	finirait
nous	finirions
vous	finiriez
ils/elles	finiraient

Passé 1ʳᵉ forme
j'	aurais	fini
tu	aurais	fini
il/elle	aurait	fini
nous	aurions	fini
vous	auriez	fini
ils/elles	auraient	fini

Passé 2ᵉ forme
mêmes formes que le subjonctif plus-que-parfait

IMPÉRATIF

Présent	Passé	
finis	aie	fini
finissons	ayons	fini
finissez	ayez	fini

Bénir a un 2ᵉ p.p. : **bénit, bénite**, utilisé dans les expressions religieuses figées (*eau bénite*). *Fleurir* au sens de « prospérer » forme son part. prés. et son ind. imparf. sur une 2ᵉ base : **flor-** (*florissant, florissait*).

2ᵉ GROUPE

■ Tréma partout sauf aux 3 personnes du singulier de l'indicatif présent et à la 2ᵉ pers. du singulier de l'impératif présent.
■ Pas d'accent circonflexe aux 1ʳᵉ et 2ᵉ pers. du pluriel du passé simple et à la 3ᵉ pers. du singulier du subjonctif imparfait.

Bases :
HAÏ-
HAI-

INFINITIF

Présent	Passé
haïr	avoir haï

PARTICIPE

Présent	Passé
haïssant	haï/ie, haïs/ies
	ayant haï

INDICATIF

Présent		Passé composé		
je	hais	j'	ai	haï
tu	hais	tu	as	haï
il/elle	hait	il/elle	a	haï
nous	haïssons	nous	avons	haï
vous	haïssez	vous	avez	haï
ils/elles	haïssent	ils/elles	ont	haï

Imparfait		Plus-que-parfait		
je	haïssais	j'	avais	haï
tu	haïssais	tu	avais	haï
il/elle	haïssait	il/elle	avait	haï
nous	haïssions	nous	avions	haï
vous	haïssiez	vous	aviez	haï
ils/elles	haïssaient	ils/elles	avaient	haï

Futur simple		Futur antérieur		
je	haïrai	j'	aurai	haï
tu	haïras	tu	auras	haï
il/elle	haïra	il/elle	aura	haï
nous	haïrons	nous	aurons	haï
vous	haïrez	vous	aurez	haï
ils/elles	haïront	ils/elles	auront	haï

Passé simple		Passé antérieur		
je	haïs	j'	eus	haï
tu	haïs	tu	eus	haï
il/elle	haït	il/elle	eut	haï
nous	haïmes	nous	eûmes	haï
vous	haïtes	vous	eûtes	haï
ils/elles	haïrent	ils/elles	eurent	haï

SUBJONCTIF

Présent		
que je	haïsse	
que tu	haïsses	
qu' il/elle	haïsse	
que nous	haïssions	
que vous	haïssiez	
qu' ils/elles	haïssent	

Imparfait		
que je	haïsse	
que tu	haïsses	
qu' il/elle	haït	
que nous	haïssions	
que vous	haïssiez	
qu' ils/elles	haïssent	

Passé		
que j'	aie	haï
que tu	aies	haï
qu' il/elle	ait	haï
que nous	ayons	haï
que vous	ayez	haï
qu' ils/elles	aient	haï

Plus-que-parfait		
que j'	eusse	haï
que tu	eusses	haï
qu' il/elle	eût	haï
que nous	eussions	haï
que vous	eussiez	haï
qu' ils/elles	eussent	haï

CONDITIONNEL

Présent		Passé 1ʳᵉ forme		
je	haïrais	j'	aurais	haï
tu	haïrais	tu	aurais	haï
il/elle	haïrait	il/elle	aurait	haï
nous	haïrions	nous	aurions	haï
vous	haïriez	vous	auriez	haï
ils/elles	haïraient	ils/elles	auraient	haï

IMPÉRATIF

Présent	Passé	
hais	aie	haï
haïssons	ayons	haï
haïssez	ayez	haï

Passé 2ᵉ forme :
mêmes formes que le subjonctif plus-que-parfait

S'entre-haïr suit ce modèle mais forme ses temps composés avec « être », comme tout verbe pronominal.

36 PARTIR

3ᴱ GROUPE

Bases :
PART-
PAR-

■ Les trois personnes du singulier de l'indicatif présent et la 2ᵉ pers. du singulier de l'impératif présent sont formées sur la base courte **par-**.

■ Modèle de conjugaison régulière du 3ᵉ groupe (participe présent en **-ant**, infinitif autre que **-er**) pour les verbes dont les temps composés sont formés avec « être » (voir « Répertoire »).

INFINITIF

Présent	Passé
partir	être parti/ie/is/ies

PARTICIPE

Présent	Passé
partant	parti/ie, partis/ies
	étant parti/ie/is/ies

INDICATIF

Présent

je	**pars**
tu	**pars**
il/elle	**part**
nous	partons
vous	partez
ils/elles	partent

Passé composé

je	suis	parti/ie
tu	es	parti/ie
il/elle	est	parti/ie
nous	sommes	partis/ies
vous	êtes	partis/ies
ils/elles	sont	partis/ies

Imparfait

je	partais
tu	partais
il/elle	partait
nous	partions
vous	partiez
ils/elles	partaient

Plus-que-parfait

j'	étais	parti/ie
tu	étais	parti/ie
il/elle	était	parti/ie
nous	étions	partis/ies
vous	étiez	partis/ies
ils/elles	étaient	partis/ies

Futur simple

je	partirai
tu	partiras
il/elle	partira
nous	partirons
vous	partirez
ils/elles	partiront

Futur antérieur

je	serai	parti/ie
tu	seras	parti/ie
il/elle	sera	parti/ie
nous	serons	partis/ies
vous	serez	partis/ies
ils/elles	seront	partis/ies

Passé simple

je	partis
tu	partis
il/elle	partit
nous	partîmes
vous	partîtes
ils/elles	partirent

Passé antérieur

je	fus	parti/ie
tu	fus	parti/ie
il/elle	fut	parti/ie
nous	fûmes	partis/ies
vous	fûtes	partis/ies
ils/elles	furent	partis/ies

SUBJONCTIF

Présent

que	je	parte
que	tu	partes
qu'	il/elle	parte
que	nous	partions
que	vous	partiez
qu'	ils/elles	partent

Imparfait

que	je	partisse
que	tu	partisses
qu'	il/elle	partît
que	nous	partissions
que	vous	partissiez
qu'	ils/elles	partissent

Passé

que	je	sois	parti/ie
que	tu	sois	parti/ie
qu'	il/elle	soit	parti/ie
que	nous	soyons	partis/ies
que	vous	soyez	partis/ies
qu'	ils/elles	soient	partis/ies

Plus-que-parfait

que	je	fusse	parti/ie
que	tu	fusses	parti/ie
qu'	il/elle	fût	parti/ie
que	nous	fussions	partis/ies
que	vous	fussiez	partis/ies
qu'	ils/elles	fussent	partis/ies

CONDITIONNEL

Présent

je	partirais
tu	partirais
il/elle	partirait
nous	partirions
vous	partiriez
ils/elles	partiraient

Passé 1ʳᵉ forme

je	serais	parti/ie
tu	serais	parti/ie
il/elle	serait	parti/ie
nous	serions	partis/ies
vous	seriez	partis/ies
ils/elles	seraient	partis/ies

Passé 2ᵉ forme
mêmes formes que le subjonctif plus-que-parfait

IMPÉRATIF

Présent		Passé	
pars		sois	parti/ie
partons		soyons	partis/ies
partez		soyez	partis/ies

Beaucoup de verbes en **-tir** suivent ce modèle. Mais **répartir** (= distribuer), **impartir**, **assortir** (et parfois **départir**) se conjuguent sur le modèle de « finir » (2ᵉ groupe, tableau 34).

- Participe passé invariable.
- Les trois personnes du singulier de l'indicatif présent et la 2e pers. du singulier de l'impératif présent sont formées sur la base courte **dor-**.

Bases :
DORM-
DOR-

INFINITIF

Présent	Passé
dormir	avoir dormi

PARTICIPE

Présent	Passé
dormant	**dormi**
	ayant dormi

INDICATIF

Présent		Passé composé		
je	**dors**	j'	ai	dormi
tu	**dors**	tu	as	dormi
il/elle	**dort**	il/elle	a	dormi
nous	dormons	nous	avons	dormi
vous	dormez	vous	avez	dormi
ils/elles	dorment	ils/elles	ont	dormi
Imparfait		**Plus-que-parfait**		
je	dormais	j'	avais	dormi
tu	dormais	tu	avais	dormi
il/elle	dormait	il/elle	avait	dormi
nous	dormions	nous	avions	dormi
vous	dormiez	vous	aviez	dormi
ils/elles	dormaient	ils/elles	avaient	dormi
Futur simple		**Futur antérieur**		
je	dormirai	j'	aurai	dormi
tu	dormiras	tu	auras	dormi
il/elle	dormira	il/elle	aura	dormi
nous	dormirons	nous	aurons	dormi
vous	dormirez	vous	aurez	dormi
ils/elles	dormiront	ils/elles	auront	dormi
Passé simple		**Passé antérieur**		
je	dormis	j'	eus	dormi
tu	dormis	tu	eus	dormi
il/elle	dormit	il/elle	eut	dormi
nous	dormîmes	nous	eûmes	dormi
vous	dormîtes	vous	eûtes	dormi
ils/elles	dormirent	ils/elles	eurent	dormi

SUBJONCTIF

Présent			
que	je	dorme	
que	tu	dormes	
qu'	il/elle	dorme	
que	nous	dormions	
que	vous	dormiez	
qu'	ils/elles	dorment	
Imparfait			
que	je	dormisse	
que	tu	dormisses	
qu'	il/elle	dormît	
que	nous	dormissions	
que	vous	dormissiez	
qu'	ils/elles	dormissent	
Passé			
que	j'	aie	dormi
que	tu	aies	dormi
qu'	il/elle	ait	dormi
que	nous	ayons	dormi
que	vous	ayez	dormi
qu'	ils/elles	aient	dormi
Plus-que-parfait			
que	j'	eusse	dormi
que	tu	eusses	dormi
qu'	il/elle	eût	dormi
que	nous	eussions	dormi
que	vous	eussiez	dormi
qu'	ils/elles	eussent	dormi

CONDITIONNEL

Présent		Passé 1re forme		
je	dormirais	j'	aurais	dormi
tu	dormirais	tu	aurais	dormi
il/elle	dormirait	il/elle	aurait	dormi
nous	dormirions	nous	aurions	dormi
vous	dormiriez	vous	auriez	dormi
ils/elles	dormiraient	ils/elles	auraient	dormi

Passé 2e forme
mêmes formes que le subjonctif plus-que-parfait

IMPÉRATIF

Présent	Passé	
dors	aie	dormi
dormons	ayons	dormi
dormez	ayez	dormi

Suivent ce modèle : *endormir* et *rendormir* (qui peuvent être transitifs et ont alors un participe passé variable : *la malade qu'il a endormie*) ; *servir, desservir* et *resservir* (mais **asservir** suit le modèle « finir », tableau 34).

BOUILLIR

3ᴱ GROUPE

Bases :
BOUILL-
BOU-

■ Les trois personnes du singulier de l'indicatif présent et la 2ᵉ pers. du singulier de l'impératif présent sont formées sur la base courte **bou-**.

--- INFINITIF ---

Présent	Passé
bouillir	avoir bouilli

--- PARTICIPE ---

Présent	Passé
bouillant	bouilli/ie, bouillis/ies
	ayant bouilli

--- INDICATIF ---

Présent

je	**bous**
tu	**bous**
il/elle	**bout**
nous	bouillons
vous	bouillez
ils/elles	bouillent

Passé composé

j'	ai	bouilli
tu	as	bouilli
il/elle	a	bouilli
nous	avons	bouilli
vous	avez	bouilli
ils/elles	ont	bouilli

Imparfait

je	bouillais
tu	bouillais
il/elle	bouillait
nous	bouillions
vous	bouilliez
ils/elles	bouillaient

Plus-que-parfait

j'	avais	bouilli
tu	avais	bouilli
il/elle	avait	bouilli
nous	avions	bouilli
vous	aviez	bouilli
ils/elles	avaient	bouilli

Futur simple

je	bouillirai
tu	bouilliras
il/elle	bouillira
nous	bouillirons
vous	bouillirez
ils/elles	bouilliront

Futur antérieur

j'	aurai	bouilli
tu	auras	bouilli
il/elle	aura	bouilli
nous	aurons	bouilli
vous	aurez	bouilli
ils/elles	auront	bouilli

Passé simple

je	bouillis
tu	bouillis
il/elle	bouillit
nous	bouillîmes
vous	bouillîtes
ils/elles	bouillirent

Passé antérieur

j'	eus	bouilli
tu	eus	bouilli
il/elle	eut	bouilli
nous	eûmes	bouilli
vous	eûtes	bouilli
ils/elles	eurent	bouilli

--- SUBJONCTIF ---

Présent

que	je	bouille
que	tu	bouilles
qu'	il/elle	bouille
que	nous	bouillions
que	vous	bouilliez
qu'	ils/elles	bouillent

Imparfait

que	je	bouillisse
que	tu	bouillisses
qu'	il/elle	bouillît
que	nous	bouillissions
que	vous	bouillissiez
qu'	ils/elles	bouillissent

Passé

que	j'	aie	bouilli
que	tu	aies	bouilli
qu'	il/elle	ait	bouilli
que	nous	ayons	bouilli
que	vous	ayez	bouilli
qu'	ils/elles	aient	bouilli

Plus-que-parfait

que	j'	eusse	bouilli
que	tu	eusses	bouilli
qu'	il/elle	eût	bouilli
que	nous	eussions	bouilli
que	vous	eussiez	bouilli
qu'	ils/elles	eussent	bouilli

--- CONDITIONNEL ---

Présent

je	bouillirais
tu	bouillirais
il/elle	bouillirait
nous	bouillirions
vous	bouilliriez
ils/elles	bouilliraient

Passé 1ʳᵉ forme

j'	aurais	bouilli
tu	aurais	bouilli
il/elle	aurait	bouilli
nous	aurions	bouilli
vous	auriez	bouilli
ils/elles	auraient	bouilli

Passé 2ᵉ forme
mêmes formes que le subjonctif plus-que-parfait

--- IMPÉRATIF ---

Présent	Passé	
bous	aie	bouilli
bouillons	ayons	bouilli
bouillez	ayez	bouilli

Débouillir, seul dérivé de « bouillir », suit ce modèle.

3ᵉ GROUPE

- C'est la base **fuy-** (avec **-y-**) qui est utilisée pour construire les formes dont la terminaison comporte une voyelle autre qu'un **-e-** muet à l'oral.
- **-y + -i-** aux 1ʳᵉ et 2ᵉ pers. du pluriel de l'indicatif imparfait et du subjonctif présent.

Bases :
FUI-
FUY-

INFINITIF

Présent	Passé
fuir	avoir fui

PARTICIPE

Présent	Passé
fuyant	fui/ie, fuis/ies
	ayant fui

INDICATIF

Présent		Passé composé		
je	fuis	j'	ai	fui
tu	fuis	tu	as	fui
il/elle	fuit	il/elle	a	fui
nous	**fuyons**	nous	avons	fui
vous	**fuyez**	vous	avez	fui
ils/elles	fuient	ils/elles	ont	fui

Imparfait		Plus-que-parfait		
je	**fuyais**	j'	avais	fui
tu	**fuyais**	tu	avais	fui
il/elle	**fuyait**	il/elle	avait	fui
nous	**fuyions**	nous	avions	fui
vous	**fuyiez**	vous	aviez	fui
ils/elles	**fuyaient**	ils/elles	avaient	fui

Futur simple		Futur antérieur		
je	fuirai	j'	aurai	fui
tu	fuiras	tu	auras	fui
il/elle	fuira	il/elle	aura	fui
nous	fuirons	nous	aurons	fui
vous	fuirez	vous	aurez	fui
ils/elles	fuiront	ils/elles	auront	fui

Passé simple		Passé antérieur		
je	fuis	j'	eus	fui
tu	fuis	tu	eus	fui
il/elle	fuit	il/elle	eut	fui
nous	fuîmes	nous	eûmes	fui
vous	fuîtes	vous	eûtes	fui
ils/elles	fuirent	ils/elles	eurent	fui

SUBJONCTIF

Présent		
que je	fuie	
que tu	fuies	
qu' il/elle	fuie	
que nous	**fuyions**	
que vous	**fuyiez**	
qu' ils/elles	fuient	

Imparfait		
que je	fuisse	
que tu	fuisses	
qu' il/elle	fuît	
que nous	fuissions	
que vous	fuissiez	
qu' ils/elles	fuissent	

Passé		
que j'	aie	fui
que tu	aies	fui
qu' il/elle	ait	fui
que nous	ayons	fui
que vous	ayez	fui
qu' ils/elles	aient	fui

Plus-que-parfait		
que j'	eusse	fui
que tu	eusses	fui
qu' il/elle	eût	fui
que nous	eussions	fui
que vous	eussiez	fui
qu' ils/elles	eussent	fui

CONDITIONNEL

Présent		Passé 1ʳᵉ forme		
je	fuirais	j'	aurais	fui
tu	fuirais	tu	aurais	fui
il/elle	fuirait	il/elle	aurait	fui
nous	fuirions	nous	aurions	fui
vous	fuiriez	vous	auriez	fui
ils/elles	fuiraient	ils/elles	auraient	fui

Passé 2ᵉ forme
mêmes formes que le subjonctif plus-que-parfait

IMPÉRATIF

Présent	Passé	
fuis	aie	fui
fuyons	ayons	fui
fuyez	ayez	fui

S'enfuir suit ce modèle mais est conjugué avec « être » comme tout verbe pronominal.

REVÊTIR

3ᵉ GROUPE

Base :
REVÊT-

■ Une seule base, avec un accent circonflexe partout. Trois formes simples comportent donc deux accents circonflexes : la 1ʳᵉ et la 2ᵉ pers. du pluriel du passé simple et la 3ᵉ pers. du singulier du subjonctif imparfait.

INFINITIF

Présent	Passé
revêtir	avoir revêtu

PARTICIPE

Présent	Passé
revêtant	revêtu/ue, revêtus/ues
	ayant revêtu

INDICATIF

Présent

je	revêts
tu	revêts
il/elle	revêt
nous	revêtons
vous	revêtez
ils/elles	revêtent

Passé composé

j'	ai	revêtu
tu	as	revêtu
il/elle	a	revêtu
nous	avons	revêtu
vous	avez	revêtu
ils/elles	ont	revêtu

Imparfait

je	revêtais
tu	revêtais
il/elle	revêtait
nous	revêtions
vous	revêtiez
ils/elles	revêtaient

Plus-que-parfait

j'	avais	revêtu
tu	avais	revêtu
il/elle	avait	revêtu
nous	avions	revêtu
vous	aviez	revêtu
ils/elles	avaient	revêtu

Futur simple

je	revêtirai
tu	revêtiras
il/elle	revêtira
nous	revêtirons
vous	revêtirez
ils/elles	revêtiront

Futur antérieur

j'	aurai	revêtu
tu	auras	revêtu
il/elle	aura	revêtu
nous	aurons	revêtu
vous	aurez	revêtu
ils/elles	auront	revêtu

Passé simple

je	revêtis
tu	revêtis
il/elle	revêtit
nous	**revêtîmes**
vous	**revêtîtes**
ils/elles	revêtirent

Passé antérieur

j'	eus	revêtu
tu	eus	revêtu
il/elle	eut	revêtu
nous	eûmes	revêtu
vous	eûtes	revêtu
ils/elles	eurent	revêtu

SUBJONCTIF

Présent

que je	revête
que tu	revêtes
qu' il/elle	revête
que nous	revêtions
que vous	revêtiez
qu' ils/elles	revêtent

Imparfait

que je	revêtisse
que tu	revêtisses
qu' il/elle	**revêtît**
que nous	revêtissions
que vous	revêtissiez
qu' ils/elles	revêtissent

Passé

que j'	aie	revêtu
que tu	aies	revêtu
qu' il/elle	ait	revêtu
que nous	ayons	revêtu
que vous	ayez	revêtu
qu' ils/elles	aient	revêtu

Plus-que-parfait

que j'	eusse	revêtu
que tu	eusses	revêtu
qu' il/elle	eût	revêtu
que nous	eussions	revêtu
que vous	eussiez	revêtu
qu' ils/elles	eussent	revêtu

CONDITIONNEL

Présent

je	revêtirais
tu	revêtirais
il/elle	revêtirait
nous	revêtirions
vous	revêtiriez
ils/elles	revêtiraient

Passé 1ʳᵉ forme

j'	aurais	revêtu
tu	aurais	revêtu
il/elle	aurait	revêtu
nous	aurions	revêtu
vous	auriez	revêtu
ils/elles	auraient	revêtu

Passé 2ᵉ forme
mêmes formes que le subjonctif plus-que-parfait

IMPÉRATIF

Présent	Passé	
revêts	aie	revêtu
revêtons	ayons	revêtu
revêtez	ayez	revêtu

Vêtir et *dévêtir* suivent ce modèle, mais il arrive que « vêtir » soit conjugué comme un verbe du 2ᵉ groupe (tableau 34), notamment à l'ind. imparf.

Base :
COUR-

■ Une seule base, avec un **-r** final partout.

Le futur simple et le conditionnel présent comportent donc deux **-r-** successifs (celui de base et celui de la terminaison), généralement prononcés.

INFINITIF

Présent	Passé
courir	avoir couru

PARTICIPE

Présent	Passé
courant	couru/ue, courus/ues
	ayant couru

INDICATIF

Présent		Passé composé		
je	cours	j'	ai	couru
tu	cours	tu	as	couru
il/elle	court	il/elle	a	couru
nous	courons	nous	avons	couru
vous	courez	vous	avez	couru
ils/elles	courent	ils/elles	ont	couru

Imparfait		Plus-que-parfait		
je	courais	j'	avais	couru
tu	courais	tu	avais	couru
il/elle	courait	il/elle	avait	couru
nous	courions	nous	avions	couru
vous	couriez	vous	aviez	couru
ils/elles	couraient	ils/elles	avaient	couru

Futur simple		Futur antérieur		
je	**courrai**	j'	aurai	couru
tu	**courras**	tu	auras	couru
il/elle	**courra**	il/elle	aura	couru
nous	**courrons**	nous	aurons	couru
vous	**courrez**	vous	aurez	couru
ils/elles	**courront**	ils/elles	auront	couru

Passé simple		Passé antérieur		
je	courus	j'	eus	couru
tu	courus	tu	eus	couru
il/elle	courut	il/elle	eut	couru
nous	courûmes	nous	eûmes	couru
vous	courûtes	vous	eûtes	couru
ils/elles	coururent	ils/elles	eurent	couru

SUBJONCTIF

Présent		
que	je	coure
que	tu	coures
qu'	il/elle	coure
que	nous	courions
que	vous	couriez
qu'	ils/elles	courent

Imparfait		
que	je	courusse
que	tu	courusses
qu'	il/elle	courût
que	nous	courussions
que	vous	courussiez
qu'	ils/elles	courussent

Passé			
que	j'	aie	couru
que	tu	aies	couru
qu'	il/elle	ait	couru
que	nous	ayons	couru
que	vous	ayez	couru
qu'	ils/elles	aient	couru

Plus-que-parfait			
que	j'	eusse	couru
que	tu	eusses	couru
qu'	il/elle	eût	couru
que	nous	eussions	couru
que	vous	eussiez	couru
qu'	ils/elles	eussent	couru

CONDITIONNEL

Présent		Passé 1ʳᵉ forme		
je	**courrais**	j'	aurais	couru
tu	**courrais**	tu	aurais	couru
il/elle	**courrait**	il/elle	aurait	couru
nous	**courrions**	nous	aurions	couru
vous	**courriez**	vous	auriez	couru
ils/elles	**courraient**	ils/elles	auraient	couru

Passé 2ᵉ forme

mêmes formes que le subjonctif plus-que-parfait

IMPÉRATIF

Présent	Passé	
cours	aie	couru
courons	ayons	couru
courez	ayez	couru

Suivent ce modèle : les sept dérivés de « courir » (*accourir, concourir, discourir, encourir, parcourir, recourir, secourir*), mais **accourir** peut former ses temps composés avec « être » ou « avoir ».

MOURIR

3ᵉ GROUPE

Bases :
MOUR-
MEUR-
MOR-

■ Attention au futur simple et au conditionnel présent : deux -r- partout (celui de la base + celui de la terminaison).

■ C'est la base **meur-** qui sert à construire les formes du singulier et la 3ᵉ pers. du pluriel à l'indicatif et au subjonctif présents ainsi que la 2ᵉ pers. du singulier de l'impératif présent.

■ La base courte, **mor-**, permet de former uniquement le participe passé.

■ Formes composées construites avec « être ».

INFINITIF

Présent	Passé
mourir	être mort/te
	morts/tes

PARTICIPE

Présent	Passé
mourant	**mort/te, morts/tes**
	étant mort/te, morts/tes

INDICATIF

Présent

je	**meurs**
tu	**meurs**
il/elle	**meurt**
nous	mourons
vous	mourez
ils/elles	**meurent**

Passé composé

je	suis	mort/te
tu	es	mort/te
il/elle	est	mort/te
nous	sommes	morts/tes
vous	êtes	morts/tes
ils/elles	sont	morts/tes

SUBJONCTIF

Présent

que	je	**meure**
que	tu	**meures**
qu'	il/elle	**meure**
que	nous	mourions
que	vous	mouriez
qu'	ils/elles	**meurent**

Imparfait

je	mourais
tu	mourais
il/elle	mourait
nous	mourions
vous	mouriez
ils/elles	mouraient

Plus-que-parfait

j'	étais	mort/te
tu	étais	mort/te
il/elle	était	mort/te
nous	étions	morts/tes
vous	étiez	morts/tes
ils/elles	étaient	morts/tes

Imparfait

que	je	mourusse
que	tu	mourusses
qu'	il/elle	mourût
que	nous	mourussions
que	vous	mourussiez
qu'	ils/elles	mourussent

Futur simple

je	**mourrai**
tu	**mourras**
il/elle	**mourra**
nous	**mourrons**
vous	**mourrez**
ils/elles	**mourront**

Futur antérieur

je	serai	mort/te
tu	seras	mort/te
il/elle	sera	mort/te
nous	serons	morts/tes
vous	serez	morts/tes
ils/elles	seront	morts/tes

Passé

que	je	sois	mort/te
que	tu	sois	mort/te
qu'	il/elle	soit	mort/te
que	nous	soyons	morts/tes
que	vous	soyez	morts/tes
qu'	ils/elles	soient	morts/tes

Passé simple

je	mourus
tu	mourus
il/elle	mourut
nous	mourûmes
vous	mourûtes
ils/elles	moururent

Passé antérieur

je	fus	mort/te
tu	fus	mort/te
il/elle	fut	mort/te
nous	fûmes	morts/tes
vous	fûtes	morts/tes
ils/elles	furent	morts/tes

Plus-que-parfait

que	je	fusse	mort/te
que	tu	fusses	mort/te
qu'	il/elle	fût	mort/te
que	nous	fussions	morts/tes
que	vous	fussiez	morts/tes
qu'	ils/elles	fussent	morts/tes

CONDITIONNEL

Présent

je	**mourrais**
tu	**mourrais**
il/elle	**mourrait**
nous	**mourrions**
vous	**mourriez**
ils/elles	**mourraient**

Passé 1ʳᵉ forme

je	serais	mort/te
tu	serais	mort/te
il/elle	serait	mort/te
nous	serions	morts/tes
vous	seriez	morts/tes
ils/elles	seraient	morts/tes

IMPÉRATIF

Présent

meurs
mourons
mourez

Passé

sois	mort
soyons	morts/tes
soyez	morts/tes

Passé 2ᵉ forme

mêmes formes que le subjonctif plus-que-parfait

■ Attention à l'accentuation : accent grave devant une terminaison comportant un -e- muet, pas d'accent quand la terminaison consiste en une consonne seule.

■ Deux -r- au futur simple et au conditionnel présent.

Bases :
ACQUÉR-/ACQUER-
ACQUIER-/ACQUIÈR-
ACQU-

INFINITIF

Présent	Passé
acquérir	avoir acquis

PARTICIPE

Présent	Passé
acquérant	acquis/ise, acquis/ises ayant acquis

INDICATIF

Présent

j'	**acquiers**			
tu	**acquiers**			
il/elle	**acquiert**			
nous	acquérons			
vous	acquérez			
ils/elles	**acquièrent**			

Passé composé

j'	ai	acquis
tu	as	acquis
il/elle	a	acquis
nous	avons	acquis
vous	avez	acquis
ils/elles	ont	acquis

Imparfait

j'	acquérais
tu	acquérais
il/elle	acquérait
nous	acquérions
vous	acquériez
ils/elles	acquéraient

Plus-que-parfait

j'	avais	acquis
tu	avais	acquis
il/elle	avait	acquis
nous	avions	acquis
vous	aviez	acquis
ils/elles	avaient	acquis

Futur simple

j'	**acquerrai**
tu	**acquerras**
il/elle	**acquerra**
nous	**acquerrons**
vous	**acquerrez**
ils/elles	**acquerront**

Futur antérieur

j'	aurai	acquis
tu	auras	acquis
il/elle	aura	acquis
nous	aurons	acquis
vous	aurez	acquis
ils/elles	auront	acquis

Passé simple

j'	acquis
tu	acquis
il/elle	acquit
nous	acquîmes
vous	acquîtes
ils/elles	acquirent

Passé antérieur

j'	eus	acquis
tu	eus	acquis
il/elle	eut	acquis
nous	eûmes	acquis
vous	eûtes	acquis
ils/elles	eurent	acquis

SUBJONCTIF

Présent

que	j'	**acquière**
que	tu	**acquières**
qu'	il/elle	**acquière**
que	nous	acquiérions
que	vous	acquiériez
qu'	ils	**acquièrent**

Imparfait

que	j'	acquisse
que	tu	acquisses
qu'	il/elle	acquît
que	nous	acquissions
que	vous	acquissiez
qu'	ils/elles	acquissent

Passé

que	j'	aie	acquis
que	tu	aies	acquis
qu'	il/elle	ait	acquis
que	nous	ayons	acquis
que	vous	ayez	acquis
qu'	ils/elles	aient	acquis

Plus-que-parfait

que	j'	eusse	acquis
que	tu	eusses	acquis
qu'	il/elle	eût	acquis
que	nous	eussions	acquis
que	vous	eussiez	acquis
qu'	ils/elles	eussent	acquis

CONDITIONNEL

Présent

j'	**acquerrais**
tu	**acquerrais**
il/elle	**acquerrait**
nous	**acquerrions**
vous	**acquerriez**
ils/elles	**acquerraient**

Passé 1ʳᵉ forme

j'	aurais	acquis
tu	aurais	acquis
il/elle	aurait	acquis
nous	aurions	acquis
vous	auriez	acquis
ils/elles	auraient	acquis

Passé 2ᵉ forme

mêmes formes que le subjonctif plus-que-parfait

IMPÉRATIF

Présent

acquiers	aie	acquis
acquérons	ayons	acquis
acquérez	ayez	acquis

Suivent ce modèle : *conquérir, réconquérir, s'enquérir* et *requérir*, mais « s'enquérir » (pronominal) se conjugue avec « être ». Le verbe *quérir* (= chercher) n'est aujourd'hui employé qu'à l'inf. prés.

3ᴱ GROUPE

Bases :
OUVR-
OUVER-

■ Les terminaisons de l'indicatif présent, du subjonctif présent et de l'impératif présent sont identiques à celles des verbes réguliers du 1ᵉʳ groupe (en **-er**).

■ Les terminaisons du futur simple, du conditionnel présent et du subjonctif imparfait sont celles du 2ᵉ groupe (en **-ir**, **-issant**).

INFINITIF

Présent	Passé
ouvrir	avoir ouvert

PARTICIPE

Présent	Passé
ouvrant	ouvert/te, ouverts/tes
	ayant ouvert

INDICATIF

Présent

j'	**ouvre**
tu	**ouvres**
il/elle	**ouvre**
nous	**ouvrons**
vous	**ouvrez**
ils/elles	**ouvrent**

Passé composé

j'	ai	ouvert
tu	as	ouvert
il/elle	a	ouvert
nous	avons	ouvert
vous	avez	ouvert
ils/elles	ont	ouvert

Imparfait

j'	ouvrais
tu	ouvrais
il/elle	ouvrait
nous	ouvrions
vous	ouvriez
ils/elles	ouvraient

Plus-que-parfait

j'	avais	ouvert
tu	avais	ouvert
il/elle	avait	ouvert
nous	avions	ouvert
vous	aviez	ouvert
ils/elles	avaient	ouvert

Futur simple

j'	ouvrirai
tu	ouvriras
il/elle	ouvrira
nous	ouvrirons
vous	ouvrirez
ils/elles	ouvriront

Futur antérieur

j'	aurai	ouvert
tu	auras	ouvert
il/elle	aura	ouvert
nous	aurons	ouvert
vous	aurez	ouvert
ils/elles	auront	ouvert

Passé simple

j'	ouvris
tu	ouvris
il/elle	ouvrit
nous	ouvrîmes
vous	ouvrîtes
ils/elles	ouvrirent

Passé antérieur

j'	eus	ouvert
tu	eus	ouvert
il/elle	eut	ouvert
nous	eûmes	ouvert
vous	eûtes	ouvert
ils/elles	eurent	ouvert

SUBJONCTIF

Présent

que	j'	**ouvre**
que	tu	**ouvres**
qu'	il/elle	**ouvre**
que	nous	**ouvrions**
que	vous	**ouvriez**
qu'	ils/elles	**ouvrent**

Imparfait

que	j'	ouvrisse
que	tu	ouvrisses
qu'	il/elle	ouvrît
que	nous	ouvrissions
que	vous	ouvrissiez
qu'	ils/elles	ouvrissent

Passé

que	j'	aie	ouvert
que	tu	aies	ouvert
qu'	il/elle	ait	ouvert
que	nous	ayons	ouvert
que	vous	ayez	ouvert
qu'	ils/elles	aient	ouvert

Plus-que-parfait

que	j'	eusse	ouvert
que	tu	eusses	ouvert
qu'	il/elle	eût	ouvert
que	nous	eussions	ouvert
que	vous	eussiez	ouvert
qu'	ils/elles	eussent	ouvert

CONDITIONNEL

Présent

j'	ouvrirais
tu	ouvrirais
il/elle	ouvrirait
nous	ouvririons
vous	ouvririez
ils/elles	ouvriraient

Passé 1ʳᵉ forme

j'	aurais	ouvert
tu	aurais	ouvert
il/elle	aurait	ouvert
nous	aurions	ouvert
vous	auriez	ouvert
ils/elles	auraient	ouvert

Passé 2ᵉ forme

mêmes formes que le subjonctif plus-que-parfait

IMPÉRATIF

Présent

ouvre
ouvrons
ouvrez

Passé

aie	ouvert
ayons	ouvert
ayez	ouvert

Suivent ce modèle : les dérivés d' « ouvrir » (*entrouvrir, rentrouvrir, rouvrir*) ; *couvrir* et ses dérivés (*découvrir, recouvrir*) ; *offrir* et *souffrir*

- Attention à l'orthographe de la base : pour prendre le son dur [k], le **c-** est suivi d'un **-u-** : cueillir.
- Le passé simple et le subjonctif imparfait sont les deux seuls temps simples qui ont les terminaisons du 3ᵉ groupe. Les autres temps simples sont formés avec les terminaisons du 1ᵉʳ groupe (voir tableau 12).

Base :
CUEILL-

INFINITIF

Présent	Passé
cueillir	avoir cueilli

PARTICIPE

Présent	Passé
cueillant	cueilli/ie, cueillis/ies
	ayant cueilli

INDICATIF

Présent

		Passé composé		
je	cueille	j'	ai	cueilli
tu	cueilles	tu	as	cueilli
il/elle	cueille	il/elle	a	cueilli
nous	cueillons	nous	avons	cueilli
vous	cueillez	vous	avez	cueilli
ils/elles	cueillent	ils/elles	ont	cueilli

Imparfait

		Plus-que-parfait		
je	cueillais	j'	avais	cueilli
tu	cueillais	tu	avais	cueilli
il/elle	cueillait	il/elle	avait	cueilli
nous	cueillions	nous	avions	cueilli
vous	cueilliez	vous	aviez	cueilli
ils/elles	cueillaient	ils/elles	avaient	cueilli

Futur simple

		Futur antérieur		
je	cueillerai	j'	aurai	cueilli
tu	cueilleras	tu	auras	cueilli
il/elle	cueillera	il/elle	aura	cueilli
nous	cueillerons	nous	aurons	cueilli
vous	cueillerez	vous	aurez	cueilli
ils/elles	cueilleront	ils/elles	auront	cueilli

Passé simple

		Passé antérieur		
je	cueillis	j'	eus	cueilli
tu	cueillis	tu	eus	cueilli
il/elle	cueillit	il/elle	eut	cueilli
nous	cueillîmes	nous	eûmes	cueilli
vous	cueillîtes	vous	eûtes	cueilli
ils/elles	cueillirent	ils/elles	eurent	cueilli

SUBJONCTIF

Présent

que	je	cueille
que	tu	cueilles
qu'	il/elle	cueille
que	nous	cueillions
que	vous	cueilliez
qu'	ils/elles	cueillent

Imparfait

que	je	cueillisse
que	tu	cueillisses
qu'	il/elle	cueillît
que	nous	cueillissions
que	vous	cueillissiez
qu'	ils/elles	cueillissent

Passé

que	j'	aie	cueilli
que	tu	aies	cueilli
qu'	il/elle	ait	cueilli
que	nous	ayons	cueilli
que	vous	ayez	cueilli
qu'	ils/elles	aient	cueilli

Plus-que-parfait

que	j'	eusse	cueilli
que	tu	eusses	cueilli
qu'	il/elle	eût	cueilli
que	nous	eussions	cueilli
que	vous	eussiez	cueilli
qu'	ils/elles	eussent	cueilli

CONDITIONNEL

Présent

		Passé 1ʳᵉ forme		
je	cueillerais	j'	aurais	cueilli
tu	cueillerais	tu	aurais	cueilli
il/elle	cueillerait	il/elle	aurait	cueilli
nous	cueillerions	nous	aurions	cueilli
vous	cueilleriez	vous	auriez	cueilli
ils/elles	cueilleraient	ils/elles	auraient	cueilli

Passé 2ᵉ forme
mêmes formes que le subjonctif plus-que-parfait

IMPERATIF

Présent	Passé	
cueille	aie	cueilli
cueillons	ayons	cueilli
cueillez	ayez	cueilli

Accueillir et *recueillir* suivent ce modèle.

DÉFAILLIR

3ᴱ GROUPE

Base :
DÉFAILL-

■ Participe passé invariable.
■ Les terminaisons des présents de l'indicatif, du subjonctif et de l'impératif sont identiques à celles des verbes du 1ᵉʳ groupe (voir tableau 12).

INFINITIF

Présent	Passé
défaillir	avoir défailli

PARTICIPE

Présent	Passé
défaillant	**défailli**
	ayant défailli

INDICATIF

Présent		Passé composé		
je	**défaille**	j'	ai	défailli
tu	**défailles**	tu	as	défailli
il/elle	**défaille**	il/elle	a	défailli
nous	**défaillons**	nous	avons	défailli
vous	**défaillez**	vous	avez	défailli
ils/elles	**défaillent**	ils/elles	ont	défailli

Imparfait		Plus-que-parfait		
je	défaillais	j'	avais	défailli
tu	défaillais	tu	avais	défailli
il/elle	défaillait	il/elle	avait	défailli
nous	défaillions	nous	avions	défailli
vous	défailliez	vous	aviez	défailli
ils/elles	défaillaient	ils/elles	avaient	défailli

Futur simple		Futur antérieur		
je	défaillirai	j'	aurai	défailli
tu	défailliras	tu	auras	défailli
il/elle	défaillira	il/elle	aura	défailli
nous	défaillirons	nous	aurons	défailli
vous	défaillirez	vous	aurez	défailli
ils/elles	défailliront	ils/elles	auront	défailli

Passé simple		Passé antérieur		
je	défaillis	j'	eus	défailli
tu	défaillis	tu	eus	défailli
il/elle	défaillit	il/elle	eut	défailli
nous	défaillîmes	nous	eûmes	défailli
vous	défaillîtes	vous	eûtes	défailli
ils/elles	défaillirent	ils/elles	eurent	défailli

SUBJONCTIF

Présent		
que	je	**défaille**
que	tu	**défailles**
qu'	il/elle	**défaille**
que	nous	**défaillions**
que	vous	**défailliez**
qu'	ils/elles	**défaillent**

Imparfait		
que	je	défaillisse
que	tu	défaillisses
qu'	il/elle	défaillît
que	nous	défaillissions
que	vous	défaillissiez
qu'	ils/elles	défaillissent

Passé			
que	j'	aie	défailli
que	tu	aies	défailli
qu'	il/elle	ait	défailli
que	nous	ayons	défailli
que	vous	ayez	défailli
qu'	ils/elles	aient	défailli

Plus-que-parfait			
que	j'	eusse	défailli
que	tu	eusses	défailli
qu'	il/elle	eût	défailli
que	nous	eussions	défailli
que	vous	eussiez	défailli
qu'	ils/elles	eussent	défailli

CONDITIONNEL

Présent		Passé 1ʳᵉ forme		
je	défaillirais	j'	aurais	défailli
tu	défaillirais	tu	aurais	défailli
il/elle	défaillirait	il/elle	aurait	défailli
nous	défaillirions	nous	aurions	défailli
vous	défailliriez	vous	auriez	défailli
ils/elles	défailliraient	ils/elles	auraient	défailli

Passé 2ᵉ forme
mêmes formes que le subjonctif plus-que-parfait

IMPÉRATIF

Présent	Passé	
défaille	aie	défailli
défaillons	ayons	défailli
défaillez	ayez	défailli

Assaillir et *tressallir* suivent ce modèle. **Faillir** (employé surtout à l'inf., au passé simple et aux temps composés) a un part. passé invariable et suit le modèle de « finir » (34) au présent de l'ind., de l'impér. et du subj. ainsi qu'à l'ind. imparf.

■ Verbe archaïque, à deux formes, employé aujourd'hui seulement à l'infinitif présent, au participe passé et aux temps composés, par exemple dans l'expression *j'ai ouï dire que...* (La phonétique des temps personnels n'est donc pas indiquée.)

Bases :
OUÏ-
OI-/OY-
OR-

INFINITIF

Présent	Passé
ouïr	avoir ouï

PARTICIPE

Présent	Passé
oyant	ouï/ie, ouïs/ies
	ayant ouï

INDICATIF

Présent		Passé composé		
j'	ouïs/ois	j'	ai	ouï
tu	ouïs/ois	tu	as	ouï
il/elle	ouït/oit	il/elle	a	ouï
nous	ouïssons/oyons	nous	avons	ouï
vous	ouïssez/oyez	vous	avez	ouï
ils/elles	ouïssent/oient	ils/elles	ont	ouï

Imparfait		Plus-que-parfait		
j'	ouïssais/oyais	j'	avais	ouï
tu	ouïssais/oyais	tu	avais	ouï
il/elle	ouïssait/oyait	il/elle	avait	ouï
nous	ouïssions/oyions	nous	avions	ouï
vous	ouïssiez/oyiez	vous	aviez	ouï
ils/elles	ouïssaient/oyaient	ils/elles	avaient	ouï

Futur simple		Futur antérieur		
j'	ouïrai/orrai	j'	aurai	ouï
tu	ouïras/orras	tu	auras	ouï
il/elle	ouïra/orra	il/elle	aura	ouï
nous	ouïrons/orrons	nous	aurons	ouï
vous	ouïrez/orrez	vous	aurez	ouï
ils/elles	ouïront/orront	ils/elles	auront	ouï

Passé simple		Passé antérieur		
j'	ouïs	j'	eus	ouï
tu	ouïs	tu	eus	ouï
il/elle	ouït	il/elle	eut	ouï
nous	ouïmes	nous	eûmes	ouï
vous	ouïtes	vous	eûtes	ouï
ils/elles	ouïrent	ils/elles	eurent	ouï

SUBJONCTIF

Présent		
que j'	ouïsse/oie	
que tu	ouïsses/oies	
qu' il/elle	ouïsse/oie	
que nous	ouïssions/oyions	
que vous	ouïssiez/oyiez	
qu' ils/elles	ouïssent/oient	

Imparfait		
que j'	ouïsse	
que tu	ouïsses	
qu' il/elle	ouït	
que nous	ouïssions	
que vous	ouïssiez	
qu' ils/elles	ouïssent	

Passé		
que j'	aie	ouï
que tu	aies	ouï
qu' il/elle	ait	ouï
que nous	ayons	ouï
que vous	ayez	ouï
qu' ils/elles	aient	ouï

Plus-que-parfait		
que j'	eusse	ouï
que tu	eusses	ouï
qu' il/elle	eût	ouï
que nous	eussions	ouï
que vous	eussiez	ouï
qu' ils/elles	eussent	ouï

CONDITIONNEL

Présent		Passé 1ʳᵉ forme		
j'	ouïrais/orrais	j'	aurais	ouï
tu	ouïrais/orrais	tu	aurais	ouï
il/elle	ouïrait/orrait	il/elle	aurait	ouï
nous	ouïrions/orrions	nous	aurions	ouï
vous	ouïriez/orriez	vous	auriez	ouï
ils/elles	ouïraient/orraient	ils/elles	auraient	ouï

Passé 2ᵉ forme
mêmes formes que le subjonctif plus-que-parfait

IMPÉRATIF

Présent	Passé	
ouïs/ois	aie	ouï
ouïssons/oyons	ayons	ouï
ouïssez/oyez	ayez	ouï

48 GÉSIR

3ᴱ GROUPE

Bases :
GÉS- ; GI-/GÎ- ; GIS-

■ Attention à l'accent circonflexe de la 3ᵉ personne du singulier à l'indicatif présent ; il figure aussi dans l'expression *ci-gît* (= ici gît, ici repose).

■ Verbe archaïque et défectif.

INFINITIF		PARTICIPE	
Présent	Passé	Présent	Passé
gésir	*inusité*	gisant	*inusité*

INDICATIF

Présent		Imparfait	
je	gis	je	gisais
tu	gis	tu	gisais
il/elle	**gît**	il/elle	gisait
nous	gisons	nous	gisions
vous	gisez	vous	gisiez
ils/elles	gisent	ils/elles	gisaient

49 SAILLIR

3ᴱ GROUPE

Base : **SAILL-**

■ Participe passé invariable.

■ Verbe défectif, qui signifie au sens propre « faire saillie par rapport à un plan, dépasser ».

INFINITIF		PARTICIPE	
Présent	Passé	Présent	Passé
saillir	avoir sailli	sailliant	**sailli**
			ayant sailli

INDICATIF

Présent		Passé composé	
il/elle	saille	a	sailli
ils/elles	saillent	ont	sailli
Imparfait		**Plus-que-parfait**	
il/elle	saillait	avait	sailli
ils/elles	saillaient	avaient	sailli
Futur simple		**Futur simple**	
il/elle	saillera	aura	sailli
ils/elles	sailleront	auront	sailli
Passé simple		**Passé antérieur**	
il/elle	saillit	eut	sailli
ils/elles	saillirent	eurent	sailli

SUBJONCTIF

Présent			
qu'	il/elle	saille	
qu'	ils/elles	saillent	
Imparfait			
qu'	il/elle	saillît	
qu'	ils/elles	saillissent	
Passé			
qu'	il/elle	ait	sailli
qu'	ils/elles	aient	sailli
Plus-que-parfait			
qu'	il/elle	eût	sailli
qu'	ils/elles	eussent	sailli

CONDITIONNEL

Présent		Passé 1ʳᵉ forme	
il/elle	saillerait	aurait	sailli
ils/elles	sailleraient	auraient	sailli

IMPÉRATIF

Passé	Passé
inusité	*inusité*

Passé 2ᵉ forme
mêmes formes que le subjonctif plus-que-parfait

Le verbe homonyme *saillir* (= s'accoupler, en parlant d'animaux) suit le modèle « finir » (tableau 34) ; il s'emploie surtout à l'infinitif et aux 3ᵉˢ personnes. Attention : *assaillir* se conjugue comme « défaillir » (tableau 46).

RECEVOIR 50

3ᴱ GROUPE

- Le **-c-** contenu dans les bases prend une cédille devant **-o-** et **-u-** pour garder le son doux [s].

Bases :
**RECEV-/REÇOIV-
REÇOI-
REÇ-**

INFINITIF

Présent	Passé
recevoir	avoir reçu

PARTICIPE

Présent	Passé
recevant	**reçu/ue, reçus/ues** ayant reçu

INDICATIF

Présent		Passé composé		
je	**reçois**	j'	ai	reçu
tu	**reçois**	tu	as	reçu
il/elle	**reçoit**	il/elle	a	reçu
nous	recevons	nous	avons	reçu
vous	recevez	vous	avez	reçu
ils/elles	**reçoivent**	ils/elles	ont	reçu

Imparfait		Plus-que-parfait		
je	recevais	j'	avais	reçu
tu	recevais	tu	avais	reçu
il/elle	recevait	il/elle	avait	reçu
nous	recevions	nous	avions	reçu
vous	receviez	vous	aviez	reçu
ils/elles	recevaient	ils/elles	avaient	reçu

Futur simple		Futur antérieur		
je	recevrai	j'	aurai	reçu
tu	recevras	tu	auras	reçu
il/elle	recevra	il/elle	aura	reçu
nous	recevrons	nous	aurons	reçu
vous	recevrez	vous	aurez	reçu
ils/elles	recevront	ils/elles	auront	reçu

Passé simple		Passé antérieur		
je	**reçus**	j'	eus	reçu
tu	**reçus**	tu	eus	reçu
il/elle	**reçut**	il/elle	eut	reçu
nous	**reçûmes**	nous	eûmes	reçu
vous	**reçûtes**	vous	eûtes	reçu
ils/elles	**reçurent**	ils/elles	eurent	reçu

SUBJONCTIF

Présent		
que	je	**reçoive**
que	tu	**reçoives**
qu'	il/elle	**reçoive**
que	nous	recevions
que	vous	receviez
qu'	ils/elles	**reçoivent**

Imparfait		
que	je	**reçusse**
que	tu	**reçusses**
qu'	il/elle	**reçût**
que	nous	**reçussions**
que	vous	**reçussiez**
qu'	ils/elles	**reçussent**

Passé			
que	j'	aie	reçu
que	tu	aies	reçu
qu'	il/elle	ait	reçu
que	nous	ayons	reçu
que	vous	ayez	reçu
qu'	ils/elles	aient	reçu

Plus-que-parfait			
que	j'	eusse	reçu
que	tu	eusses	reçu
qu'	il/elle	eût	reçu
que	nous	eussions	reçu
que	vous	eussiez	reçu
qu'	ils/elles	eussent	reçu

CONDITIONNEL

Présent		Passé 1ʳᵉ forme		
je	recevrais	j'	aurais	reçu
tu	recevrais	tu	aurais	reçu
il/elle	recevrait	il/elle	aurait	reçu
nous	recevrions	nous	aurions	reçu
vous	recevriez	vous	auriez	reçu
ils/elles	recevraient	ils/elles	auraient	reçu

Passé 2ᵉ forme
mêmes formes que le subjonctif plus-que-parfait

IMPÉRATIF

Présent	Passé	
reçois	aie	reçu
recevons	ayons	reçu
recevez	ayez	reçu

Apercevoir, concevoir, décevoir, entr'apercevoir et percevoir suivent ce modèle.

VOIR

3ᴱ GROUPE

Bases :
VOI-
VOY-
VER-
V-

■ Futur simple et conditionnel présent formés sur la base **ver-** : le **-r** final de la base et le **r-** initial des terminaisons se juxtaposent (**-rr-**).

■ **-y-** + **-i-** aux deux premières personnes du pluriel de l'indicatif imparfait et du subjonctif présent.

INFINITIF

Présent	Passé
voir	avoir vu

PARTICIPE

Présent	Passé
voyant	vu/ue, vus/ues
	ayant vu

INDICATIF

Présent		Passé composé		
je	vois	j'	ai	vu
tu	vois	tu	as	vu
il/elle	voit	il/elle	a	vu
nous	voyons	nous	avons	vu
vous	voyez	vous	avez	vu
ils/elles	voient	ils/elles	ont	vu

Imparfait		Plus-que-parfait		
je	voyais	j'	avais	vu
tu	voyais	tu	avais	vu
il/elle	voyait	il/elle	avait	vu
nous	**voyions**	nous	avions	vu
vous	**voyiez**	vous	aviez	vu
ils/elles	voyaient	ils/elles	avaient	vu

Futur simple		Futur antérieur		
je	**verrai**	j'	aurai	vu
tu	**verras**	tu	auras	vu
il/elle	**verra**	il/elle	aura	vu
nous	**verrons**	nous	aurons	vu
vous	**verrez**	vous	aurez	vu
ils/elles	**verront**	ils/elles	auront	vu

Passé simple		Passé antérieur		
je	vis	j'	eus	vu
tu	vis	tu	eus	vu
il/elle	vit	il/elle	eut	vu
nous	vîmes	nous	eûmes	vu
vous	vîtes	vous	eûtes	vu
ils/elles	virent	ils/elles	eurent	vu

SUBJONCTIF

Présent		
que je	voie	
que tu	voies	
qu' il/elle	voie	
que nous	**voyions**	
que vous	**voyiez**	
qu' ils/elles	voient	

Imparfait		
que je	visse	
que tu	visses	
qu' il/elle	vît	
que nous	vissions	
que vous	vissiez	
qu' ils/elles	vissent	

Passé		
que j'	aie	vu
que tu	aies	vu
qu' il/elle	ait	vu
que nous	ayons	vu
que vous	ayez	vu
qu' ils/elles	aient	vu

Plus-que-parfait		
que j'	eusse	vu
que tu	eusses	vu
qu' il/elle	eût	vu
que nous	eussions	vu
que vous	eussiez	vu
qu' ils/elles	eussent	vu

CONDITIONNEL

Présent		Passé 1ᵉ forme		
je	**verrais**	j'	aurais	vu
tu	**verrais**	tu	aurais	vu
il/elle	**verrait**	il/elle	aurait	vu
nous	**verrions**	nous	aurions	vu
vous	**verriez**	vous	auriez	vu
ils/elles	**verraient**	ils/elles	auraient	vu

Passé 2ᵉ forme

mêmes formes que le subjonctif plus-que-parfait

IMPERATIF

Présent	Passé	
vois	aie	vu
voyons	ayons	vu
voyez	ayez	vu

Entrevoir et *revoir* suivent ce modèle.

■ -y- + -i- aux deux premières personnes du pluriel de l'indicatif imparfait et du subjonctif présent.

■ Futur simple et conditionnel présent formés de manière régulière : base **prévoi-** + terminaisons.

Bases :
**PRÉVOI-
PRÉVOY-
PRÉV-**

INFINITIF

Présent	Passé
prévoir	avoir prévu

PARTICIPE

Présent	Passé
prévoyant	prévu/ue, prévus/ues ayant prévu

INDICATIF

Présent		Passé composé		
je	prévois	j'	ai	prévu
tu	prévois	tu	as	prévu
il/elle	prévoit	il/elle	a	prévu
nous	prévoyons	nous	avons	prévu
vous	prévoyez	vous	avez	prévu
ils/elles	prévoient	ils/elles	ont	prévu

Imparfait		Plus-que-parfait		
je	prévoyais	j'	avais	prévu
tu	prévoyais	tu	avais	prévu
il/elle	prévoyait	il/elle	avait	prévu
nous	**prévoyions**	nous	avions	prévu
vous	**prévoyiez**	vous	aviez	prévu
ils/elles	prévoyaient	ils/elles	avaient	prévu

Futur simple		Futur antérieur		
je	prévoirai	j'	aurai	prévu
tu	prévoiras	tu	auras	prévu
il/elle	prévoira	il/elle	aura	prévu
nous	prévoirons	nous	aurons	prévu
vous	prévoirez	vous	aurez	prévu
ils/elles	prévoiront	ils/elles	auront	prévu

Passé simple		Passé antérieur		
je	prévis	j'	eus	prévu
tu	prévis	tu	eus	prévu
il/elle	prévit	il/elle	eut	prévu
nous	prévîmes	nous	eûmes	prévu
vous	prévîtes	vous	eûtes	prévu
ils/elles	prévirent	ils/elles	eurent	prévu

SUBJONCTIF

Présent		
que	je	prévoie
que	tu	prévoies
qu'	il/elle	prévoie
que	nous	**prévoyions**
que	vous	**prévoyiez**
qu'	ils/elles	prévoient

Imparfait		
que	je	prévisse
que	tu	prévisses
qu'	il/elle	prévît
que	nous	prévissions
que	vous	prévissiez
qu'	ils/elles	prévissent

Passé			
que	j'	aie	prévu
que	tu	aies	prévu
qu'	il/elle	ait	prévu
que	nous	ayons	prévu
que	vous	ayez	prévu
qu'	ils/elles	aient	prévu

Plus-que-parfait			
que	j'	eusse	prévu
que	tu	eusses	prévu
qu'	il/elle	eût	prévu
que	nous	eussions	prévu
que	vous	eussiez	prévu
qu'	ils/elles	eussent	prévu

CONDITIONNEL

Présent		Passé 1ᵉ forme		
je	prévoirais	j'	aurais	prévu
tu	prévoirais	tu	aurais	prévu
il/elle	prévoirait	il/elle	aurait	prévu
nous	prévoirions	nous	aurions	prévu
vous	prévoiriez	vous	auriez	prévu
ils/elles	prévoiraient	ils/elles	auraient	prévu

Passé 2ᵉ forme

mêmes formes que le subjonctif plus-que-parfait

IMPÉRATIF

Présent	Passé	
prévois	aie	prévu
prévoyons	ayons	prévu
prévoyez	ayez	prévu

POURVOIR

3ᵉ GROUPE

Bases :
POUVOI-
POURVOY-
POURV-

■ Une seule différence de conjugaison par rapport à « prévoir » : ce sont les terminaisons en **-u-** (et non en **-i-**) qui servent à former le passé simple et le subjonctif imparfait.

INFINITIF

Présent	Passé
pouvoir	avoir pourvu

PARTICIPE

Présent	Passé
pourvoyant	pourvu/ue, pourvus/ues
	ayant pourvu

INDICATIF

Présent		Passé composé		
je	pourvois	j'	ai	pourvu
tu	pourvois	tu	as	pourvu
il/elle	pourvoit	il/elle	a	pourvu
nous	pourvoyons	nous	avons	pourvu
vous	pourvoyez	vous	avez	pourvu
ils/elles	pourvoient	ils/elles	ont	pourvu

Imparfait		Plus-que-parfait		
je	pourvoyais	j'	avais	pourvu
tu	pourvoyais	tu	avais	pourvu
il/elle	pourvoyait	il/elle	avait	pourvu
nous	**pourvoyions**	nous	avions	pourvu
vous	**pourvoyiez**	vous	aviez	pourvu
ils/elles	pourvoyaient	ils/elles	avaient	pourvu

Futur simple		Futur antérieur		
je	pourvoirai	j'	aurai	pourvu
tu	pourvoiras	tu	auras	pourvu
il/elle	pourvoira	il/elle	aura	pourvu
nous	pourvoirons	nous	aurons	pourvu
vous	pourvoirez	vous	aurez	pourvu
ils/elles	pourvoiront	ils/elles	auront	pourvu

Passé simple		Passé antérieur		
je	**pourvus**	j'	eus	pourvu
tu	**pourvus**	tu	eus	pourvu
il/elle	**pourvut**	il/elle	eut	pourvu
nous	**pourvûmes**	nous	eûmes	pourvu
vous	**pourvûtes**	vous	eûtes	pourvu
ils/elles	**pourvurent**	ils/elles	eurent	pourvu

SUBJONCTIF

Présent		
que je	pourvoie	
que tu	pourvoies	
qu' il/elle	pourvoie	
que nous	**pourvoyions**	
que vous	**pourvoyiez**	
qu' ils/elles	pourvoient	

Imparfait		
que je	**pourvusse**	
que tu	**pourvusses**	
qu' il/elle	**pourvût**	
que nous	**pourvussions**	
que vous	**pourvussiez**	
qu' ils/elles	**pourvussent**	

Passé		
que j'	aie	pourvu
que tu	aies	pourvu
qu' il/elle	ait	pourvu
que nous	ayons	pourvu
que vous	ayez	pourvu
qu' ils/elles	aient	pourvu

Plus-que-parfait		
que j'	eusse	pourvu
que tu	eusses	pourvu
qu' il/elle	eût	pourvu
que nous	eussions	pourvu
que vous	eussiez	pourvu
qu' ils/elles	eussent	pourvu

CONDITIONNEL

Présent		Passé 1ʳᵉ forme		
je	pourvoirais	j'	aurais	pourvu
tu	pourvoirais	tu	aurais	pourvu
il/elle	pourvoirait	il/elle	aurait	pourvu
nous	pourvoirions	nous	aurions	pourvu
vous	pourvoiriez	vous	auriez	pourvu
ils/elles	pourvoiraient	ils/elles	auraient	pourvu

Passé 2ᵉ forme
mêmes formes que le subjonctif plus-que-parfait

IMPERATIF

Présent	Passé	
pourvois	aie	pourvu
pourvoyons	ayons	pourvu
pourvoyez	ayez	pourvu

■ Alternance des deux bases longues pour les formes du présent à l'indicatif, au subjonctif et à l'impératif.

■ Passé simple et subjonctif imparfait construits avec les terminaisons en **-u-**.

Bases :
ÉMOUV-
ÉMEU-
ÉM-

INFINITIF

Présent	Passé
émouvoir	avoir ému

PARTICIPE

Présent	Passé
émouvant	**ému**/ue, émus/ues
	ayant ému

INDICATIF

Présent		Passé composé		
j'	**émeus**	j'	ai	ému
tu	**émeus**	tu	as	ému
il/elle	**émeut**	il/elle	a	ému
nous	**émouvons**	nous	avons	ému
vous	**émouvez**	vous	avez	ému
ils/elles	**émeuvent**	ils/elles	ont	ému

Imparfait		Plus-que-parfait		
j'	émouvais	j'	avais	ému
tu	émouvais	tu	avais	ému
il/elle	émouvait	il/elle	avait	ému
nous	émouvions	nous	avions	ému
vous	émouviez	vous	aviez	ému
ils/elles	émouvaient	ils/elles	avaient	ému

Futur simple		Futur antérieur		
j'	émouvrai	j'	aurai	ému
tu	émouvras	tu	auras	ému
il/elle	émouvra	il/elle	aura	ému
nous	émouvrons	nous	aurons	ému
vous	émouvrez	vous	aurez	ému
ils/elles	émouvront	ils/elles	auront	ému

Passé simple		Passé antérieur		
j'	**émus**	j'	eus	ému
tu	**émus**	tu	eus	ému
il/elle	**émut**	il/elle	eut	ému
nous	**émûmes**	nous	eûmes	ému
vous	**émûtes**	vous	eûtes	ému
ils/elles	**émurent**	ils/elles	eurent	ému

SUBJONCTIF

Présent		
que j'	**émeuve**	
que tu	**émeuves**	
qu' il/elle	**émeuve**	
que nous	**émouvions**	
que vous	**émouviez**	
qu' ils/elles	**émeuvent**	

Imparfait		
que j'	**émusse**	
que tu	**émusses**	
qu' il/elle	**émût**	
que nous	**émussions**	
que vous	**émussiez**	
qu' ils/elles	**émussent**	

Passé		
que j'	aie	ému
que tu	aies	ému
qu' il/elle	ait	ému
que nous	ayons	ému
que vous	ayez	ému
qu' ils/elles	aient	ému

Plus-que-parfait		
que j'	eusse	ému
que tu	eusses	ému
qu' il/elle	eût	ému
que nous	eussions	ému
que vous	eussiez	ému
qu' ils/elles	eussent	ému

CONDITIONNEL

Présent		Passé 1ʳᵉ forme		
j'	émouvrais	j'	aurais	ému
tu	émouvrais	tu	aurais	ému
il/elle	émouvrait	il/elle	aurait	ému
nous	émouvrions	nous	aurions	ému
vous	émouvriez	vous	auriez	ému
il/elles	émouvraient	ils/elles	auraient	ému

Passé 2ᵉ forme
mêmes formes que le subjonctif plus-que-parfait

IMPÉRATIF

Présent	Passé	
émeus	aie	ému
émouvons	ayons	ému
émouvez	ayez	ému

Promouvoir suit exactement ce modèle. **(Se) mouvoir** prend un accent circonflexe au participe passé masculin singulier : *mû.*

VALOIR

3ᴱ GROUPE

Bases :
VAL-
VAU-
VAUD-
VAILL-

■ Teminaison **-x** (et non **-s**) aux deux premières personnes de l'indicatif présent et à la 2ᵉ pers. du singulier de l'impératif présent.

■ La base **vaud-** sert à former le futur simple et le conditionnel présent.

■ La base **vaill-** se trouve seulement au subjonctif présent.

INFINITIF

Présent	Passé
valoir	avoir valu

PARTICIPE

Présent	Passé
valant	valu/ue, valus/values
	ayant valu

INDICATIF

Présent		Passé composé		
je	**vaux**	j'	ai	valu
tu	**vaux**	tu	as	valu
il/elle	vaut	il/elle	a	valu
nous	valons	nous	avons	valu
vous	valez	vous	avez	valu
ils/elles	valent	ils/elles	ont	valu

Imparfait		Plus-que-parfait		
je	valais	j'	avais	valu
tu	valais	tu	avais	valu
il/elle	valait	il/elle	avait	valu
nous	valions	nous	avions	valu
vous	valiez	vous	aviez	valu
ils/elles	valaient	ils/elles	avaient	valu

Futur simple		Futur antérieur		
je	vaudrai	j'	aurai	valu
tu	vaudras	tu	auras	valu
il/elle	vaudra	il/elle	aura	valu
nous	vaudrons	nous	aurons	valu
vous	vaudrez	vous	aurez	valu
ils/elles	vaudront	ils/elles	auront	valu

Passé simple		Passé antérieur		
je	valus	j'	eus	valu
tu	valus	tu	eus	valu
il/elle	valut	il/elle	eut	valu
nous	valûmes	nous	eûmes	valu
vous	valûtes	vous	eûtes	valu
ils/elles	valurent	ils/elles	eurent	valu

SUBJONCTIF

Présent		
que je	**vaille**	
que tu	**vailles**	
qu' il/elle	**vaille**	
que nous	valions	
que vous	valiez	
qu' ils/elles	**vaillent**	

Imparfait		
que je	valusse	
que tu	valusses	
qu' il/elle	valût	
que nous	valussions	
que vous	valussiez	
qu' ils/elles	valussent	

Passé		
que j'	aie	valu
que tu	aies	valu
qu' il/elle	ait	valu
que nous	ayons	valu
que vous	ayez	valu
qu' ils/elles	aient	valu

Plus-que-parfait		
que j'	eusse	valu
que tu	eusses	valu
qu' il/elle	eût	valu
que nous	eussions	valu
que vous	eussiez	valu
qu' ils/elles	eussent	valu

CONDITIONNEL

Présent		Passé 1ᵉ forme		
je	vaudrais	j'	aurais	valu
tu	vaudrais	tu	aurais	valu
il/elle	vaudrait	il/elle	aurait	valu
nous	vaudrions	nous	aurions	valu
vous	vaudriez	vous	auriez	valu
ils/elles	vaudraient	ils/elles	auraient	valu

Passé 2ᵉ forme
mêmes formes que le subjonctif plus-que-parfait

IMPÉRATIF

Présent	Passé	
vaux	aie	valu
valons	ayons	valu
valez	ayez	valu

Équivaloir et *revaloir* (défectif) suivent ce modèle, mais le participe passé d'« équivaloir » est invariable.

■ La seule différence par rapport à « valoir » est au subjonctif présent : toutes les formes sont construites sur la base **préval-**.

Bases :
PRÉVAL-
PRÉVAU-
PRÉVAUD-

INFINITIF

Présent	Passé
prévaloir	avoir prévalu

PARTICIPE

Présent	Passé
prévalant	prévalu/ue, prévalus/ues
	ayant prévalu

INDICATIF

Présent

je	**prévaux**
tu	**prévaux**
il/elle	prévaut
nous	prévalons
vous	prévalez
ils/elles	prévalent

Passé composé

j'	ai	prévalu
tu	as	prévalu
il/elle	a	prévalu
nous	avons	prévalu
vous	avez	prévalu
ils/elles	ont	prévalu

Imparfait

je	prévalais
tu	prévalais
il/elle	prévalait
nous	prévalions
vous	prévaliez
ils/elles	prévalaient

Plus-que-parfait

j'	avais	prévalu
tu	avais	prévalu
il/elle	avait	prévalu
nous	avions	prévalu
vous	aviez	prévalu
ils/elles	avaient	prévalu

Futur simple

je	prévaudrai
tu	prévaudras
il/elle	prévaudra
nous	prévaudrons
vous	prévaudrez
ils/elles	prévaudront

Futur antérieur

j'	aurai	prévalu
tu	auras	prévalu
il/elle	aura	prévalu
nous	aurons	prévalu
vous	aurez	prévalu
ils/elles	auront	prévalu

Passé simple

je	prévalus
tu	prévalus
il/elle	prévalut
nous	prévalûmes
vous	prévalûtes
ils/elles	prévalurent

Passé antérieur

j'	eus	prévalu
tu	eus	prévalu
il/elle	eut	prévalu
nous	eûmes	prévalu
vous	eûtes	prévalu
ils/elles	eurent	prévalu

SUBJONCTIF

Présent

que je	**prévale**
que tu	**prévales**
qu' il/elle	**prévale**
que nous	**prévalions**
que vous	**prévaliez**
qu' ils/elles	**prévalent**

Imparfait

que je	prévalusse
que tu	prévalusses
qu' il/elle	prévalût
que nous	prévalussions
que vous	prévalussiez
qu' ils/elles	prévalussent

Passé

que j'	aie	prévalu
que tu	aies	prévalu
qu' il/elle	ait	prévalu
que nous	ayons	prévalu
que vous	ayez	prévalu
qu' ils/elles	aient	prévalu

Plus-que-parfait

que j'	eusse	prévalu
que tu	eusses	prévalu
qu' il/elle	eût	prévalu
que nous	eussions	prévalu
que vous	eussiez	prévalu
qu' ils/elles	eussent	prévalu

CONDITIONNEL

Présent

je	prévaudrais
tu	prévaudrais
il/elle	prévaudrait
nous	prévaudrions
vous	prévaudriez
il/elles	prévaudraient

Passé 1ʳᵉ forme

j'	aurais	prévalu
tu	aurais	prévalu
il/elle	aurait	prévalu
nous	aurions	prévalu
vous	auriez	prévalu
ils/elles	auraient	prévalu

Passé 2ᵉ forme
mêmes formes que le subjonctif plus-que-parfait

IMPÉRATIF

Présent	Passé	
prévaux	aie	prévalu
prévalons	ayons	prévalu
prévalez	ayez	prévalu

3ᴱ GROUPE

Bases :
ASSE-/ASS-
ASSIED-
ASSEY-
ASSIÉ-

■ Deux conjugaisons pour ce verbe : celle-ci est la plus employée à la voix pronominale.

■ Attention au -e- muet de l'infinitif présent : *s'asseoir*.

■ -y- + -i- aux 1ʳᵉ et 2ᵉ personnes du pluriel de l'indicatif imparfait et du subjonctif présent.

INFINITIF

Présent	Passé
s'asseoir	s'être assis/ise/is/ises

PARTICIPE

Présent	Passé
s'asseyant	assis/ise, assis/ises
	étant assis/ise/is/ises

INDICATIF

Présent

je m'	assieds		
tu t'	assieds		
il/elle s'	assied		
nous nous	asseyons		
vous vous	asseyez		
ils/elles s'	asseyent		

Passé composé

je m'	suis	assis/ise
tu t'	es	assis/ise
il/elle s'	est	assis/ise
nous nous	sommes	assis/ises
vous vous	êtes	assis/ises
ils/elles se	sont	assis/ises

Imparfait

je m'	asseyais
tu t'	asseyais
il/elle s'	asseyait
nous nous	**asseyions**
vous vous	**asseyiez**
ils/elles s'	asseyaient

Plus-que-parfait

je m'	étais	assis/ise
tu t'	étais	assis/ise
il/elle s'	était	assis/ise
nous nous	étions	assis/ises
vous vous	étiez	assis/ises
ils/elles s'	étaient	assis/ises

Futur simple

je m'	assiérai
tu t'	assiéras
il/elle s'	assiéra
nous nous	assiérons
vous vous	assiérez
ils/elles s'	assiéront

Futur antérieur

je me	serai	assis/ise
tu te	seras	assis/ise
il/elle se	sera	assis/ise
nous nous	serons	assis/ises
vous vous	serez	assis/ises
ils/elles se	seront	assis/ises

Passé simple

je m'	assis
tu t'	assis
il/elle s'	assit
nous nous	assîmes
vous vous	assîtes
ils/elles s'	assirent

Passé antérieur

je me	fus	assis/ise
tu te	fus	assis/ise
il/elle se	fut	assis/ise
nous nous	fûmes	assis/ises
vous vous	fûtes	assis/ises
ils/elles se	furent	assis/ises

SUBJONCTIF

Présent

que	je m'	asseye
que	tu t'	asseyes
qu'	il/elle s'	asseye
que	nous nous	**asseyions**
que	vous vous	**asseyiez**
qu'	ils/elles s'	asseyent

Imparfait

que	je m'	assisse
que	tu t'	assisses
qu'	il/elle s'	assît
que	nous nous	assissions
que	vous vous	assissiez
qu'	ils/elles s'	assissent

Passé

que	je me	sois	assis/ise
que	tu te	sois	assis/ise
qu'	il/elle se	soit	assis/ise
que	nous nous	soyons	assis/ises
que	vous vous	soyez	assis/ises
qu'	ils/elles se	soient	assis/ises

Plus-que-parfait

que	je me	fusse	assis/ise
que	tu te	fusses	assis/ise
qu'	il/elle se	fût	assis/ise
que	nous nous	fussions	assis/ises
que	vous vous	fussiez	assis/ises
qu'	ils/elles se	fussent	assis/ises

CONDITIONNEL

Présent

je m'	assiérais	je me	serais	assis/ise
tu t'	assiérais	tu te	serais	assis/ise
il/elle s'	assiérait	il/elle se	serait	assis/ise
nous nous	assiérions	nous nous	serions	assis/ises
vous vous	assiériez	vous vous	seriez	assis/ises
ils/elles s'	assiéraient	ils/elles se	seraient	assis/ises

Le tableau ci-dessus : colonne « Passé 1ʳᵉ forme ».

Passé 2ᵉ forme
mêmes formes que le subjonctif plus-que-parfait

IMPÉRATIF

Présent	Passé
assieds-toi	*inusité*
asseyons-nous	
asseyez-vous	

Se rasseoir suit ce modèle. *Asseoir* aussi, mais il forme ses temps composés avec « avoir ».

-y- + -i- aux 1ʳᵉ et 2ᵉ personnes du pluriel de l'indicatif imparfait et du subjonctif présent.

Bases :
**ASSE-/ASS-
ASSOI-
ASSOY-**

INFINITIF

Présent	Passé
s'asseoir	s'être assis/ise, is/ises

PARTICIPE

Présent	Passé
s'assoyant	assis/ise, assis/ises étant assis/ise/is/ises

INDICATIF

Présent

je m'	assois
tu t'	assois
il/elle s'	assoit
nous nous	assoyons
vous vous	assoyez
ils/elles s'	assoient

Passé composé

je me	suis	assis/ise
tu t'	es	assis/ise
il/elle s'	est	assis/ise
nous nous	sommes	assis/ises
vous vous	êtes	assis/ises
ils/elles se	sont	assis/ises

Imparfait

je m'	assoyais
tu t'	assoyais
il/elle s'	assoyait
nous nous	**assoyions**
vous vous	**assoyiez**
ils/elles s'	assoyaient

Plus-que-parfait

je m'	étais	assis/ise
tu t'	étais	assis/ise
il/elle s'	était	assis/ise
nous nous	étions	assis/ises
vous vous	étiez	assis/ises
ils/elles s'	étaient	assis/ises

Futur simple

je m'	assoirai
tu t'	assoiras
il/elle s'	assoira
nous nous	assoirons
vous vous	assoirez
ils/elles s'	assoiront

Futur antérieur

je me	serai	assis/ise
tu te	seras	assis/ise
il/elle se	sera	assis/ise
nous nous	serons	assis/ises
vous vous	serez	assis/ises
ils/elles se	seront	assis/ises

Passé simple

je m'	assis
tu t'	assis
il/elle s'	assit
nous nous	assîmes
vous vous	assîtes
ils/elles s'	assirent

Passé antérieur

je me	fus	assis/ise
tu te	fus	assis/ise
il/elle se	fut	assis/ise
nous nous	fûmes	assis/ises
vous vous	fûtes	assis/ises
ils/elles se	furent	assis/ises

SUBJONCTIF

Présent

que	je m'	assoie
que	tu t'	assoies
qu'	il/elle s'	assoie
que	nous nous	**assoyions**
que	vous vous	**assoyiez**
qu'	ils/elles s'	assoient

Imparfait

que	je m'	assisse
que	tu t'	assisses
qu'	il/elle s'	assît
que	nous nous	assissions
que	vous vous	assissiez
qu'	ils/elles s'	assissent

Passé

que	je me	sois	assis/ise
que	tu te	sois	assis/ise
qu'	il/elle se	soit	assis/ise
que	nous nous	soyons	assis/ises
que	vous vous	soyez	assis/ises
qu'	ils/elles se	soient	assis/ises

Plus-que-parfait

que	je me	fusse	assis/ise
que	tu te	fusses	assis/ise
qu'	il/elle se	fût	assis/ise
que	nous nous	fussions	assis/ises
que	vous vous	fussiez	assis/ises
qu'	ils/elles se	fussent	assis/ises

CONDITIONNEL

Présent

je m'	assoirais
tu t'	assoirais
il/elle s'	assoirait
nous nous	assoirions
vous vous	assoiriez
ils/elles s'	assoiraient

Passé 1ʳᵉ forme

je me	serais	assis/ise
tu te	serais	assis/ise
il/elle se	serait	assis/ise
nous nous	serions	assis/ises
vous vous	seriez	assis/ises
ils/elles se	seraient	assis/ises

Passé 2ᵉ forme

mêmes formes que le subjonctif plus-que-parfait

IMPÉRATIF

Présent	Passé
assois-toi	*inusité*
assoyons-nous	
assoyez-vous	

Rasseoir suit ce modèle mais forme ses temps composés avec « avoir ».

3ᵉ GROUPE

Bases :
SURSEOI-
SURSOI-
SURSOY-
SURS-

■ Attention à l'orthographe de la base à l'infinitif et aux temps formés à partir de celui-ci (futur simple et conditionnel présent : **surseoi-**, avec **-e-** muet devant **-o-**). c'est la seule différence avec le tableau 58.

■ -y- + -i- aux deux premières personnes du pluriel de l'indicatif imparfait et du subjonctif présent.

■ Participe passé invariable.

INFINITIF

Présent	Passé
surseoir	avoir sursis

PARTICIPE

Présent	Passé
sursoyant	sursis
	ayant sursis

INDICATIF

Présent

je	sursois		
tu	sursois		
il/elle	sursoit		
nous	sursoyons		
vous	sursoyez		
ils/elles	sursoient		

Passé composé

j'	ai	sursis
tu	as	sursis
il/elle	a	sursis
nous	avons	sursis
vous	avez	sursis
ils/elles	ont	sursis

SUBJONCTIF

Présent

que je	sursoie	
que tu	sursoies	
qu' il/elle	sursoie	
que nous	**sursoyions**	
que vous	**sursoyiez**	
qu' ils/elles	sursoient	

Imparfait

je	sursoyais
tu	sursoyais
il/elle	sursoyait
nous	**sursoyions**
vous	**sursoyiez**
ils/elles	sursoyaient

Plus-que-parfait

j'	avais	sursis
tu	avais	sursis
il/elle	avait	sursis
nous	avions	sursis
vous	aviez	sursis
ils/elles	avaient	sursis

Imparfait

que je	sursisse
que tu	sursisses
qu' il/elle	sursît
que nous	sursissions
que vous	sursissiez
qu' ils/elles	sursissent

Futur simple

je	**surseoirai**
tu	**surseoiras**
il/elle	**surseoira**
nous	**surseoirons**
vous	**surseoirez**
ils/elles	**surseoiront**

Futur antérieur

j'	aurai	sursis
tu	auras	sursis
il/elle	aura	sursis
nous	aurons	sursis
vous	aurez	sursis
ils/elles	auront	sursis

Passé

que j'	aie	sursis
que tu	aies	sursis
qu' il/elle	ait	sursis
que nous	ayons	sursis
que vous	ayez	sursis
qu' ils/elles	aient	sursis

Passé simple

je	sursis
tu	sursis
il/elle	sursit
nous	sursîmes
vous	sursîtes
ils/elles	sursirent

Passé antérieur

j'	eus	sursis
tu	eus	sursis
il/elle	eut	sursis
nous	eûmes	sursis
vous	eûtes	sursis
ils/elles	eurent	sursis

Plus-que-parfait

que j'	eusse	sursis
que tu	eusses	sursis
qu' il/elle	eût	sursis
que nous	eussions	sursis
que vous	eussiez	sursis
qu' ils/elles	eussent	sursis

CONDITIONNEL

Présent

je	**surseoirais**
tu	**surseoirais**
il/elle	**surseoirait**
nous	**surseoirions**
vous	**surseoiriez**
ils/elles	**surseoiraient**

Passé 1ʳᵉ forme

j'	aurais	sursis
tu	aurais	sursis
il/elle	aurait	sursis
nous	aurions	sursis
vous	auriez	sursis
ils/elles	auraient	sursis

IMPÉRATIF

Présent

sursois
sursoyons
sursoyez

Passé

aie	sursis
ayons	sursis
ayez	sursis

Passé 2ᵉ forme
mêmes formes que le subjonctif plus-que-parfait

- Ce verbe (qui signifie « convenir ») est archaïque et défectif. La plupart de ses formes se retrouvent dans « asseoir » (tableau 57).
- En langage juridique, on emploie *séant* (= siégeant) et *sis, sise, sises* (participe passé passif signifiant « qui est [sont] situé/ée/[és/ées] »).

SEOIR 60

3ᴱ GROUPE

Bases :
SEOI-
SIED-/SIÉ-
SEY-
SÉ-

INFINITIF		PARTICIPE	
Présent	Passé	Présent	Passé
seoir	*inusité*	seyant	*inusité*
		séant	

INDICATIF		CONDITIONNEL		SUBJONCTIF	
Présent		**Présent**		**Présent**	
il/elle	sied	il/elle	siérait	qu' il/elle	siée
ils/elles	siéent	ils/elles	siéraient	qu' ils/elles	siéent
Imparfait					
il/elle	seyait				
ils/elles	seyaient				
Futur simple					
il/elle	siéra				
ils/elles	siéront				

Messeoir (= ne pas convenir) suit ce modèle mais a un seul participe présent : *messéant*.

- Participe passé invariable.
- Au sens figuré, ce verbe se conjugue à la 3ᵉ personne du pluriel : *les bonnes nouvelles pleuvaient.*
- Verbe impersonnel et défectif.

PLEUVOIR 61

3ᴱ GROUPE

Bases :
PLEUV-
PLEU-
PL-

INFINITIF		PARTICIPE	
Présent	Passé	Présent	Passé
pleuvoir	avoir plu	pleuvant	**plu**
			ayant plu

INDICATIF			SUBJONCTIF		
Présent		**Passé composé**	**Présent**		
il	pleut	il a plu	qu' il	pleuve	
Imparfait		**Plus-que-parfait**	**Imparfait**		
il	pleuvait	il avait plu	qu' il	plût	
Futur simple		**Futur antérieur**	**Passé**		
il	pleuvra	il aura plu	qu' il	ait	plu
Passé simple		**Passé antérieur**	**Plus-que-parfait**		
il	plut	il eut plu	qu' il	eût	plu

CONDITIONNEL			IMPÉRATIF	
Présent		**Passé 1ʳᵉ forme**	**Présent**	**Passé**
il	pleuvrait	il aurait plu	*inusité*	*inusité*

Passé 2ᵉ forme
mêmes formes que le subjonctif plus-que-parfait

Le dérivé *repleuvoir* suit ce modèle.

CHOIR

3ᴱ GROUPE

Bases :
CHOI-
CH-
CHER-

■ Verbe défectif (= « tomber ») qui forme ses temps composés avec « être » (parfois « avoir »).
■ Formes encore employées : celles qui comportent une seule syllabe et le conditionnel présent (*je choirais*).
■ Les temps construits sur la base **cher-** sont archaïques : « ... *et la bobinette cherra* » (Charles Perrault, *le Petit Chaperon rouge*).

INFINITIF

Présent	Passé
choir	être chu/ue/us/ues

PARTICIPE

Présent	Passé
inusité	chu/ue, chus/ues
	étant chu/ue/us/ues

INDICATIF

Présent		Passé composé		
je	chois	je	suis	chu/ue
tu	chois	tu	es	chu/ue
il/elle	choit	il/elle	est	chu/ue
nous	*inusité*	nous	sommes	chus/ues
vous	–	vous	êtes	chus/ues
ils/elles	choient	ils/elles	sont	chus/ues

Imparfait		Plus-que-parfait		
inusité		j'	étais	chu/ue
Futur simple		tu	étais	chu/ue
je	choirai	il/elle	était	chu/ue
	cherrai	nous	étions	chus/ues
tu	choiras	vous	étiez	chus/ues
	cherras	ils/elles	étaient	chus/ues
il/elle	choira	**Futur antérieur**		
	cherra	je	serai	chu/ue
nous	choirons	tu	seras	chu/ue
	cherrons	il/elle	sera	chu/ue
vous	choirez	nous	serons	chus/ues
	cherrez	vous	serez	chus/ues
ils/elles	choiront	ils/elles	seront	chus/ues
	cherront			

Passé simple		Passé antérieur		
je	chus	je	fus	chu/ue
tu	chus	tu	fus	chu/ue
il/elle	chut	il/elle	fut	chu/ue
nous	chûmes	nous	fûmes	chus/ues
vous	chûtes	vous	fûtes	chus/ues
ils/elles	churent	ils/elles	furent	chus/ues

SUBJONCTIF

Présent
inusité

Imparfait
inusité
–
qu' il/elle chût
inusité
–

Passé			
que	je	sois	chu/ue
que	tu	sois	chu/ue
qu'	il/elle	soit	chu/ue
que	nous	soyons	chus/ues
que	vous	soyez	chus/ues
qu'	ils/elles	soient	chus/ues

Plus-que-parfait			
que	je	fusse	chu/ue
que	tu	fusses	chu/ue
qu'	il/elle	fût	chu/ue
que	nous	fussions	chus/ues
que	vous	fussiez	chus/ues
qu'	ils/elles	fussent	chus/ues

IMPÉRATIF

Présent	Passé
inusité	*inusité*

CONDITIONNEL

Présent			
je	choirais	nous	choirions
	cherrais		cherrions
tu	choirais	vous	choiriez
	cherrais		cherriez
il/elle	choirait	ils/elles	choiraient
	cherrait		cherraient

Passé 1ᵉ forme		
je	serais	chu/ue
tu	serais	chu/ue
il/elle	serait	chu/ue
nous	serions	chus/ues
vous	seriez	chus/ues
ils/elles	seraient	chus/ues

Passé 2ᵉ forme
mêmes formes que le subjonctif plus-que-parfait

3ᴱ GROUPE

- Verbe défectif qui forme ses temps composés avec « être » ou « avoir ».
- Les formes construites sur les bases **éché-** et **écher-** sont archaïques (langage juridique), sauf le participe présent, très employé dans l'expression : *le cas échéant* (= si le cas se présente).
- Ne pas confondre ce verbe avec le verbe « échouer ».

Bases :
ÉCHOIR-
ÉCH-
ÉCHÉ-/ÉCHER-

INFINITIF

Présent	Passé
échoir	être échu/ue/us/ues

PARTICIPE

Présent	Passé
échéant	échu/ue, échus/ues
	étant échu/ue/us/ues

INDICATIF

Présent

| il/elle | échoit |
| ils/elles | échoient |

Passé composé

| il/elle | est | échu/ue |
| ils/elles | sont | échus/ues |

Imparfait

| il/elle | échoyait |
| ils/elles | échoyaient |

Plus-que-parfait

| il/elle | était | échu/ue |
| ils/elles | étaient | échus/ues |

Futur simple

il/elle	échoira
	écherra
ils/elles	échoiront
	écherront

Futur antérieur

| il/elle | sera | échu/ue |
| ils/elles | seront | échus/ues |

Passé simple

| il/elle | échut |
| ils/elles | échurent |

Passé antérieur

| il/elle | fut | échu/ue |
| ils/elles | furent | échus/ues |

SUBJONCTIF

Présent

| qu' | il/elle | échoie |
| qu' | ils/elles | échoient |

Imparfait

| qu' | il/elle | échût |
| qu' | ils/elles | échussent |

Passé

| qu' | il/elle | soit | échu/ue |
| qu' | ils/elles | soient | échus/ues |

Plus-que-parfait

| qu' | il/elle | fût | échu/ue |
| qu' | ils/elles | fussent | échus/ues |

CONDITIONNEL

Présent

il/elle	échoirait
	écherrait
ils/elles	échoiraient
	écherraient

Passé 1ʳᵉ forme

| il/elle | serait | échu/ue |
| ils/elles | seraient | échus/ues |

Passé 2ᵉ forme
mêmes formes que le subjonctif plus-que-parfait

IMPERATIF

Présent	Passé
inusité	*inusité*

DÉCHOIR

3ᴱ GROUPE

Bases :
DÉCHOI-
DÉCH-

■ Verbe défectif qui peut former ses temps composés avec « avoir » ou « être », selon le sens.
■ Attention aux deux premières personnes du pluriel du subjonctif présent : **-y- + -i-.**

INFINITIF

Présent	Passé
déchoir	avoir déchu

PARTICIPE

Présent	Passé
inusité	déchu/ue, déchus/ues
	ayant déchu

INDICATIF

Présent			Passé composé		
je	déchois		j'	ai	déchu
tu	déchois		tu	as	déchu
il/elle	déchoit		il/elle	a	déchu
nous	déchoyons		nous	avons	déchu
vous	déchoyez		vous	avez	déchu
ils/elles	déchoient		ils/elles	ont	déchu

Imparfait		Plus-que-parfait		
inusité		j'	avais	déchu
		tu	avais	déchu
		il/elle	avait	déchu
		nous	avions	déchu
		vous	aviez	déchu
		ils/elles	avaient	déchu

Futur simple			Futur antérieur		
je	déchoirai		j'	aurai	déchu
tu	déchoiras		tu	auras	déchu
il/elle	déchoira		il/elle	aura	déchu
nous	déchoirons		nous	aurons	déchu
vous	déchoirez		vous	aurez	déchu
ils/elles	déchoiront		ils/elles	auront	déchu

Passé simple			Passé antérieur		
je	déchus		j'	eus	déchu
tu	déchus		tu	eus	déchu
il/elle	déchut		il/elle	eut	déchu
nous	déchûmes		nous	eûmes	déchu
vous	déchûtes		vous	eûtes	déchu
ils/elles	déchurent		ils/elles	eurent	déchu

SUBJONCTIF

Présent		
que je	déchoie	
que tu	déchoies	
qu' il/elle	déchoie	
que nous	**déchoyions**	
que vous	**déchoyiez**	
qu' ils/elles	déchoient	

Imparfait		
que je	déchusse	
que tu	déchusses	
qu' il/elle	déchût	
que nous	déchussions	
que vous	déchussiez	
qu' ils/elles	déchussent	

Passé		
que j'	aie	déchu
que tu	aies	déchu
qu' il/elle	ait	déchu
que nous	ayons	déchu
que vous	ayez	déchu
qu' ils/elles	aient	déchu

Plus-que-parfait		
que j'	eusse	déchu
que tu	eusses	déchu
qu' il/elle	eût	déchu
que nous	eussions	déchu
que vous	eussiez	déchu
qu' ils/elles	eussent	déchu

CONDITIONNEL

Présent			Passé 1ʳᵉ forme		
je	déchoirais		j'	aurais	déchu
tu	déchoirais		tu	aurais	déchu
il/elle	déchoirait		il/elle	aurait	déchu
nous	déchoirions		nous	aurions	déchu
vous	déchoiriez		vous	auriez	déchu
ils/elles	déchoiraient		ils/elles	auraient	déchu

Passé 2ᵉ forme

mêmes formes que le subjonctif plus-que-parfait

IMPÉRATIF

Présent	Passé
inusité	*inusité*

■ La 3ᵉ personne du singulier de l'indicatif présent n'a pas de terminaison. Cette forme reproduit la base sans changement : *elle rend.*

Base :
REND-

INFINITIF

Présent	Passé
rendre	avoir rendu

PARTICIPE

Présent	Passé
rendant	rendu/ue, rendus/ues
	ayant rendu

INDICATIF

Présent
je	rends
tu	rends
il/elle	**rend**
nous	rendons
vous	rendez
ils/elles	rendent

Passé composé
j'	ai	rendu
tu	as	rendu
il/elle	a	rendu
nous	avons	rendu
vous	avez	rendu
ils/elles	ont	rendu

Imparfait
je	rendais
tu	rendais
il/elle	rendait
nous	rendions
vous	rendiez
ils/elles	rendaient

Plus-que-parfait
j'	avais	rendu
tu	avais	rendu
il/elle	avait	rendu
nous	avions	rendu
vous	aviez	rendu
ils/elles	avaient	rendu

Futur simple
je	rendrai
tu	rendras
il/elle	rendra
nous	rendrons
vous	rendrez
ils/elles	rendront

Futur antérieur
j'	aurai	rendu
tu	auras	rendu
il/elle	aura	rendu
nous	aurons	rendu
vous	aurez	rendu
ils/elles	auront	rendu

Passé simple
je	rendis
tu	rendis
il/elle	rendit
nous	rendîmes
vous	rendîtes
ils/elles	rendirent

Passé antérieur
j'	eus	rendu
tu	eus	rendu
il/elle	eut	rendu
nous	eûmes	rendu
vous	eûtes	rendu
ils/elles	eurent	rendu

SUBJONCTIF

Présent
que	je	rende
que	tu	rendes
qu'	il/elle	rende
que	nous	rendions
que	vous	rendiez
qu'	ils/elles	rendent

Imparfait
que	je	rendisse
que	tu	rendisses
qu'	il/elle	rendît
que	nous	rendissions
que	vous	rendissiez
qu'	ils/elles	rendissent

Passé
que	j'	aie	rendu
que	tu	aies	rendu
qu'	il/elle	ait	rendu
que	nous	ayons	rendu
que	vous	ayez	rendu
qu'	ils/elles	aient	rendu

Plus-que-parfait
que	j'	eusse	rendu
que	tu	eusses	rendu
qu'	il/elle	eût	rendu
que	nous	eussions	rendu
que	vous	eussiez	rendu
qu'	ils/elles	eussent	rendu

CONDITIONNEL

Présent
je	rendrais
tu	rendrais
il/elle	rendrait
nous	rendrions
vous	rendriez
ils/elles	rendraient

Passé 1ʳᵉ forme
j'	aurais	rendu
tu	aurais	rendu
il/elle	aurait	rendu
nous	aurions	rendu
vous	auriez	rendu
ils/elles	auraient	rendu

Passé 2ᵉ forme
mêmes formes que le subjonctif plus-que-parfait

IMPÉRATIF

Présent	Passé
rends	aie rendu
rendons	ayons rendu
rendez	ayez rendu

Suivent ce modèle : les verbes en **-endre** sauf « prendre » (*défendre, fendre* ainsi que *descendre, pendre, tendre, vendre* et leurs dérivés) ; les verbes en **-ondre**, **-erdre**, **-ordre** (*fondre, pondre, répondre, tondre, perdre, mordre, tordre* et leurs dérivés).

RÉPANDRE

3ᴱ GROUPE

Base :
RÉPAND-

■ Pas de terminaison à la 3ᵉ personne du singulier de l'indicatif présent : *elle répand.*

■ Attention : s'il se conjugue comme la plupart des verbes en **-endre**, « répandre » est un verbe en **-andre**. Le **-a-** de la base est présent partout.

INFINITIF

Présent	Passé
répandre	avoir répandu

PARTICIPE

Présent	Passé
répandant	répandu/ue, répandus/ues
	ayant répandu

INDICATIF

Présent

je	répands			
tu	répands			
il/elle	**répand**			
nous	répandons			
vous	répandez			
ils/elles	répandent			

Passé composé

j'	ai	répandu
tu	as	répandu
il/elle	a	répandu
nous	avons	répandu
vous	avez	répandu
ils/elles	ont	répandu

Imparfait

je	répandais
tu	répandais
il/elle	répandait
nous	répandions
vous	répandiez
ils/elles	répandaient

Plus-que-parfait

j'	avais	répandu
tu	avais	répandu
il/elle	avait	répandu
nous	avions	répandu
vous	aviez	répandu
ils/elles	avaient	répandu

Futur simple

je	répandrai
tu	répandras
il/elle	répandra
nous	répandrons
vous	répandrez
ils/elles	répandront

Futur antérieur

j'	aurai	répandu
tu	auras	répandu
il/elle	aura	répandu
nous	aurons	répandu
vous	aurez	répandu
ils/elles	auront	répandu

Passé simple

je	répandis
tu	répandis
il/elle	répandit
nous	répandîmes
vous	répandîtes
ils/elles	répandirent

Passé antérieur

j'	eus	répandu
tu	eus	répandu
il/elle	eut	répandu
nous	eûmes	répandu
vous	eûtes	répandu
ils/elles	eurent	répandu

SUBJONCTIF

Présent

que	je	répande
que	tu	répandes
qu'	il/elle	répande
que	nous	répandions
que	vous	répandiez
qu'	ils/elles	répandent

Imparfait

que	je	répandisse
que	tu	répandisses
qu'	il/elle	répandît
que	nous	répandissions
que	vous	répandissiez
qu'	ils/elles	répandissent

Passé

que	j'	aie	répandu
que	tu	aies	répandu
qu'	il/elle	ait	répandu
que	nous	ayons	répandu
que	vous	ayez	répandu
qu'	ils/elles	aient	répandu

Plus-que-parfait

que	j'	eusse	répandu
que	tu	eusses	répandu
qu'	il/elle	eût	répandu
que	nous	eussions	répandu
que	vous	eussiez	répandu
qu'	ils/elles	eussent	répandu

CONDITIONNEL

Présent

je	répandrais
tu	répandrais
il/elle	répandrait
nous	répandrions
vous	répandriez
ils/elles	répandraient

Passé 1ʳᵉ forme

j'	aurais	répandu
tu	aurais	répandu
il/elle	aurait	répandu
nous	aurions	répandu
vous	auriez	répandu
ils/elles	auraient	répandu

Passé 2ᵉ forme

mêmes formes que le subjonctif plus-que-parfait

IMPÉRATIF

Présent	Passé	
répands	aie	répandu
répandons	ayons	répandu
répandez	ayez	répandu

Épandre suit ce modèle.

■ Pas de terminaison à la 3ᵉ personne du singulier de l'indicatif présent : *il prend*.

■ La base **prenn-** sert à former la 3ᵉ pers. du pluriel de l'indicatif présent et quatre personnes du subjonctif présent. Celles-ci... prennent donc deux -**n**-.

Bases :
PREND-
PREN-
PRENN-
PR-

INFINITIF

Présent	Passé
prendre	avoir pris

PARTICIPE

Présent	Passé
prenant	pris/ise, pris/ises
	ayant pris

INDICATIF

Présent		Passé composé		
je	prends	j'	ai	pris
tu	prends	tu	as	pris
il/elle	**prend**	il/elle	a	pris
nous	prenons	nous	avons	pris
vous	prenez	vous	avez	pris
ils/elles	**prennent**	ils/elles	ont	pris

Imparfait		Plus-que-parfait		
je	prenais	j'	avais	pris
tu	prenais	tu	avais	pris
il/elle	prenait	il/elle	avait	pris
nous	prenions	nous	avions	pris
vous	preniez	vous	aviez	pris
ils/elles	prenaient	ils/elles	avaient	pris

Futur simple		Futur antérieur		
je	prendrai	j'	aurai	pris
tu	prendras	tu	auras	pris
il/elle	prendra	il/elle	aura	pris
nous	prendrons	nous	aurons	pris
vous	prendrez	vous	aurez	pris
ils/elles	prendront	ils/elles	auront	pris

Passé simple		Passé antérieur		
je	pris	j'	eus	pris
tu	pris	tu	eus	pris
il/elle	prit	il/elle	eut	pris
nous	prîmes	nous	eûmes	pris
vous	prîtes	vous	eûtes	pris
ils/elles	prirent	ils/elles	eurent	pris

SUBJONCTIF

Présent		
que je	**prenne**	
que tu	**prennes**	
qu' il/elle	**prenne**	
que nous	prenions	
que vous	preniez	
qu' ils/elles	**prennent**	

Imparfait		
que je	prisse	
que tu	prisses	
qu' il/elle	prît	
que nous	prissions	
que vous	prissiez	
qu' ils/elles	prissent	

Passé		
que j'	aie	pris
que tu	aies	pris
qu' il/elle	ait	pris
que nous	ayons	pris
que vous	ayez	pris
qu' ils/elles	aient	pris

Plus-que-parfait		
que j'	eusse	pris
que tu	eusses	pris
qu' il/elle	eût	pris
que nous	eussions	pris
que vous	eussiez	pris
qu' ils/elles	eussent	pris

CONDITIONNEL

Présent		Passé 1ʳᵉ forme		
je	prendrais	j'	aurais	pris
tu	prendrais	tu	aurais	pris
il/elle	prendrait	il/elle	aurait	pris
nous	prendrions	nous	aurions	pris
vous	prendriez	vous	auriez	pris
ils/elles	prendraient	ils/elles	auraient	pris

Passé 2ᵉ forme
mêmes formes que le subjonctif plus-que-parfait

IMPÉRATIF

Présent	Passé	
prends	aie	pris
prenons	ayons	pris
prenez	ayez	pris

Tous les dérivés de « prendre » suivent ce modèle : *apprendre, comprendre, surprendre...*

CRAINDRE

3ᵉ GROUPE

Bases :
CRAIND-
CRAIN-
CRAIGN-

■ Le -a- contenu dans les bases est présent partout, même s'il est prononcé d'autres manières : [ɛ̃], [e] ou [ɛ].

■ La base courte **crain**- sert à construire les formes du singulier du présent de l'indicatif et de l'impératif, ainsi que le participe passé.

INFINITIF

Présent	Passé
craindre	avoir craint

PARTICIPE

Présent	Passé
craignant	**craint**/te, craints/tes
	ayant craint

INDICATIF

Présent			Passé composé		
je	**crains**		j'	ai	craint
tu	**crains**		tu	as	craint
il/elle	**craint**		il/elle	a	craint
nous	craignons		nous	avons	craint
vous	craignez		vous	avez	craint
ils/elles	craignent		ils/elles	ont	craint

Imparfait			Plus-que-parfait		
je	craignais		j'	avais	craint
tu	craignais		tu	avais	craint
il/elle	craignait		il/elle	avait	craint
nous	craignions		nous	avions	craint
vous	craigniez		vous	aviez	craint
ils/elles	craignaient		ils/elles	avaient	craint

Futur simple			Futur antérieur		
je	craindrai		j'	aurai	craint
tu	craindras		tu	auras	craint
il/elle	craindra		il/elle	aura	craint
nous	craindrons		nous	aurons	craint
vous	craindrez		vous	aurez	craint
ils/elles	craindront		ils/elles	auront	craint

Passé simple			Passé antérieur		
je	craignis		j'	eus	craint
tu	craignis		tu	eus	craint
il/elle	craignit		il/elle	eut	craint
nous	craignîmes		nous	eûmes	craint
vous	craignîtes		vous	eûtes	craint
ils/elles	craignirent		ils/elles	eurent	craint

SUBJONCTIF

Présent		
que	je	craigne
que	tu	craignes
qu'	il/elle	craigne
que	nous	craignions
que	vous	craigniez
qu'	ils/elles	craignent

Imparfait		
que	je	craignisse
que	tu	craignisses
qu'	il/elle	craignît
que	nous	craignissions
que	vous	craignissiez
qu'	ils/elles	craignissent

Passé			
que	j'	aie	craint
que	tu	aies	craint
qu'	il/elle	ait	craint
que	nous	ayons	craint
que	vous	ayez	craint
qu'	ils/elles	aient	craint

Plus-que-parfait			
que	j'	eusse	craint
que	tu	eusses	craint
qu'	il/elle	eût	craint
que	nous	eussions	craint
que	vous	eussiez	craint
qu'	ils/elles	eussent	craint

CONDITIONNEL

Présent			Passé 1ʳᵉ forme		
je	craindrais		j'	aurais	craint
tu	craindrais		tu	aurais	craint
il/elle	craindrait		il/elle	aurait	craint
nous	craindrions		nous	aurions	craint
vous	craindriez		vous	auriez	craint
ils/elles	craindraient		ils/elles	auraient	craint

Passé 2ᵉ forme

mêmes formes que le subjonctif plus-que-parfait

IMPÉRATIF

Présent	Passé	
crains	aie	craint
craignons	ayons	craint
craignez	ayez	craint

Contraindre et *plaindre* suivent ce modèle.

■ Le -e- contenu dans les bases est présent partout, même s'il est prononcé d'autres manières : [ẽ], [e] ou [ε].

■ La base courte **pein-** sert à construire les formes du singulier, du présent de l'indicatif et de l'impératif, ainsi que le participe passé.

Bases :
PEIND-
PEIN-
PEIGN-

INFINITIF

Présent	Passé
peindre	avoir peint

PARTICIPE

Présent	Passé
peignant	**peint**/te, peints/tes
	ayant peint

INDICATIF

Présent		Passé composé		
je	**peins**	j'	ai	peint
tu	**peins**	tu	as	peint
il/elle	**peint**	il/elle	a	peint
nous	peignons	nous	avons	peint
vous	peignez	vous	avez	peint
ils/elles	peignent	ils/elles	ont	peint

Imparfait		Plus-que-parfait		
je	peignais	j'	avais	peint
tu	peignais	tu	avais	peint
il/elle	peignait	il/elle	avait	peint
nous	peignions	nous	avions	peint
vous	peigniez	vous	aviez	peint
ils/elles	peignaient	ils/elles	avaient	peint

Futur simple		Futur antérieur		
je	peindrai	j'	aurai	peint
tu	peindras	tu	auras	peint
il/elle	peindra	il/elle	aura	peint
nous	peindrons	nous	aurons	peint
vous	peindrez	vous	aurez	peint
ils/elles	peindront	ils/elles	auront	peint

Passé simple		Passé antérieur		
je	peignis	j'	eus	peint
tu	peignis	tu	eus	peint
il/elle	peignit	il/elle	eut	peint
nous	peignîmes	nous	eûmes	peint
vous	peignîtes	vous	eûtes	peint
ils/elles	peignirent	ils/elles	eurent	peint

SUBJONCTIF

Présent		
que	je	peigne
que	tu	peignes
qu'	il/elle	peigne
que	nous	peignions
que	vous	peigniez
qu'	ils/elles	peignent

Imparfait		
que	je	peignisse
que	tu	peignisses
qu'	il/elle	peignît
que	nous	peignissions
que	vous	peignissiez
qu'	ils/elles	peignissent

Passé			
que	j'	aie	peint
que	tu	aies	peint
qu'	il/elle	ait	peint
que	nous	ayons	peint
que	vous	ayez	peint
qu'	ils/elles	aient	peint

Plus-que-parfait			
que	j'	eusse	peint
que	tu	eusses	peint
qu'	il/elle	eût	peint
que	nous	eussions	peint
que	vous	eussiez	peint
qu'	ils/elles	eussent	peint

CONDITIONNEL

Présent		Passé 1ʳᵉ forme		
je	peindrais	j'	aurais	peint
tu	peindrais	tu	aurais	peint
il/elle	peindrait	il/elle	aurait	peint
nous	peindrions	nous	aurions	peint
vous	peindriez	vous	auriez	peint
ils/elles	peindraient	ils/elles	auraient	peint

Passé 2ᵉ forme

mêmes formes que le subjonctif plus-que-parfait

IMPÉRATIF

Présent	Passé	
peins	aie	peint
peignons	ayons	peint
peignez	ayez	peint

Tous les verbes en **-eindre** suivent ce modèle : les dérivés de « peindre », *atteindre, ceindre, éteindre, étreindre, feindre, geindre, teindre*…

JOINDRE

3ᴱ GROUPE

Bases :
**JOIND-
JOIN-
JOIGN-**

- La base courte **join-** sert à construire les formes du singulier du présent de l'indicatif et de l'impératif, ainsi que le participe passé.
- La seule différence de conjugaison entre ce modèle et ceux des tableaux 68 et 69 est la voyelle -**o**- de la base.

INFINITIF

Présent	Passé
joindre	avoir joint

PARTICIPE

Présent	Passé
joignant	**joint**/te, joints/tes
	ayant joint

INDICATIF

Présent		Passé composé		
je	**joins**	j'	ai	joint
tu	**joins**	tu	as	joint
il/elle	**joint**	il/elle	a	joint
nous	joignons	nous	avons	joint
vous	joignez	vous	avez	joint
ils/elles	joignent	ils/elles	ont	joint

Imparfait		Plus-que-parfait		
je	joignais	j'	avais	joint
tu	joignais	tu	avais	joint
il/elle	joignait	il/elle	avait	joint
nous	joignions	nous	avions	joint
vous	joigniez	vous	aviez	joint
ils/elles	joignaient	ils/elles	avaient	joint

Futur simple		Futur antérieur		
je	joindrai	j'	aurai	joint
tu	joindras	tu	auras	joint
il/elle	joindra	il/elle	aura	joint
nous	joindrons	nous	aurons	joint
vous	joindrez	vous	aurez	joint
ils/elles	joindront	ils/elles	auront	joint

Passé simple		Passé antérieur		
je	joignis	j'	eus	joint
tu	joignis	tu	eus	joint
il/elle	joignit	il/elle	eut	joint
nous	joignîmes	nous	eûmes	joint
vous	joignîtes	vous	eûtes	joint
ils/elles	joignirent	ils/elles	eurent	joint

SUBJONCTIF

Présent		
que	je	joigne
que	tu	joignes
qu'	il/elle	joigne
que	nous	joignions
que	vous	joigniez
qu'	ils/elles	joignent

Imparfait		
que	je	joignisse
que	tu	joignisses
qu'	il/elle	joignît
que	nous	joignissions
que	vous	joignissiez
qu'	ils/elles	joignissent

Passé			
que	j'	aie	joint
que	tu	aies	joint
qu'	il/elle	ait	joint
que	nous	ayons	joint
que	vous	ayez	joint
qu'	ils/elles	aient	joint

Plus-que-parfait			
que	j'	eusse	joint
que	tu	eusses	joint
qu'	il/elle	eût	joint
que	nous	eussions	joint
que	vous	eussiez	joint
qu'	ils/elles	eussent	joint

CONDITIONNEL

Présent		Passé 1ʳᵉ forme		
je	joindrais	j'	aurais	joint
tu	joindrais	tu	aurais	joint
il/elle	joindrait	il/elle	aurait	joint
nous	joindrions	nous	aurions	joint
vous	joindriez	vous	auriez	joint
ils/elles	joindraient	ils/elles	auraient	joint

Passé 2ᵉ forme
mêmes formes que le subjonctif plus-que-parfait

IMPERATIF

Présent	Passé	
joins	aie	joint
joignons	ayons	joint
joignez	ayez	joint

Tous les verbes en -**oindre** suivent ce modèle : *oindre* (= frotter d'huile, verbe archaïque et d'emploi rare), *poindre* (verbe archaïque et défectif) et les dérivés de « joindre » : *adjoindre, enjoindre, rejoindre...*

■ Le -p final de la base est présent partout, même quand il n'est pas prononcé (contrairement à ce qui se passe tableaux 65, 66 et 67, le -t de la 3ᵉ pers. du singulier à l'indicatif présent est maintenu).

Base :
ROMP-

INFINITIF

Présent	Passé
rompre	avoir rompu

PARTICIPE

Présent	Passé
rompant	rompu/ue, rompus/ues
	ayant rompu

INDICATIF

Présent

je	**romps**
tu	**romps**
il/elle	**rompt**
nous	rompons
vous	rompez
ils/elles	rompent

Passé composé

j'	ai	rompu
tu	as	rompu
il/elle	a	rompu
nous	avons	rompu
vous	avez	rompu
ils/elles	ont	rompu

Imparfait

je	rompais
tu	rompais
il/elle	rompait
nous	rompions
vous	rompiez
ils/elles	rompaient

Plus-que-parfait

j'	avais	rompu
tu	avais	rompu
il/elle	avait	rompu
nous	avions	rompu
vous	aviez	rompu
ils/elles	avaient	rompu

Futur simple

je	romprai
tu	rompras
il/elle	rompra
nous	romprons
vous	romprez
ils/elles	rompront

Futur antérieur

j'	aurai	rompu
tu	auras	rompu
il/elle	aura	rompu
nous	aurons	rompu
vous	aurez	rompu
ils/elles	auront	rompu

Passé simple

je	rompis
tu	rompis
il/elle	rompit
nous	rompîmes
vous	rompîtes
ils/elles	rompirent

Passé antérieur

j'	eus	rompu
tu	eus	rompu
il/elle	eut	rompu
nous	eûmes	rompu
vous	eûtes	rompu
ils/elles	eurent	rompu

SUBJONCTIF

Présent

que	je	rompe
que	tu	rompes
qu'	il/elle	rompe
que	nous	rompions
que	vous	rompiez
qu'	ils/elles	rompent

Imparfait

que	je	rompisse
que	tu	rompisses
qu'	il/elle	rompît
que	nous	rompissions
que	vous	rompissiez
qu'	ils/elles	rompissent

Passé

que	j'	aie	rompu
que	tu	aies	rompu
qu'	il/elle	ait	rompu
que	nous	ayons	rompu
que	vous	ayez	rompu
qu'	ils/elles	aient	rompu

Plus-que-parfait

que	j'	eusse	rompu
que	tu	eusses	rompu
qu'	il/elle	eût	rompu
que	nous	eussions	rompu
que	vous	eussiez	rompu
qu'	ils/elles	eussent	rompu

CONDITIONNEL

Présent

je	romprais
tu	romprais
il/elle	romprait
nous	romprions
vous	rompriez
ils/elles	rompraient

Passé 1ʳᵉ forme

j'	aurais	rompu
tu	aurais	rompu
il/elle	aurait	rompu
nous	aurions	rompu
vous	auriez	rompu
ils/elles	auraient	rompu

Passé 2ᵉ forme

mêmes formes que le subjonctif plus-que-parfait

IMPÉRATIF

Présent	Passé	
romps	aie	rompu
rompons	ayons	rompu
rompez	ayez	rompu

Corrompre et *interrompre* suivent ce modèle.

VAINCRE

3ᵉ GROUPE

Bases :
VAINC-
VAINQU-

- Pas de terminaison à la 3ᵉ personne du singulier de l'indicatif présent (comme « rendre », tableau 65).
- La base longue **vainqu-** est utilisée pour construire toutes les formes dont la terminaison commence par une voyelle, sauf le participe passé en **-u**.

INFINITIF

Présent	Passé
vaincre	avoir vaincu

PARTICIPE

Présent	Passé
vainquant	**vaincu**/ue, vaincus/ues
	ayant vaincu

INDICATIF

Présent

je	vaincs	j'	ai	vaincu
tu	vaincs	tu	as	vaincu
il/elle	**vainc**	il/elle	a	vaincu
nous	vainquons	nous	avons	vaincu
vous	vainquez	vous	avez	vaincu
ils/elles	vainquent	ils/elles	ont	vaincu

Passé composé *(header for second group above)*

Imparfait

je	vainquais	j'	avais	vaincu
tu	vainquais	tu	avais	vaincu
il/elle	vainquait	il/elle	avait	vaincu
nous	vainquions	nous	avions	vaincu
vous	vainquiez	vous	aviez	vaincu
ils/elles	vainquaient	ils/elles	avaient	vaincu

Plus-que-parfait

Futur simple

je	vaincrai	j'	aurai	vaincu
tu	vaincras	tu	auras	vaincu
il/elle	vaincra	il/elle	aura	vaincu
nous	vaincrons	nous	aurons	vaincu
vous	vaincrez	vous	aurez	vaincu
ils/elles	vaincront	ils/elles	auront	vaincu

Futur antérieur

Passé simple

je	vainquis	j'	eus	vaincu
tu	vainquis	tu	eus	vaincu
il/elle	vainquit	il/elle	eut	vaincu
nous	vainquîmes	nous	eûmes	vaincu
vous	vainquîtes	vous	eûtes	vaincu
ils/elles	vainquirent	ils/elles	eurent	vaincu

Passé antérieur

SUBJONCTIF

Présent

que	je	vainque	
que	tu	vainques	
qu'	il/elle	vainque	
que	nous	vainquions	
que	vous	vainquiez	
qu'	ils/elles	vainquent	

Imparfait

que	je	vainquisse	
que	tu	vainquisses	
qu'	il/elle	vainquît	
que	nous	vainquissions	
que	vous	vainquissiez	
qu'	ils/elles	vainquissent	

Passé

que	j'	aie	vaincu
que	tu	aies	vaincu
qu'	il/elle	ait	vaincu
que	nous	ayons	vaincu
que	vous	ayez	vaincu
qu'	ils/elles	aient	vaincu

Plus-que-parfait

que	j'	eusse	vaincu
que	tu	eusses	vaincu
qu'	il/elle	eût	vaincu
que	nous	eussions	vaincu
que	vous	eussiez	vaincu
qu'	ils/elles	eussent	vaincu

CONDITIONNEL

Présent

je	vaincrais	j'	aurais	vaincu
tu	vaincrais	tu	aurais	vaincu
il/elle	vaincrait	il/elle	aurait	vaincu
nous	vaincrions	nous	aurions	vaincu
vous	vaincriez	vous	auriez	vaincu
ils/elles	vaincraient	ils/elles	auraient	vaincu

Passé 1ʳᵉ forme

Passé 2ᵉ forme

mêmes formes que le subjonctif plus-que-parfait

IMPÉRATIF

Présent	Passé	
vaincs	aie	vaincu
vainquons	ayons	vaincu
vainquez	ayez	vaincu

Convaincre suit ce modèle.

C'est la base courte **bat-** qui sert à construire les formes du singulier du présent de l'indicatif et de l'impératif. Toutes les autres formes prennent deux -**t**- (base longue).

Bases :
BATT-
BAT-

INFINITIF

Présent	Passé
battre	avoir battu

PARTICIPE

Présent	Passé
battant	battu/ue, battus/ues
	ayant battu

INDICATIF

Présent		Passé composé		
je	**bats**	j'	ai	battu
tu	**bats**	tu	as	battu
il/elle	**bat**	il/elle	a	battu
nous	battons	nous	avons	battu
vous	battez	vous	avez	battu
ils/elles	battent	ils/elles	ont	battu

Imparfait		Plus-que-parfait		
je	battais	j'	avais	battu
tu	battais	tu	avais	battu
il/elle	battait	il/elle	avait	battu
nous	battions	nous	avions	battu
vous	battiez	vous	aviez	battu
ils/elles	battaient	ils/elles	avaient	battu

Futur simple		Futur antérieur		
je	battrai	j'	aurai	battu
tu	battras	tu	auras	battu
il/elle	battra	il/elle	aura	battu
nous	battrons	nous	aurons	battu
vous	battrez	vous	aurez	battu
ils/elles	battront	ils/elles	auront	battu

Passé simple		Passé antérieur		
je	battis	j'	eus	battu
tu	battis	tu	eus	battu
il/elle	battit	il/elle	eut	battu
nous	battîmes	nous	eûmes	battu
vous	battîtes	vous	eûtes	battu
ils/elles	battirent	ils/elles	eurent	battu

SUBJONCTIF

Présent		
que je	batte	
que tu	battes	
qu' il/elle	batte	
que nous	battions	
que vous	battiez	
qu' ils/elles	battent	

Imparfait		
que je	battisse	
que tu	battisses	
qu' il/elle	battît	
que nous	battissions	
que vous	battissiez	
qu' ils/elles	battissent	

Passé		
que j'	aie	battu
que tu	aies	battu
qu' il/elle	ait	battu
que nous	ayons	battu
que vous	ayez	battu
qu' ils/elles	aient	battu

Plus-que-parfait		
que j'	eusse	battu
que tu	eusses	battu
qu' il/elle	eût	battu
que nous	eussions	battu
que vous	eussiez	battu
qu' ils/elles	eussent	battu

CONDITIONNEL

Présent		Passé 1ʳᵉ forme		
je	battrais	j'	aurais	battu
tu	battrais	tu	aurais	battu
il/elle	battrait	il/elle	aurait	battu
nous	battrions	nous	aurions	battu
vous	battriez	vous	auriez	battu
ils/elles	battraient	ils/elles	auraient	battu

Passé 2ᵉ forme
mêmes formes que le subjonctif plus-que-parfait

IMPERATIF

Présent	Passé	
bats	aie	battu
battons	ayons	battu
battez	ayez	battu

Les dérivés de « battre » suivent ce modèle : *abattre, combattre, débattre, (s')ébattre, embattre, rabattre, rebattre.*

CONNAÎTRE

3ᵉ GROUPE

Bases :
**CONNAÎT-
CONNAI-
CONNAISS-
CONN-**

■ Toujours un accent circonflexe sur le -i- radical qui est suivi d'un -t-
(et sur le -u- du subjonctif imparfait à la 3ᵉ pers. du singulier).
■ Les deux -n- des bases sont présents partout.

INFINITIF

Présent	Passé
connaître	avoir connu

PARTICIPE

Présent	Passé
connaissant	connu/ue, connus/ues
	ayant connu

INDICATIF

Présent

je	connais	j'	ai	connu
tu	connais	tu	as	connu
il/elle	**connaît**	il/elle	a	connu
nous	connaissons	nous	avons	connu
vous	connaissez	vous	avez	connu
ils/elles	connaissent	ils/elles	ont	connu

Passé composé (colonne de droite ci-dessus)

Imparfait

je	connaissais	j'	avais	connu
tu	connaissais	tu	avais	connu
il/elle	connaissait	il/elle	avait	connu
nous	connaissions	nous	avions	connu
vous	connaissiez	vous	aviez	connu
ils/elles	connaissaient	ils/elles	avaient	connu

Plus-que-parfait (colonne de droite ci-dessus)

Futur simple

je	**connaîtrai**	j'	aurai	connu
tu	**connaîtras**	tu	auras	connu
il/elle	**connaîtra**	il/elle	aura	connu
nous	**connaîtrons**	nous	aurons	connu
vous	**connaîtrez**	vous	aurez	connu
ils/elles	**connaîtront**	ils/elles	auront	connu

Futur antérieur (colonne de droite ci-dessus)

Passé simple

je	connus	j'	eus	connu
tu	connus	tu	eus	connu
il/elle	connut	il/elle	eut	connu
nous	connûmes	nous	eûmes	connu
vous	connûtes	vous	eûtes	connu
ils/elles	connurent	ils/elles	eurent	connu

Passé antérieur (colonne de droite ci-dessus)

SUBJONCTIF

Présent

que	je	connaisse
que	tu	connaisses
qu'	il/elle	connaisse
que	nous	connaissions
que	vous	connaissiez
qu'	ils/elles	connaissent

Imparfait

que	je	connusse
que	tu	connusses
qu'	il/elle	connût
que	nous	connussions
que	vous	connussiez
qu'	ils/elles	connussent

Passé

que	j'	aie	connu
que	tu	aies	connu
qu'	il/elle	ait	connu
que	nous	ayons	connu
que	vous	ayez	connu
qu'	ils/elles	aient	connu

Plus-que-parfait

que	j'	eusse	connu
que	tu	eusses	connu
qu'	il/elle	eût	connu
que	nous	eussions	connu
que	vous	eussiez	connu
qu'	ils/elles	eussent	connu

CONDITIONNEL

Présent

je	**connaîtrais**	j'	aurais	connu
tu	**connaîtrais**	tu	aurais	connu
il/elle	**connaîtrait**	il/elle	aurait	connu
nous	**connaîtrions**	nous	aurions	connu
vous	**connaîtriez**	vous	auriez	connu
ils/elles	**connaîtraient**	ils/elles	auraient	connu

Passé 1ʳᵉ forme (colonne de droite ci-dessus)

Passé 2ᵉ forme

mêmes formes que le subjonctif plus-que-parfait

IMPÉRATIF

Présent	Passé	
connais	aie	connu
connaissons	ayons	connu
connaissez	ayez	connu

Suivent ce modèle : les dérivés de
« connaître » (*méconnaître* et *reconnaître*) ;
paraître et ses dérivés (*apparaître, comparaître, disparaître, réapparaître, recomparaître,
reparaître, transparaître*) ; *repaître* et *se
repaître* (tableau 100), *paître* (défectif).

■ Toujours un accent circonflexe sur le -i- radical qui est suivi d'un -t-.
■ Les différences avec « connaître » : une quatrième base, **naqu**-, qui sert à construire les formes du passé simple et du subjonctif imparfait à l'aide des terminaisons en -i- (et non en -u-) ; le participe passé irrégulier (né).
■ Temps composés formés avec « être ».

Bases :
NAÎT-
NAI-
NAISS-
NAQU-

INFINITIF

Présent	Passé
naître	être né/ée/és/ées

PARTICIPE

Présent	Passé
naissant	né/née, nés/nées
	étant né/ée, nés/ées

INDICATIF

Présent		Passé composé		
je	nais	je	suis	né/ée
tu	nais	tu	es	né/ée
il/elle	**naît**	il/elle	est	né/ée
nous	naissons	nous	sommes	nés/ées
vous	naissez	vous	êtes	nés/ées
ils/elles	naissent	ils/elles	sont	nés/ées

Imparfait		Plus-que-parfait		
je	naissais	j'	étais	né/ée
tu	naissais	tu	étais	né/ée
il/elle	naissait	il/elle	était	né/ée
nous	naissions	nous	étions	nés/ées
vous	naissiez	vous	étiez	nés/ées
ils/elles	naissaient	ils/elles	étaient	nés/ées

Futur simple		Futur antérieur		
je	**naîtrai**	je	serai	né/ée
tu	**naîtras**	tu	seras	né/ée
il/elle	**naîtra**	il/elle	sera	né/ée
nous	**naîtrons**	nous	serons	nés/ées
vous	**naîtrez**	vous	serez	nés/ées
ils/elles	**naîtront**	ils/elles	seront	nés/ées

Passé simple		Passé antérieur		
je	naquis	je	fus	né/ée
tu	naquis	tu	fus	né/ée
il/elle	naquit	il/elle	fût	né/ée
nous	naquîmes	nous	fûmes	nés/ées
vous	naquîtes	vous	fûtes	nés/ées
ils/elles	naquirent	ils/elles	furent	nés/ées

SUBJONCTIF

Présent		
que	je	naisse
que	tu	naisses
qu'	il/elle	naisse
que	nous	naissions
que	vous	naissiez
qu'	ils/elles	naissent

Imparfait		
que	je	naquisse
que	tu	naquisses
qu'	il/elle	naquît
que	nous	naquissions
que	vous	naquissiez
qu'	ils/elles	naquissent

Passé			
que	je	sois	né/ée
que	tu	sois	né/ée
qu'	il/elle	soit	né/ée
que	nous	soyons	nés/ées
que	vous	soyez	nés/ées
qu'	ils/elles	soient	nés/ées

Plus-que-parfait			
que	je	fusse	né/ée
que	tu	fusses	né/ée
qu'	il/elle	fût	né/ée
que	nous	fussions	nés/ées
que	vous	fussiez	nés/ées
qu'	ils/elles	fussent	nés/ées

CONDITIONNEL

Présent		Passé 1ʳᵉ forme		
je	**naîtrais**	je	serais	né/ée
tu	**naîtrais**	tu	serais	né/ée
il/elle	**naîtrait**	il/elle	serait	né/ée
nous	**naîtrions**	nous	serions	nés/ées
vous	**naîtriez**	vous	seriez	nés/ées
ils/elles	**naîtraient**	ils/elles	seraient	nés/ées

Passé 2ᵉ forme
mêmes formes que le subjonctif plus-que-parfait

IMPERATIF

Présent	Passé	
nais	sois	né/ée
naissons	soyons	nés/ées
naissez	soyez	nés/ées

Renaître suit ce modèle mais n'a pas de participe passé, donc pas de temps composés.

DIRE

3ᵉ GROUPE

Bases :
DI-
DIS-
D-

■ Pas d'accent circonflexe sur -i- devant -t-, sauf quand le -i- appartient à la terminaison (passé simple et subjonctif imparfait).
■ Les 2ᵉˢ personnes du pluriel du présent de l'indicatif et de l'impératif sont irrégulières (*vous dites*).

INFINITIF

Présent	Passé
dire	avoir dit

PARTICIPE

Présent	Passé
disant	**dit**/ite, dits/ites
	ayant dit

INDICATIF

Présent

je	dis
tu	dis
il/elle	**dit**
nous	disons
vous	**dites**
ils/elles	disent

Passé composé

j'	ai	dit
tu	as	dit
il/elle	a	dit
nous	avons	dit
vous	avez	dit
ils/elles	ont	dit

Imparfait

je	disais
tu	disais
il/elle	disait
nous	disions
vous	disiez
ils/elles	disaient

Plus-que-parfait

j'	avais	dit
tu	avais	dit
il/elle	avait	dit
nous	avions	dit
vous	aviez	dit
ils/elles	avaient	dit

Futur simple

je	dirai
tu	diras
il/elle	dira
nous	dirons
vous	direz
ils/elles	diront

Futur antérieur

j'	aurai	dit
tu	auras	dit
il/elle	aura	dit
nous	aurons	dit
vous	aurez	dit
ils/elles	auront	dit

Passé simple

je	dis
tu	dis
il/elle	dit
nous	dîmes
vous	dîtes
ils/elles	dirent

Passé antérieur

j'	eus	dit
tu	eus	dit
il/elle	eut	dit
nous	eûmes	dit
vous	eûtes	dit
ils/elles	eurent	dit

SUBJONCTIF

Présent

que	je	dise
que	tu	dises
qu'	il/elle	dise
que	nous	disions
que	vous	disiez
qu'	ils/elles	disent

Imparfait

que	je	disse
que	tu	disses
qu'	il/elle	**dît**
que	nous	dissions
que	vous	dissiez
qu'	ils/elles	dissent

Passé

que	j'	aie	dit
que	tu	aies	dit
qu'	il/elle	ait	dit
que	nous	ayons	dit
que	vous	ayez	dit
qu'	ils/elles	aient	dit

Plus-que-parfait

que	j'	eusse	dit
que	tu	eusses	dit
qu'	il/elle	eût	dit
que	nous	eussions	dit
que	vous	eussiez	dit
qu'	ils/elles	eussent	dit

CONDITIONNEL

Présent

je	dirais
tu	dirais
il/elle	dirait
nous	dirions
vous	diriez
ils/elles	diraient

Passé 1ʳᵉ forme

j'	aurais	dit
tu	aurais	dit
il/elle	aurait	dit
nous	aurions	dit
vous	auriez	dit
ils/elles	auraient	dit

Passé 2ᵉ forme

mêmes formes que le subjonctif plus-que-parfait

IMPÉRATIF

Présent	Passé	
dis	aie	dit
disons	ayons	dit
dites	ayez	dit

Redire est le seul dérivé de « dire » qui suit exactement ce modèle. *Contredire, dédire, interdire, médire, prédire*, ont leurs 2ᵉˢ pers. du plur. du présent de l'indicatif et de l'impératif en **-isez** : *vous contredisez, vous interdisez.*

■ Seules les terminaisons de l'infinitif (**-re**) et du participe passé (**-it**) appartiennent au 3ᵉ groupe. Toutes les autres sont celles du 2ᵉ groupe (« finir », tableau 34).

■ « Maudire » est le seul dérivé de « dire » qui se conjugue ainsi.

Bases :
MAUDI-
MAUD-

INFINITIF

Présent	Passé
maudire	avoir maudit

PARTICIPE

Présent	Passé
maudissant	**maudit**/te, maudits/tes
	ayant maudit

INDICATIF

Présent		Passé composé	
je	maudis	j'	ai	maudit
tu	maudis	tu	as	maudit
il/elle	maudit	il/elle	a	maudit
nous	maudissons	nous	avons	maudit
vous	maudissez	vous	avez	maudit
ils/elles	maudissent	ils/elles	ont	maudit

Imparfait		Plus-que-parfait	
je	maudissais	j'	avais	maudit
tu	maudissais	tu	avais	maudit
il/elle	maudissait	il/elle	avait	maudit
nous	maudissions	nous	avions	maudit
vous	maudissiez	vous	aviez	maudit
ils/elles	maudissaient	ils/elles	avaient	maudit

Futur simple		Futur antérieur	
je	maudirai	j'	aurai	maudit
tu	maudiras	tu	auras	maudit
il/elle	maudira	il/elle	aura	maudit
nous	maudirons	nous	aurons	maudit
vous	maudirez	vous	aurez	maudit
ils/elles	maudiront	ils/elles	auront	maudit

Passé simple		Passé antérieur	
je	maudis	j'	eus	maudit
tu	maudis	tu	eus	maudit
il/elle	maudit	il/elle	eut	maudit
nous	maudîmes	nous	eûmes	maudit
vous	maudîtes	vous	eûtes	maudit
ils/elles	maudirent	ils/elles	eurent	maudit

SUBJONCTIF

Présent	
que je	maudisse
que tu	maudisses
qu' il/elle	maudisse
que nous	maudissions
que vous	maudissiez
qu' ils/elles	maudissent

Imparfait	
que je	maudisse
que tu	maudisses
qu' il/elle	maudît
que nous	maudissions
que vous	maudissiez
qu' ils/elles	maudissent

Passé		
que j'	aie	maudit
que tu	aies	maudit
qu' il/elle	ait	maudit
que nous	ayons	maudit
que vous	ayez	maudit
qu' ils/elles	aient	maudit

Plus-que-parfait		
que j'	eusse	maudit
que tu	eusses	maudit
qu' il/elle	eût	maudit
que nous	eussions	maudit
que vous	eussiez	maudit
qu' ils/elles	eussent	maudit

CONDITIONNEL

Présent		Passé 1ʳᵉ forme	
je	maudirais	j'	aurais	maudit
tu	maudirais	tu	aurais	maudit
il/elle	maudirait	il/elle	aurait	maudit
nous	maudirions	nous	aurions	maudit
vous	maudiriez	vous	auriez	maudit
ils/elles	maudiraient	ils/elles	auraient	maudit

Passé 2ᵉ forme
mêmes formes que le subjonctif plus-que-parfait

IMPÉRATIF

Présent	Passé	
maudis	aie	maudit
maudissons	ayons	maudit
maudissez	ayez	maudit

ÉCRIRE

3ᵉ GROUPE

Bases :
ÉCRI-
ÉCRIV-

■ Participe passé en **-it** (comme « dire », tableau 76).

■ C'est la base longue **écriv-** qui sert à construire le participe présent, les pluriels du présent de l'indicatif et de l'impératif, les indicatifs imparfait et passé simple, et les subjonctifs présent et imparfait.

INFINITIF

Présent	Passé
écrire	avoir écrit

PARTICIPE

Présent	Passé
écrivant	**écrit**/te, écrits/tes
	ayant écrit

INDICATIF

Présent		Passé composé		
j'	écris	j'	ai	écrit
tu	écris	tu	as	écrit
il/elle	écrit	il/elle	a	écrit
nous	écrivons	nous	avons	écrit
vous	écrivez	vous	avez	écrit
ils/elles	écrivent	ils/elles	ont	écrit

Imparfait		Plus-que-parfait		
j'	écrivais	j'	avais	écrit
tu	écrivais	tu	avais	écrit
il/elle	écrivait	il/elle	avait	écrit
nous	écrivions	nous	avions	écrit
vous	écriviez	vous	aviez	écrit
ils/elles	écrivaient	ils/elles	avaient	écrit

Futur simple		Futur antérieur		
j'	écrirai	j'	aurai	écrit
tu	écriras	tu	auras	écrit
il/elle	écrira	il/elle	aura	écrit
nous	écrirons	nous	aurons	écrit
vous	écrirez	vous	aurez	écrit
ils/elles	écriront	ils/elles	auront	écrit

Passé simple		Passé antérieur		
j'	écrivis	j'	eus	écrit
tu	écrivis	tu	eus	écrit
il/elle	écrivit	il/elle	eut	écrit
nous	écrivîmes	nous	eûmes	écrit
vous	écrivîtes	vous	eûtes	écrit
ils/elles	écrivirent	ils/elles	eurent	écrit

SUBJONCTIF

Présent		
que j'	écrive	
que tu	écrives	
qu' il/elle	écrive	
que nous	écrivions	
que vous	écriviez	
qu' ils/elles	écrivent	

Imparfait		
que j'	écrivisse	
que tu	écrivisses	
qu' il/elle	écrivît	
que nous	écrivissions	
que vous	écrivissiez	
qu' ils/elles	écrivissent	

Passé		
que j'	aie	écrit
que tu	aies	écrit
qu' il/elle	ait	écrit
que nous	ayons	écrit
que vous	ayez	écrit
qu' ils/elles	aient	écrit

Plus-que-parfait		
que j'	eusse	écrit
que tu	eusses	écrit
qu' il/elle	eût	écrit
que nous	eussions	écrit
que vous	eussiez	écrit
qu' ils/elles	eussent	écrit

CONDITIONNEL

Présent		Passé 1ʳᵉ forme		
j'	écrirais	j'	aurais	écrit
tu	écrirais	tu	aurais	écrit
il/elle	écrirait	il/elle	aurait	écrit
nous	écririons	nous	aurions	écrit
vous	écririez	vous	auriez	écrit
ils/elles	écriraient	ils/elles	auraient	écrit

Passé 2ᵉ forme
mêmes formes que le subjonctif plus-que-parfait

IMPÉRATIF

Présent	Passé	
écris	aie	écrit
écrivons	ayons	écrit
écrivez	ayez	écrit

Tous les dérivés d'« écrire » suivent ce modèle : *décrire, récrire*, et aussi *circonscrire, (ré)inscrire, prescrire, proscrire, souscrire, (re)transcrire*.

■ La base la plus courte, **l-**, sert à construire le participe passé, le passé simple et le subjonctif imparfait, tous en **-u-** (contrairement à « écrire »).

Bases :
LI-
LIS-
L-

INFINITIF

Présent	Passé
lire	avoir lu

PARTICIPE

Présent	Passé
lisant	**lu**/ue, lus/ues
	ayant lu

INDICATIF

Présent		Passé composé		
je	lis	j'	ai	lu
tu	lis	tu	as	lu
il/elle	lit	il/elle	a	lu
nous	lisons	nous	avons	lu
vous	lisez	vous	avez	lu
ils/elles	lisent	ils/elles	ont	lu

Imparfait		Plus-que-parfait		
je	lisais	j'	avais	lu
tu	lisais	tu	avais	lu
il/elle	lisait	il/elle	avait	lu
nous	lisions	nous	avions	lu
vous	lisiez	vous	aviez	lu
ils/elles	lisaient	ils/elles	avaient	lu

Futur simple		Futur antérieur		
je	lirai	j'	aurai	lu
tu	liras	tu	auras	lu
il/elle	lira	il/elle	aura	lu
nous	lirons	nous	aurons	lu
vous	lirez	vous	aurez	lu
ils/elles	liront	ils/elles	auront	lu

Passé simple		Passé antérieur		
je	**lus**	j'	eus	lu
tu	**lus**	tu	eus	lu
il/elle	**lut**	il/elle	eut	lu
nous	**lûmes**	nous	eûmes	lu
vous	**lûtes**	vous	eûtes	lu
ils/elles	**lurent**	ils/elles	eurent	lu

SUBJONCTIF

Présent		
que	je	lise
que	tu	lises
qu'	il/elle	lise
que	nous	lisions
que	vous	lisiez
qu'	ils/elles	lisent

Imparfait		
que	je	**lusse**
que	tu	**lusses**
qu'	il/elle	**lût**
que	nous	**lussions**
que	vous	**lussiez**
qu'	ils/elles	**lussent**

Passé			
que	j'	aie	lu
que	tu	aies	lu
qu'	il/elle	ait	lu
que	nous	ayons	lu
que	vous	ayez	lu
qu'	ils/elles	aient	lu

Plus-que-parfait			
que	j'	eusse	lu
que	tu	eusses	lu
qu'	il/elle	eût	lu
que	nous	eussions	lu
que	vous	eussiez	lu
qu'	ils/elles	eussent	lu

CONDITIONNEL

Présent		Passé 1ʳᵉ forme		
je	lirais	j'	aurais	lu
tu	lirais	tu	aurais	lu
il/elle	lirait	il/elle	aurait	lu
nous	lirions	nous	aurions	lu
vous	liriez	vous	auriez	lu
ils/elles	liraient	ils/elles	auraient	lu

Passé 2ᵉ forme

mêmes formes que le subjonctif plus-que-parfait

IMPÉRATIF

Présent	Passé	
lis	aie	lu
lisons	ayons	lu
lisez	ayez	lu

Relire, élire et *réélire* suivent ce modèle.

RIRE

3ᴱ GROUPE

Bases :
RI-
R-

- Deux -i- à la 1ʳᵉ et à la 2ᵉ personne du pluriel de l'indicatif imparfait et du subjonctif présent.
- Participe passé invariable (-i) même dans l'emploi pronominal.
- Devant une voyelle, le -i- de la base se prononce mouillé : *(nous) rions* comporte deux syllabes, comme *(nous) pillons*.

INFINITIF

Présent	Passé
rire	avoir ri

PARTICIPE

Présent	Passé
riant	**ri**
	ayant ri

INDICATIF

Présent		Passé composé		
je	ris	j'	ai	ri
tu	ris	tu	as	ri
il/elle	rit	il/elle	a	ri
nous	rions	nous	avons	ri
vous	riez	vous	avez	ri
ils/elles	rient	ils/elles	ont	ri

Imparfait		Plus-que-parfait		
je	riais	j'	avais	ri
tu	riais	tu	avais	ri
il/elle	riait	il/elle	avait	ri
nous	**riions**	nous	avions	ri
vous	**riiez**	vous	aviez	ri
ils/elles	riaient	ils/elles	avaient	ri

Futur simple		Futur antérieur		
je	rirai	j'	aurai	ri
tu	riras	tu	auras	ri
il/elle	rira	il/elle	aura	ri
nous	rirons	nous	aurons	ri
vous	rirez	vous	aurez	ri
ils/elles	riront	ils/elles	auront	ri

Passé simple		Passé antérieur		
je	ris	j'	eus	ri
tu	ris	tu	eus	ri
il/elle	rit	il/elle	eut	ri
nous	rîmes	nous	eûmes	ri
vous	rîtes	vous	eûtes	ri
ils/elles	rirent	ils/elles	eurent	ri

SUBJONCTIF

Présent		
que je	rie	
que tu	ries	
qu' il/elle	rie	
que nous	**riions**	
que vous	**riiez**	
qu' ils/elles	rient	

Imparfait		
que je	risse	
que tu	risses	
qu' il/elle	rît	
que nous	rissions	
que vous	rissiez	
qu' ils/elles	rissent	

Passé		
que j'	aie	ri
que tu	aies	ri
qu' il/elle	ait	ri
que nous	ayons	ri
que vous	ayez	ri
qu' ils/elles	aient	ri

Plus-que-parfait		
que j'	eusse	ri
que tu	eusses	ri
qu' il/elle	eût	ri
que nous	eussions	ri
que vous	eussiez	ri
qu' ils/elles	eussent	ri

CONDITIONNEL

Présent		Passé 1ʳᵉ forme		
j'	rirais	j'	aurais	ri
tu	rirais	tu	aurais	ri
il/elle	rirait	il/elle	aurait	ri
nous	ririons	nous	aurions	ri
vous	ririez	vous	auriez	ri
ils/elles	riaient	ils/elles	auraient	ri

Passé 2ᵉ forme

mêmes formes que le subjonctif plus-que-parfait

IMPÉRATIF

Présent	Passé	
ris	aie	ri
rions	ayons	ri
riez	ayez	ri

Sourire suit ce modèle.

- Deux -**f**- partout.
- Participe passé toujours invariable (-**i**).

Bases :
SUFFI-
SUFFIS-
SUFF-

INFINITIF

Présent	Passé
suffire	avoir suffi

PARTICIPE

Présent	Passé
suffisant	**suffi**
	ayant suffi

INDICATIF

Présent

je	suffis		
tu	suffis		
il/elle	suffit		
nous	suffisons		
vous	suffisez		
ils/elles	suffisent		

Passé composé

j'	ai	suffi
tu	as	suffi
il/elle	a	suffi
nous	avons	suffi
vous	avez	suffi
ils/elles	ont	suffi

Imparfait

je	suffisais
tu	suffisais
il/elle	suffisait
nous	suffisions
vous	suffisiez
ils/elles	suffisaient

Plus-que-parfait

j'	avais	suffi
tu	avais	suffi
il/elle	avait	suffi
nous	avions	suffi
vous	aviez	suffi
ils/elles	avaient	suffi

Futur simple

je	suffirai
tu	suffiras
il/elle	suffira
nous	suffirons
vous	suffirez
ils/elles	suffiront

Futur antérieur

j'	aurai	suffi
tu	auras	suffi
il/elle	aura	suffi
nous	aurons	suffi
vous	aurez	suffi
ils/elles	auront	suffi

Passé simple

je	suffis
tu	suffis
il/elle	suffit
nous	suffîmes
vous	suffîtes
ils/elles	suffirent

Passé antérieur

j'	eus	suffi
tu	eus	suffi
il/elle	eut	suffi
nous	eûmes	suffi
vous	eûtes	suffi
ils/elles	eurent	suffi

SUBJONCTIF

Présent

que	je	suffise
que	tu	suffises
qu'	il/elle	suffise
que	nous	suffisions
que	vous	suffisiez
qu'	ils/elles	suffisent

Imparfait

que	je	suffisse
que	tu	suffisses
qu'	il/elle	suffît
que	nous	suffissions
que	vous	suffissiez
qu'	ils/elles	suffissent

Passé

que	j'	aie	suffi
que	tu	aies	suffi
qu'	il/elle	ait	suffi
que	nous	ayons	suffi
que	vous	ayez	suffi
qu'	ils/elles	aient	suffi

Plus-que-parfait

que	j'	eusse	suffi
que	tu	eusses	suffi
qu'	il/elle	eût	suffi
que	nous	eussions	suffi
que	vous	eussiez	suffi
qu'	ils/elles	eussent	suffi

CONDITIONNEL

Présent

je	suffirais
tu	suffirais
il/elle	suffirait
nous	suffirions
vous	suffiriez
ils/elles	suffiraient

Passé 1ʳᵉ forme

j'	aurais	suffi
tu	aurais	suffi
il/elle	aurait	suffi
nous	aurions	suffi
vous	auriez	suffi
ils/elles	auraient	suffi

Passé 2ᵉ forme

mêmes formes que le subjonctif plus-que-parfait

IMPÉRATIF

Présent	Passé	
suffis	aie	suffi
suffisons	ayons	suffi
suffisez	ayez	suffi

Circoncire, confire, déconfire et *frire* (tableau 101) suivent ce modèle, sauf pour les participes passés : **circoncis/ise, confit/ite, déconfit/ite, frit/ite**, qui sont variables.

CONDUIRE

3ᴱ GROUPE

■ Participe passé masculin singulier terminé par **-t.**

Bases :
CONDUI-
CONDUIS-

INFINITIF

Présent
conduire

Passé
avoir conduit

PARTICIPE

Présent
conduisant

Passé
conduit/te, conduits/tes
ayant conduit

INDICATIF

Présent
je	conduis
tu	conduis
il/elle	conduit
nous	conduisons
vous	conduisez
ils/elles	conduisent

Passé composé
j'	ai	conduit
tu	as	conduit
il/elle	a	conduit
nous	avons	conduit
vous	avez	conduit
ils/elles	ont	conduit

Imparfait
je	conduisais
tu	conduisais
il/elle	conduisait
nous	conduisions
vous	conduisiez
ils/elles	conduisaient

Plus-que-parfait
j'	avais	conduit
tu	avais	conduit
il/elle	avait	conduit
nous	avions	conduit
vous	aviez	conduit
ils/elles	avaient	conduit

Futur simple
je	conduirai
tu	conduiras
il/elle	conduira
nous	conduirons
vous	conduirez
ils/elles	conduiront

Futur antérieur
j'	aurai	conduit
tu	auras	conduit
il/elle	aura	conduit
nous	aurons	conduit
vous	aurez	conduit
ils/elles	auront	conduit

Passé simple
je	conduisis
tu	conduisis
il/elle	conduisit
nous	conduisîmes
vous	conduisîtes
ils/elles	conduisirent

Passé antérieur
j'	eus	conduit
tu	eus	conduit
il/elle	eut	conduit
nous	eûmes	conduit
vous	eûtes	conduit
ils/elles	eurent	conduit

SUBJONCTIF

Présent
que	je	conduise
que	tu	conduises
qu'	il/elle	conduise
que	nous	conduisions
que	vous	conduisiez
qu'	ils/elles	conduisent

Imparfait
que	je	conduisisse
que	tu	conduisisses
qu'	il/elle	conduisît
que	nous	conduisissions
que	vous	conduisissiez
qu'	ils/elles	conduisissent

Passé
que	j'	aie	conduit
que	tu	aies	conduit
qu'	il/elle	ait	conduit
que	nous	ayons	conduit
que	vous	ayez	conduit
qu'	ils/elles	aient	conduit

Plus-que-parfait
que	j'	eusse	conduit
que	tu	eusses	conduit
qu'	il/elle	eût	conduit
que	nous	eussions	conduit
que	vous	eussiez	conduit
qu'	ils/elles	eussent	conduit

CONDITIONNEL

Présent
je	conduirais
tu	conduirais
il/elle	conduirait
nous	conduirions
vous	conduiriez
ils/elles	conduiraient

Passé 1ʳᵉ forme
j'	aurais	conduit
tu	aurais	conduit
il/elle	aurait	conduit
nous	aurions	conduit
vous	auriez	conduit
ils/elles	auraient	conduit

Passé 2ᵉ forme
mêmes formes que le subjonctif plus-que-parfait

IMPÉRATIF

Présent
conduis
conduisons
conduisez

Passé
aie conduit
ayons conduit
ayez conduit

Suivent ce modèle : tous les verbes en -**duire** (*déduire, introduire, produire, séduire, traduire...*) ; les verbes en -**(s)truire** (*construire, détruire, instruire, reconstruire*) ; *cuire* et *recuire.*

- Participe passé invariable et toujours en **-i**.
- Par rapport à « conduire » (tableau 82), le participe passé constitue la seule différence de conjugaison.

Bases :
NUI-
NUIS-

INFINITIF

Présent	Passé
nuire	avoir nui

PARTICIPE

Présent	Passé
nuisant	**nui**
	ayant nui

INDICATIF

Présent		Passé composé		
je	nuis	j'	ai	nui
tu	nuis	tu	as	nui
il/elle	nuit	il/elle	a	nui
nous	nuisons	nous	avons	nui
vous	nuisez	vous	avez	nui
ils/elles	nuisent	ils/elles	ont	nui

Imparfait		Plus-que-parfait		
je	nuisais	j'	avais	nui
tu	nuisais	tu	avais	nui
il/elle	nuisait	il/elle	avait	nui
nous	nuisions	nous	avions	nui
vous	nuisiez	vous	aviez	nui
ils/elles	nuisaient	ils/elles	avaient	nui

Futur simple		Futur antérieur		
je	nuirai	j'	aurai	nui
tu	nuiras	tu	auras	nui
il/elle	nuira	il/elle	aura	nui
nous	nuirons	nous	aurons	nui
vous	nuirez	vous	aurez	nui
ils/elles	nuiront	ils/elles	auront	nui

Passé simple		Passé simple		
je	nuisis	j'	eus	nui
tu	nuisis	tu	eus	nui
il/elle	nuisit	il/elle	eut	nui
nous	nuisîmes	nous	eûmes	nui
vous	nuisîtes	vous	eûtes	nui
ils/elles	nuisirent	ils/elles	eurent	nui

SUBJONCTIF

Présent		
que	je	nuise
que	tu	nuises
qu'	il/elle	nuise
que	nous	nuisions
que	vous	nuisiez
qu'	ils/elles	nuisent

Imparfait		
que	je	nuisisse
que	tu	nuisisses
qu'	il/elle	nuisît
que	nous	nuisissions
que	vous	nuisissiez
qu'	ils/elles	nuisissent

Passé			
que	j'	aie	nui
que	tu	aies	nui
qu'	il/elle	ait	nui
que	nous	ayons	nui
que	vous	ayez	nui
qu'	ils/elles	aient	nui

Plus-que-parfait			
que	j'	eusse	nui
que	tu	eusses	nui
qu'	il/elle	eût	nui
que	nous	eussions	nui
que	vous	eussiez	nui
qu'	ils/elles	eussent	nui

CONDITIONNEL

Présent		Passé 1ʳᵉ forme		
je	nuirais	j'	aurais	nui
tu	nuirais	tu	aurais	nui
il/elle	nuirait	il/elle	aurait	nui
nous	nuirions	nous	aurions	nui
vous	nuiriez	vous	auriez	nui
ils/elles	nuiraient	ils/elles	auraient	nui

Passé 2ᵉ forme

mêmes formes que le subjonctif plus-que-parfait

IMPÉRATIF

Présent	Passé	
nuis	aie	nui
nuisons	ayons	nui
nuisez	ayez	nui

Luire et *reluire* suivent ce modèle, mais il gardent quelquefois un passé simple ancien : *je luis... nous luîmes...*

3ᴱ GROUPE

Bases :
SUIV-
SUI-

■ Participe passé masculin singulier terminé par **-i**.
■ C'est la basse **sui-** qui est utilisée devant les terminaisons **-s** et **-t**.

INFINITIF

Présent	Passé
suivre	avoir suivi

PARTICIPE

Présent	Passé
suivant	**suivi**/ie, suivis/ies
	ayant suivi

INDICATIF

Présent		Passé composé		
je	**suis**	j'	ai	suivi
tu	**suis**	tu	as	suivi
il/elle	**suit**	il/elle	a	suivi
nous	suivons	nous	avons	suivi
vous	suivez	vous	avez	suivi
ils/elles	suivent	ils/elles	ont	suivi

Imparfait		Plus-que-parfait		
je	suivais	j'	avais	suivi
tu	suivais	tu	avais	suivi
il/elle	suivait	il/elle	avait	suivi
nous	suivions	nous	avions	suivi
vous	suiviez	vous	aviez	suivi
ils/elles	suivaient	ils/elles	avaient	suivi

Futur simple		Futur antérieur		
je	suivrai	j'	aurai	suivi
tu	suivras	tu	auras	suivi
il/elle	suivra	il/elle	aura	suivi
nous	suivrons	nous	aurons	suivi
vous	suivrez	vous	aurez	suivi
ils/elles	suivront	ils/elles	auront	suivi

Passé simple		Passé antérieur		
je	suivis	j'	eus	suivi
tu	suivis	tu	eus	suivi
il/elle	suivit	il/elle	eut	suivi
nous	suivîmes	nous	eûmes	suivi
vous	suivîtes	vous	eûtes	suivi
ils/elles	suivirent	ils/elles	eurent	suivi

SUBJONCTIF

Présent		
que	je	suive
que	tu	suives
qu'	il/elle	suive
que	nous	suivions
que	vous	suiviez
qu'	ils/elles	suivent

Imparfait		
que	je	suivisse
que	tu	suivisses
qu'	il/elle	suivît
que	nous	suivissions
que	vous	suivissiez
qu'	ils/elles	suivissent

Passé			
que	j'	aie	suivi
que	tu	aies	suivi
qu'	il/elle	ait	suivi
que	nous	ayons	suivi
que	vous	ayez	suivi
qu'	ils/elles	aient	suivi

Plus-que-parfait			
que	j'	eusse	suivi
que	tu	eusses	suivi
qu'	il/elle	eût	suivi
que	nous	eussions	suivi
que	vous	eussiez	suivi
qu'	ils/elles	eussent	suivi

CONDITIONNEL

Présent		Passé 1ʳᵉ forme		
je	suivrais	j'	aurais	suivi
tu	suivrais	tu	aurais	suivi
il/elle	suivrait	il/elle	aurait	suivi
nous	suivrions	nous	aurions	suivi
vous	suivriez	vous	auriez	suivi
ils/elles	suivraient	ils/elles	auraient	suivi

Passé 2ᵉ forme
mêmes formes que le subjonctif plus-que-parfait

IMPÉRATIF

Présent	Passé	
suis	aie	suivi
suivons	ayons	suivi
suivez	ayez	suivi

Poursuivre et *s'ensuivre* sont conformes à ce modèle. Mais **s'ensuivre**, pronominal, forme ses temps composés avec « être » et n'est employé qu'aux 3ᵉˢ personnes et à l'infinitif.

- La base **vi-** est utilisée devant les terminaisons -s et -t (voir tableau 84).
- La base **véc-** sert à construire le part. passé, le passé simple et le subj. imparf., à l'aide des terminaisons en -**u**-.
- Les formes composées sont construites avec « avoir » alors que celles de « mourir » et de « naître » se construisent avec « être » (voir tableaux 42 et 75).

Bases :
VIV-
VI-
VÉC-

INFINITIF

Présent	Passé
vivre	avoir vécu

PARTICIPE

Présent	Passé
vivant	**vécu**/ue, vécus/ues
	ayant vécu

INDICATIF

Présent

je	**vis**
tu	**vis**
il/elle	**vit**
nous	vivons
vous	vivez
ils/elles	vivent

Passé composé

j'	ai	vécu
tu	as	vécu
il/elle	a	vécu
nous	avons	vécu
vous	avez	vécu
ils/elles	ont	vécu

Imparfait

je	vivais
tu	vivais
il/elle	vivait
nous	vivions
vous	viviez
ils/elles	vivaient

Plus-que-parfait

j'	avais	vécu
tu	avais	vécu
il/elle	avait	vécu
nous	avions	vécu
vous	aviez	vécu
ils/elles	avaient	vécu

Futur simple

je	vivrai
tu	vivras
il/elle	vivra
nous	vivrons
vous	vivrez
ils/elles	vivront

Futur antérieur

j'	aurai	vécu
tu	auras	vécu
il/elle	aura	vécu
nous	aurons	vécu
vous	aurez	vécu
ils/elles	auront	vécu

Passé simple

je	vécus
tu	vécus
il/elle	vécut
nous	vécûmes
vous	vécûtes
ils/elles	vécurent

Passé antérieur

j'	eus	vécu
tu	eus	vécu
il/elle	eut	vécu
nous	eûmes	vécu
vous	eûtes	vécu
ils/elles	eurent	vécu

SUBJONCTIF

Présent

que je	vive
que tu	vives
qu' il/elle	vive
que nous	vivions
que vous	viviez
qu' ils/elles	vivent

Imparfait

que je	vécusse
que tu	vécusses
qu' il/elle	vécût
que nous	vécussions
que vous	vécussiez
qu' ils/elles	vécussent

Passé

que j'	aie	vécu
que tu	aies	vécu
qu' il/elle	ait	vécu
que nous	ayons	vécu
que vous	ayez	vécu
qu' ils/elles	aient	vécu

Plus-que-parfait

que j'	eusse	vécu
que tu	eusses	vécu
qu' il/elle	eût	vécu
que nous	eussions	vécu
que vous	eussiez	vécu
qu' ils/elles	eussent	vécu

CONDITIONNEL

Présent

je	vivrais
tu	vivrais
il/elle	vivrait
nous	vivrions
vous	vivriez
ils/elles	vivraient

Passé 1ʳᵉ forme

j'	aurais	vécu
tu	aurais	vécu
il/elle	aurait	vécu
nous	aurions	vécu
vous	auriez	vécu
ils/elles	auraient	vécu

Passé 2ᵉ forme

mêmes formes que le subjonctif plus-que-parfait

IMPÉRATIF

Présent	Passé	
vis	aie	vécu
vivons	ayons	vécu
vivez	ayez	vécu

Revivre et *survivre* suivent ce modèle mais le participe passé de **survivre** est toujours invariable : *survécu*.

CROIRE

3ᵉ GROUPE

Bases :
CROI-
CROY-
CR-

■ Devant une consonne ou un **-e-** muet (subjonctif présent), c'est la base **croi-** qui sert à construire les formes.

■ La base la plus courte (**cr-**) sert à former le participe passé (sans accent circonflexe), le passé simple et le subjonctif imparfait, tous avec des terminaisons en **-u-**.

■ Attention : **-y-** + **-i-** aux deux premières personnes du pluriel de l'indicatif imparfait et du subjonctif présent.

INFINITIF

Présent	Passé
croire	avoir cru

PARTICIPE

Présent	Passé
croyant	**cru**/ue, crus/ues
	ayant cru

INDICATIF

Présent

je	**crois**
tu	**crois**
il/elle	**croit**
nous	croyons
vous	croyez
ils/elles	croient

Passé composé

j'	ai	cru
tu	as	cru
il/elle	a	cru
nous	avons	cru
vous	avez	cru
ils/elles	ont	cru

Imparfait

je	croyais
tu	croyais
il/elle	croyait
nous	**croyions**
vous	**croyiez**
ils/elles	croyaient

Plus-que-parfait

j'	avais	cru
tu	avais	cru
il/elle	avait	cru
nous	avions	cru
vous	aviez	cru
ils/elles	avaient	cru

Futur simple

je	croirai
tu	croiras
il/elle	croira
nous	croirons
vous	croirez
ils/elles	croiront

Futur antérieur

j'	aurai	cru
tu	auras	cru
il/elle	aura	cru
nous	aurons	cru
vous	aurez	cru
ils/elles	auront	cru

Passé simple

je	crus
tu	crus
il/elle	crut
nous	crûmes
vous	crûtes
ils/elles	crurent

Passé antérieur

j'	eus	cru
tu	eus	cru
il/elle	eut	cru
nous	eûmes	cru
vous	eûtes	cru
ils/elles	eurent	cru

SUBJONCTIF

Présent

que	je	**croie**
que	tu	**croies**
qu'	il/elle	**croie**
que	nous	**croyions**
que	vous	**croyiez**
qu'	ils/elles	**croient**

Imparfait

que	je	crusse
que	tu	crusses
qu'	il/elle	crût
que	nous	crussions
que	vous	crussiez
qu'	ils/elles	crussent

Passé

que	j'	aie	cru
que	tu	aies	cru
qu'	il/elle	ait	cru
que	nous	ayons	cru
que	vous	ayez	cru
qu'	ils/elles	aient	cru

Plus-que-parfait

que	j'	eusse	cru
que	tu	eusses	cru
qu'	il/elle	eût	cru
que	nous	eussions	cru
que	vous	eussiez	cru
qu'	ils/elles	eussent	cru

CONDITIONNEL

Présent

je	croirais
tu	croirais
il/elle	croirait
nous	croirions
vous	croiriez
ils/elles	croiraient

Passé 1ʳᵉ forme

j'	aurais	cru
tu	aurais	cru
il/elle	aurait	cru
nous	aurions	cru
vous	auriez	cru
ils/elles	auraient	cru

Passé 2ᵉ forme
mêmes formes que le subjonctif plus-que-parfait

IMPÉRATIF

Présent

crois	
croyons	
croyez	

Présent

aie	cru
ayons	cru
ayez	cru

Le seul dérivé de « croire » *accroire*, n'est employé qu'à l'infinitif.

3ᴱ GROUPE

■ La base la plus courte (**b-**) sert à construire le participe passé (sans accent circonflexe), le passé simple et le subjonctif imparfait, tous en **-u-**.

■ Au présent de l'indicatif, trois bases différentes sont utilisées. Deux le sont au subjonctif et à l'impératif présents.

Bases :
BOI-
BUV-
BOIV-
B-

INFINITIF

Présent	Passé
boire	avoir bu

PARTICIPE

Présent	Passé
buvant	**bu**/ue, bus/ues
	ayant bu

INDICATIF

Présent		Passé composé		
je	**bois**	j'	ai	bu
tu	**bois**	tu	as	bu
il/elle	**boit**	il/elle	a	bu
nous	**buvons**	nous	avons	bu
vous	**buvez**	vous	avez	bu
ils/elles	**boivent**	ils/elles	ont	bu

Imparfait		Plus-que-parfait		
je	buvais	j'	avais	bu
tu	buvais	tu	avais	bu
il/elle	buvait	il/elle	avait	bu
nous	buvions	nous	avions	bu
vous	buviez	vous	aviez	bu
ils/elles	buvaient	ils/elles	avaient	bu

Futur simple		Futur antérieur		
je	boirai	j'	aurai	bu
tu	boiras	tu	auras	bu
il/elle	boira	il/elle	aura	bu
nous	boirons	nous	aurons	bu
vous	boirez	vous	aurez	bu
ils/elles	boiront	ils/elles	auront	bu

Passé simple		Passé antérieur		
je	bus	j'	eus	bu
tu	bus	tu	eus	bu
il/elle	but	il/elle	eut	bu
nous	bûmes	nous	eûmes	bu
vous	bûtes	vous	eûtes	bu
ils/elles	burent	ils/elles	eurent	bu

SUBJONCTIF

Présent		
que	je	**boive**
que	tu	**boives**
qu'	il/elle	**boive**
que	nous	**buvions**
que	vous	**buviez**
qu'	ils/elles	**boivent**

Imparfait		
que	je	busse
que	tu	busses
qu'	il/elle	bût
que	nous	bussions
que	vous	bussiez
qu'	ils/elles	bussent

Passé			
que	j'	aie	bu
que	tu	aies	bu
qu'	il/elle	ait	bu
que	nous	ayons	bu
que	vous	ayez	bu
qu'	ils/elles	aient	bu

Plus-que-parfait			
que	j'	eusse	bu
que	tu	eusses	bu
qu'	il/elle	eût	bu
que	nous	eussions	bu
que	vous	eussiez	bu
qu'	ils/elles	eussent	bu

CONDITIONNEL

Présent		Passé 1ʳᵉ forme		
je	boirais	j'	aurais	bu
tu	boirais	tu	aurais	bu
il/elle	boirait	il/elle	aurait	bu
nous	boirions	nous	aurions	bu
vous	boiriez	vous	auriez	bu
ils/elles	boiraient	ils/elles	auraient	bu

IMPÉRATIF

Présent	Passé	
bois	aie	bu
buvons	ayons	bu
buvez	ayez	bu

Passé 2ᵉ forme
mêmes formes que le subjonctif plus-que-parfait

Reboire suit ce modèle.

3ᴱ GROUPE

Bases :
DISTRAI-
DISTRAY-

■ C'est la base **distray-** qui sert à construire les formes dont la terminaison commence par une voyelle, sauf à la 3ᵉ pers. du plur. de l'ind. prés., aux trois pers. du sing. et à la 3ᵉ pers. du plur. du subj. prés.

■ -y- + -i- aux deux premières pers. du plur. de l'ind. imparf. et du subj. prés.

INFINITIF

Présent	Passé
se distraire	s'être
	distrait/e/ts/tes

PARTICIPE

Présent	Passé
se distrayant	distrait/te, distraits/tes
	s'étant distrait/te/ts/tes

INDICATIF

Présent

je me	distrais
tu te	distrais
il/elle se	distrait
nous nous	distrayons
vous vous	distrayez
ils/elles se	**distraient**

Passé composé

je me	suis	distrait/te
tu t'	es	distrait/te
il/elle s'	est	distrait/te
nous nous	sommes	distraits/tes
vous vous	êtes	distraits/tes
ils/elles se	sont	distraits/tes

Imparfait

je me	distrayais
tu te	distrayais
il/elle se	distrayait
nous nous	**distrayions**
vous vous	**distrayiez**
ils/elles se	distrayaient

Plus-que-parfait

je m'	étais	distrait/te
tu t'	étais	distrait/te
il/elle s'	était	distrait/te
nous nous	étions	distraits/tes
vous vous	étiez	distraits/tes
ils/elles s'	étaient	distraits/tes

Futur simple

je me	distrairai
tu te	distrairas
il/elle se	distraira
nous nous	distrairons
vous vous	distrairez
ils/elles se	distrairont

Futur antérieur

je me	serai	distrait/te
tu te	seras	distrait/te
il/elle se	sera	distrait/te
nous nous	serons	distraits/tes
vous vous	serez	distraits/tes
ils/elles se	seront	distraits/tes

Passé simple
inusité

Passé antérieur

je me	fus	distrait/te
tu te	fus	distrait/te
il/elle se	fut	distrait/te
nous nous	fûmes	distraits/tes
vous vous	fûtes	distraits/tes
ils/elles se	furent	distraits/tes

SUBJONCTIF

Présent

que	je me	**distraie**
que	tu te	**distraies**
qu'	il/elle se	**distraie**
que	nous nous	**distrayions**
que	vous vous	**distrayiez**
qu'	ils/elles se	**distraient**

Imparfait
inusité

Passé

que	je me	sois	distrait/te
que	tu te	sois	distrait/te
qu'	il/elle se	soit	distrait/te
que	nous nous	soyons	distraits/tes
que	vous vous	soyez	distraits/tes
qu'	ils/elles se	soient	distraits/tes

Plus-que-parfait

que	je me	fusse	distrait/te
que	tu te	fusses	distrait/te
qu'	il/elle se	fût	distrait/te
que	nous nous	fussions	distraits/tes
que	vous vous	fussiez	distraits/tes
qu'	ils/elles se	fussent	distraits/tes

CONDITIONNEL

Présent

je me	distrairais
tu te	distrairais
il/elle se	distrairait
nous nous	distrairions
vous vous	distrairiez
ils/elles se	distrairaient

Passé 1ʳᵉ forme

je me	serais	distrait/te
tu te	serais	distrait/te
il/elle se	serait	distrait/te
nous nous	serions	distraits/tes
vous vous	seriez	distraits/tes
ils/elles se	seraient	distraits/tes

Passé 2ᵉ forme
mêmes formes que le subjonctif plus-que-parfait

IMPÉRATIF

Présent	Passé
distrais-toi	*inusité*
distrayons-nous	
distrayez-vous	

Les verbes en -**raire** suivent ce modèle *(abstraire, extraire, soustraire, traire...)*, avec « avoir » pour les temps composés s'ils sont à la voix active. *Braire* se conjugue surtout aux 3ᵉˢ pers.

- Accent circonflexe à la 3ᵉ personne du singulier de l'indicatif présent (devant **-t**).
- Participe passé toujours invariable (même à la voix pronominale) et sans accent circonflexe.

Bases :
PLAI-/PLAÎ-
PLAIS-
PL-

INFINITIF

Présent	Passé
plaire	avoir plu

PARTICIPE

Présent	
plaisant	**plu**
	ayant plu

INDICATIF

Présent

je	plais
tu	plais
il/elle	**plaît**
nous	plaisons
vous	plaisez
ils/elles	plaisent

Passé composé

j'	ai	plu
tu	as	plu
il/elle	a	plu
nous	avons	plu
vous	avez	plu
ils/elles	ont	plu

Imparfait

je	plaisais
tu	plaisais
il/elle	plaisait
nous	plaisions
vous	plaisiez
ils/elles	plaisaient

Plus-que-parfait

j'	avais	plu
tu	avais	plu
il/elle	avait	plu
nous	avions	plu
vous	aviez	plu
ils/elles	avaient	plu

Futur simple

je	plairai
tu	plairas
il/elle	plaira
nous	plairons
vous	plairez
ils/elles	plairont

Futur antérieur

j'	aurai	plu
tu	auras	plu
il/elle	aura	plu
nous	aurons	plu
vous	aurez	plu
ils/elles	auront	plu

Passé simple

je	plus
tu	plus
il/elle	plut
nous	plûmes
vous	plûtes
ils/elles	plurent

Passé antérieur

j'	eus	plu
tu	eus	plu
il/elle	eut	plu
nous	eûmes	plu
vous	eûtes	plu
ils/elles	eurent	plu

SUBJONCTIF

Présent

que je	plaise
que tu	plaises
qu' il/elle	plaise
que nous	plaisions
que vous	plaisiez
qu' ils/elles	plaisent

Imparfait

que je	plusse
que tu	plusses
qu' il/elle	plût
que nous	plussions
que vous	plussiez
qu' ils/elles	plussent

Passé

que j'	aie	plu
que tu	aies	plu
qu' il/elle	ait	plu
que nous	ayons	plu
que vous	ayez	plu
qu' ils/elles	aient	plu

Plus-que-parfait

que j'	eusse	plu
que tu	eusses	plu
qu' il/elle	eût	plu
que nous	eussions	plu
que vous	eussiez	plu
qu' ils/elles	eussent	plu

CONDITIONNEL

Présent

je	plairais
tu	plairais
il/elle	plairait
nous	plairions
vous	plairiez
ils/elles	plairaient

Passé 1ʳᵉ forme

j'	aurais	plu
tu	aurais	plu
il/elle	aurait	plu
nous	aurions	plu
vous	auriez	plu
ils/elles	auraient	plu

Passé 2ᵉ forme

mêmes formes que le subjonctif plus-que-parfait

IMPÉRATIF

Présent	Passé	
plais	aie	plu
plaisons	ayons	plu
plaisez	ayez	plu

Complaire et *déplaire* suivent exactement ce modèle. **Taire** fait à la 3ᵉ pers. du sing. de l'ind. présent *il tait* (sans accent circonflexe) et au participe passé *tu, tue, tus, tues* (variable).

CROÎTRE

3ᴱ GROUPE

Bases :
CROÎT-
CROI-
CROISS-
CR-

■ L'accent circonflexe est présent dans les temps construits sur la base **croît-** (infinitif présent, futur simple, conditionnel présent). Il existe aussi à toutes les formes qui peuvent être confondues avec celles de « croire » (tableau 86).

INFINITIF

Présent	Passé
croître	avoir crû

PARTICIPE

Présent	Passé
croissant	**crû**
	ayant crû

INDICATIF

Présent		Passé composé		
je	**croîs**	j'	ai	crû
tu	**croîs**	tu	as	crû
il/elle	**croît**	il/elle	a	crû
nous	croissons	nous	avons	crû
vous	croissez	vous	avez	crû
ils/elles	croissent	ils/elles	ont	crû

Imparfait		Plus-que-parfait		
je	croissais	j'	avais	crû
tu	croissais	tu	avais	crû
il/elle	croissait	il/elle	avait	crû
nous	croissions	nous	avions	crû
vous	croissiez	vous	aviez	crû
ils/elles	croissaient	ils/elles	avaient	crû

Futur simple		Futur antérieur		
je	**croîtrai**	j'	aurai	crû
tu	**croîtras**	tu	auras	crû
il/elle	**croîtra**	il/elle	aura	crû
nous	**croîtrons**	nous	aurons	crû
vous	**croîtrez**	vous	aurez	crû
ils/elles	**croîtront**	ils/elles	auront	crû

Passé simple		Passé antérieur		
je	**crûs**	j'	eus	crû
tu	**crûs**	tu	eus	crû
il/elle	**crût**	il/elle	eut	crû
nous	**crûmes**	nous	eûmes	crû
vous	**crûtes**	vous	eûtes	crû
ils/elles	**crûrent**	ils/elles	eurent	crû

SUBJONCTIF

Présent		
que	je	croisse
que	tu	croisses
qu'	il/elle	croisse
que	nous	croissions
que	vous	croissiez
qu'	ils/elles	croissent

Imparfait		
que	je	**crûsse**
que	tu	**crûsses**
qu'	il/elle	**crût**
que	nous	**crûssions**
que	vous	**crûssiez**
qu'	ils/elles	**crûssent**

Passé			
que	j'	aie	crû
que	tu	aies	crû
qu'	il/elle	ait	crû
que	nous	ayons	crû
que	vous	ayez	crû
qu'	ils/elles	aient	crû

Plus-que-parfait			
que	j'	eusse	crû
que	tu	eusses	crû
qu'	il/elle	eût	crû
que	nous	eussions	crû
que	vous	eussiez	crû
qu'	ils/elles	eussent	crû

CONDITIONNEL

Présent		Passé 1ʳᵉ forme		
je	**croîtrais**	j'	aurais	crû
tu	**croîtrais**	tu	aurais	crû
il/elle	**croîtrait**	il/elle	aurait	crû
nous	**croîtrions**	nous	aurions	crû
vous	**croîtriez**	vous	auriez	crû
ils/elles	**croîtraient**	ils/elles	auraient	crû

Passé 2ᵉ forme
mêmes formes que le subjonctif plus-que-parfait

IMPÉRATIF

Présent	Passé	
croîs	aie	crû
croissons	ayons	crû
croissez	ayez	crû

■ L'accent circonflexe est présent dans les temps construits sur la base **accroît-** (infinitif présent, futur simple, conditionnel présent).
Comme il n'y a aucune confusion possible avec « croire », il ne figure pas ailleurs, sauf s'il fait partie de la terminaison et sauf à la 3ᵉ pers. du sing. de l'indicatif présent.

Bases :
ACCROÎT-
ACCROISS-
ACCR-

INFINITIF

Présent	Passé
accroître	avoir accru

PARTICIPE

Présent	Passé
accroissant	**accru**/ue, accrus/ues
	ayant accru

INDICATIF

Présent		Passé composé		
j'	accrois	j'	ai	accru
tu	accrois	tu	as	accru
il/elle	**accroît**	il/elle	a	accru
nous	accroissons	nous	avons	accru
vous	accroissez	vous	avez	accru
ils/elles	accroissent	ils/elles	ont	accru

Imparfait		Plus-que-parfait		
j'	accroissais	j'	avais	accru
tu	accroissais	tu	avais	accru
il/elle	accroissait	il/elle	avait	accru
nous	accroissions	nous	avions	accru
vous	accroissiez	vous	aviez	accru
ils/elles	accroissaient	ils/elles	avaient	accru

Futur simple		Futur antérieur		
j'	**accroîtrai**	j'	aurai	accru
tu	**accroîtras**	tu	auras	accru
il/elle	**accroîtra**	il/elle	aura	accru
nous	**accroîtrons**	nous	aurons	accru
vous	**accroîtrez**	vous	aurez	accru
ils/elles	**accroîtront**	ils/elles	auront	accru

Passé simple		Passé antérieur		
j'	accrus	j'	eus	accru
tu	accrus	tu	eus	accru
il/elle	accrut	il/elle	eut	accru
nous	**accrûmes**	nous	eûmes	accru
vous	**accrûtes**	vous	eûtes	accru
ils/elles	accrurent	ils/elles	eurent	accru

SUBJONCTIF

Présent		
que	j'	accroisse
que	tu	accroisses
qu'	il/elle	accroisse
que	nous	accroissions
que	vous	accroissiez
qu'	ils/elles	accroissent

Imparfait		
que	j'	accrusse
que	tu	accrusses
qu'	il/elle	**accrût**
que	nous	accrussions
que	vous	accrussiez
qu'	ils/elles	accrussent

Passé			
que	j'	aie	accru
que	tu	aies	accru
qu'	il/elle	ait	accru
que	nous	ayons	accru
que	vous	ayez	accru
qu'	ils/elles	aient	accru

Plus-que-parfait			
que	j'	eusse	accru
que	tu	eusses	accru
qu'	il/elle	eût	accru
que	nous	eussions	accru
que	vous	eussiez	accru
qu'	ils/elles	eussent	accru

CONDITIONNEL

Présent		Passé 1ʳᵉ forme		
j'	**accroîtrais**	j'	aurais	accru
tu	**accroîtrais**	tu	aurais	accru
il/elle	**accroîtrait**	il/elle	aurait	accru
nous	**accroîtrions**	nous	aurions	accru
vous	**accroîtriez**	vous	auriez	accru
ils/elles	**accroîtraient**	ils/elles	auraient	accru

Passé 2ᵉ forme
mêmes formes que le subjonctif plus-que-parfait

IMPÉRATIF

Présent	Passé	
accrois	aie	accru
accroissons	ayons	accru
accroissez	ayez	accru

Décroître et *recroître* suivent ce modèle mais *recroître* a gardé l'accent circonflexe au participe passé : **recrû** (ainsi différencié de l'adjectif « recru » dans l'expression « recru de fatigue » = épuisé)

CONCLURE

3ᴱ GROUPE

■ Attention : quelquefois, trois voyelles se suivent.
■ Participe passé masculin singulier en -**u**-.

Bases :
CONCLU-
CONCL-

INFINITIF

Présent	Passé
conclure	avoir conclu

PARTICIPE

Présent	Passé
concluant	**conclu**/ue, conclus/ues
	ayant conclu

INDICATIF

Présent

je	conclus
tu	conclus
il/elle	conclut
nous	concluons
vous	concluez
ils/elles	concluent

Passé composé

j'	ai	conclu
tu	as	conclu
il/elle	a	conclu
nous	avons	conclu
vous	avez	conclu
ils/elles	ont	conclu

Imparfait

je	concluais
tu	concluais
il/elle	concluait
nous	**concluions**
vous	**concluiez**
ils/elles	concluaient

Plus-que-parfait

j'	avais	conclu
tu	avais	conclu
il/elle	avait	conclu
nous	avions	conclu
vous	aviez	conclu
ils/elles	avaient	conclu

Futur simple

je	conclurai
tu	concluras
il/elle	conclura
nous	conclurons
vous	conclurez
ils/elles	concluront

Futur antérieur

j'	aurai	conclu
tu	auras	conclu
il/elle	aura	conclu
nous	aurons	conclu
vous	aurez	conclu
ils/elles	auront	conclu

Passé simple

je	conclus
tu	conclus
il/elle	conclut
nous	conclûmes
vous	conclûtes
ils/elles	conclurent

Passé antérieur

j'	eus	conclu
tu	eus	conclu
il/elle	eut	conclu
nous	eûmes	conclu
vous	eûtes	conclu
ils/elles	eurent	conclu

SUBJONCTIF

Présent

que	je	conclue
que	tu	conclues
qu'	il/elle	conclue
que	nous	**concluions**
que	vous	**concluiez**
qu'	ils/elles	concluent

Imparfait

que	je	conclusse
que	tu	conclusses
qu'	il/elle	conclût
que	nous	conclussions
que	vous	conclussiez
qu'	ils/elles	conclussent

Passé

que	j'	aie	conclu
que	tu	aies	conclu
qu'	il/elle	ait	conclu
que	nous	ayons	conclu
que	vous	ayez	conclu
qu'	ils/elles	aient	conclu

Plus-que-parfait

que	j'	eusse	conclu
que	tu	eusses	conclu
qu'	il/elle	eût	conclu
que	nous	eussions	conclu
que	vous	eussiez	conclu
qu'	ils/elles	eussent	conclu

CONDITIONNEL

Présent

je	conclurais
tu	conclurais
il/elle	conclurait
nous	conclurions
vous	concluriez
ils/elles	concluraient

Passé 1ʳᵉ forme

j'	aurais	conclu
tu	aurais	conclu
il/elle	aurait	conclu
nous	aurions	conclu
vous	auriez	conclu
ils/elles	auraient	conclu

Passé 2ᵉ forme
mêmes formes que le subjonctif plus-que-parfait

IMPÉRATIF

Présent

conclus
concluons
concluez

Passé

aie	conclu
ayons	conclu
ayez	conclu

Exclure suit ce modèle

■ Une seule différence avec « conclure » : le participe passé masculin singulier en **-us**.

INFINITIF

Présent	Passé
inclure	avoir inclus

PARTICIPE

Présent	Passé
incluant	**inclus**/se, inclus/ses
	ayant inclus

INDICATIF

Présent		Passé composé		
j'	inclus	j'	ai	inclus
tu	inclus	tu	as	inclus
il/elle	inclut	il/elle	a	inclus
nous	incluons	nous	avons	inclus
vous	incluez	vous	avez	inclus
ils/elles	incluent	ils/elles	ont	inclus
Imparfait		Plus-que-parfait		
j'	incluais	j'	avais	inclus
tu	incluais	tu	avais	inclus
il/elle	incluait	il/elle	avait	inclus
nous	**incluions**	nous	avions	inclus
vous	**incluiez**	vous	aviez	inclus
ils/elles	incluaient	ils/elles	avaient	inclus
Futur simple		Futur antérieur		
j'	inclurai	j'	aurai	inclus
tu	incluras	tu	auras	inclus
il/elle	inclura	il/elle	aura	inclus
nous	inclurons	nous	aurons	inclus
vous	inclurez	vous	aurez	inclus
ils/elles	incluront	ils/elles	auront	inclus
Passé simple		Passé antérieur		
j'	inclus	j'	eus	inclus
tu	inclus	tu	eus	inclus
il/elle	inclut	il/elle	eut	inclus
nous	inclûmes	nous	eûmes	inclus
vous	inclûtes	vous	eûtes	inclus
ils/elles	inclurent	ils/elles	eurent	inclus

SUBJONCTIF

Présent			
que	j'		inclue
que	tu		inclues
qu'	il/elle		inclue
que	nous		**incluions**
que	vous		**incluiez**
qu'	ils/elles		incluent
Imparfait			
que	j'		inclusse
que	tu		inclusses
qu'	il/elle		inclût
que	nous		inclussions
que	vous		inclussiez
qu'	ils/elles		inclussent
Passé			
que	j'	aie	inclus
que	tu	aies	inclus
qu'	il/elle	ait	inclus
que	nous	ayons	inclus
que	vous	ayez	inclus
qu'	ils/elles	aient	inclus
Plus-que-parfait			
que	j'	eusse	inclus
que	tu	eusses	inclus
qu'	il/elle	eût	inclus
que	nous	eussions	inclus
que	vous	eussiez	inclus
qu'	ils/elles	eussent	inclus

CONDITIONNEL

Présent		Passé 1ʳᵉ forme		
j'	inclurais	j'	aurais	inclus
tu	inclurais	tu	aurais	inclus
il/elle	inclurait	il/elle	aurait	inclus
nous	inclurions	nous	aurions	inclus
vous	incluriez	vous	auriez	inclus
ils/elles	incluraient	ils/elles	auraient	inclus

Passé 2ᵉ forme

mêmes formes que le subjonctif plus-que-parfait

IMPÉRATIF

Présent	Passé	
inclus	aie	inclus
incluons	ayons	inclus
incluez	ayez	inclus

Occlure, verbe d'emploi rare, suit ce modèle. (« Reclus » est un adjectif qui vient d'un verbe disparu : *elle vit recluse*.)

3ᵉ GROUPE

Bases :
RÉSOUD-
RÉSOU-
RÉSOLV-
RÉSOL-

■ C'est la base **résou-** qui sert à construire les formes du singulier aux présents de l'indicatif et de l'impératif. Il n'y a donc pas de **-d-** devant la terminaison.

■ Il existe un second participe passé (*résous, résoute*) employé surtout en chimie pour indiquer un changement d'état : *un gaz résous en liquide.*

INFINITIF

Présent	Passé
résoudre	avoir résolu

PARTICIPE

Présent	Passé
résolvant	**résolu**/ue, résolus/ues
	ayant résolu

INDICATIF

Présent		Passé composé		
je	**résous**	j'	ai	résolu
tu	**résous**	tu	as	résolu
il/elle	**résout**	il/elle	a	résolu
nous	résolvons	nous	avons	résolu
vous	résolvez	vous	avez	résolu
ils/elles	résolvent	ils/elles	ont	résolu

Imparfait		Plus-que-parfait		
je	résolvais	j'	avais	résolu
tu	résolvais	tu	avais	résolu
il/elle	résolvait	il/elle	avait	résolu
nous	résolvions	nous	avions	résolu
vous	résolviez	vous	aviez	résolu
ils/elles	résolvaient	ils/elles	avaient	résolu

Futur simple		Futur antérieur		
je	résoudrai	j'	aurai	résolu
tu	résoudras	tu	auras	résolu
il/elle	résoudra	il/elle	aura	résolu
nous	résoudrons	nous	aurons	résolu
vous	résoudrez	vous	aurez	résolu
ils/elles	résoudront	ils/elles	auront	résolu

Passé simple		Passé antérieur		
je	résolus	j'	eus	résolu
tu	résolus	tu	eus	résolu
il/elle	résolut	il/elle	eut	résolu
nous	résolûmes	nous	eûmes	résolu
vous	résolûtes	vous	eûtes	résolu
ils/elles	résolurent	ils/elles	eurent	résolu

SUBJONCTIF

Présent		
que	je	résolve
que	tu	résolves
qu'	il/elle	résolve
que	nous	résolvions
que	vous	résolviez
qu'	ils/elles	résolvent

Imparfait		
que	je	résolusse
que	tu	résolusses
qu'	il/elle	résolût
que	nous	résolussions
que	vous	résolussiez
qu'	ils/elles	résolussent

Passé			
que	j'	aie	résolu
que	tu	aies	résolu
qu'	il/elle	ait	résolu
que	nous	ayons	résolu
que	vous	ayez	résolu
qu'	ils/elles	aient	résolu

Plus-que-parfait			
que	j'	eusse	résolu
que	tu	eusses	résolu
qu'	il/elle	eût	résolu
que	nous	eussions	résolu
que	vous	eussiez	résolu
qu'	ils/elles	eussent	résolu

CONDITIONNEL

Présent		Passé 1ʳᵉ forme		
je	résoudrais	j'	aurais	résolu
tu	résoudrais	tu	aurais	résolu
il/elle	résoudrait	il/elle	aurait	résolu
nous	résoudrions	nous	aurions	résolu
vous	résoudriez	vous	auriez	résolu
ils/elles	résoudraient	ils/elles	auraient	résolu

Passé 2ᵉ forme
mêmes formes que le subjonctif plus-que-parfait

IMPÉRATIF

Présent	Passé	
résous	aie	résolu
résolvons	ayons	résolu
résolvez	ayez	résolu

■ Seule différence avec « résoudre », le participe passé : **absous** (*absolu* est un adjectif ou un nom).

■ Le passé simple et le subjonctif imparfait sont très rarement employés.

Bases :
**ABSOUD-
ABSOU-
ABSOLV-**

INFINITIF

Présent	Passé
absoudre	avoir absous

PARTICIPE

Présent	Passé
absolvant	**absous**/oute, absous/outes
	ayant absous

INDICATIF

Présent		Passé composé		
j'	absous	j'	ai	absous
tu	absous	tu	as	absous
il/elle	absout	il/elle	a	absous
nous	absolvons	nous	avons	absous
vous	absolvez	vous	avez	absous
ils/elles	absolvent	ils/elles	ont	absous

Plus-que-parfait		Plus-que-parfait		
j'	absolvais	j'	avais	absous
tu	absolvais	tu	avais	absous
il/elle	absolvait	il/elle	avait	absous
nous	absolvions	nous	avions	absous
vous	absolviez	vous	aviez	absous
ils/elles	absolvaient	ils/elles	avaient	absous

Futur simple		Futur antérieur		
j'	absoudrai	j'	aurai	absous
tu	absoudras	tu	auras	absous
il/elle	absoudra	il/elle	aura	absous
nous	absoudrons	nous	aurons	absous
vous	absoudrez	vous	aurez	absous
ils/elles	absoudront	ils/elles	auront	absous

Passé simple		Passé antérieur		
j'	absolus	j'	eus	absous
tu	absolus	tu	eus	absous
il/elle	absolut	il/elle	eut	absous
nous	absolûmes	nous	eûmes	absous
vous	absolûtes	vous	eûtes	absous
ils/elles	absolurent	ils/elles	eurent	absous

SUBJONCTIF

Présent		
que	j'	absolve
que	tu	absolves
qu'	il/elle	absolve
que	nous	absolvions
que	vous	absolviez
qu'	ils/elles	absolvent

Imparfait		
que	j'	absolusse
que	tu	absolusses
qu'	il/elle	absolût
que	nous	absolussions
que	vous	absolussiez
qu'	ils/elles	absolussent

Passé			
que	j'	aie	absous
que	tu	aies	absous
qu'	il/elle	ait	absous
que	nous	ayons	absous
que	vous	ayez	absous
qu'	ils/elles	aient	absous

Plus-que-parfait			
que	j'	eusse	absous
que	tu	eusses	absous
qu'	il/elle	eût	absous
que	nous	eussions	absous
que	vous	eussiez	absous
qu'	ils/elles	eussent	absous

CONDITIONNEL

Présent		Passé 1ʳᵉ forme		
j'	absoudrais	j'	aurais	absous
tu	absoudrais	tu	aurais	absous
il/elle	absoudrait	il/elle	aurait	absous
nous	absoudrions	nous	aurions	absous
vous	absoudriez	vous	auriez	absous
ils/elles	absoudraient	ils/elles	auraient	absous

Passé 2ᵉ forme
mêmes formes que le subjonctif plus-que-parfait

IMPÉRATIF

Présent	Passé	
absous	aie	absous
absolvons	ayons	absous
absolvez	ayez	absous

Dissoudre suit exactement ce modèle : ne pas confondre le participe passé **dissous/oute** avec l'adjectif « dissolu/e » (= dépravé, corrompu).

MOUDRE

3ᴱ GROUPE

Bases :
MOUD-
MOUL-

■ Pas de terminaison à la 3ᵉ personne du singulier de l'indicatif présent (comme « rendre », tableau 65).

INFINITIF

Présent	Passé
moudre	avoir moulu

PARTICIPE

Présent	Passé
moulant	moulu/ue, moulus/ues
	ayant moulu

INDICATIF

Présent		Passé composé		
je	mouds	j'	ai	moulu
tu	mouds	tu	as	moulu
il/elle	**moud**	il/elle	a	moulu
nous	moulons	nous	avons	moulu
vous	moulez	vous	avez	moulu
ils/elles	moulent	ils/elles	ont	moulu

Imparfait		Plus-que-parfait		
je	moulais	j'	avais	moulu
tu	moulais	tu	avais	moulu
il/elle	moulait	il/elle	avait	moulu
nous	moulions	nous	avions	moulu
vous	mouliez	vous	aviez	moulu
ils/elles	moulaient	ils/elles	avaient	moulu

Futur simple		Futur antérieur		
je	moudrai	j'	aurai	moulu
tu	moudras	tu	auras	moulu
il/elle	moudra	il/elle	aura	moulu
nous	moudrons	nous	aurons	moulu
vous	moudrez	vous	aurez	moulu
ils/elles	moudront	ils/elles	auront	moulu

Passé simple		Passé antérieur		
je	moulus	j'	eus	moulu
tu	moulus	tu	eus	moulu
il/elle	moulut	il/elle	eut	moulu
nous	moulûmes	nous	eûmes	moulu
vous	moulûtes	vous	eûtes	moulu
ils/elles	moulurent	ils/elles	eurent	moulu

SUBJONCTIF

Présent		
que	je	moule
que	tu	moules
qu'	il/elle	moule
que	nous	moulions
que	vous	mouliez
qu'	ils/elles	moulent

Imparfait		
que	je	moulusse
que	tu	moulusses
qu'	il/elle	moulût
que	nous	moulussions
que	vous	moulussiez
qu'	ils/elles	moulussent

Passé			
que	j'	aie	moulu
que	tu	aies	moulu
qu'	il/elle	ait	moulu
que	nous	ayons	moulu
que	vous	ayez	moulu
qu'	ils/elles	aient	moulu

Plus-que-parfait			
que	j'	eusse	moulu
que	tu	eusses	moulu
qu'	il/elle	eût	moulu
que	nous	eussions	moulu
que	vous	eussiez	moulu
qu'	ils/elles	eussent	moulu

CONDITIONNEL

Présent		Passé 1ʳᵉ forme		
je	moudrais	j'	aurais	moulu
tu	moudrais	tu	aurais	moulu
il/elle	moudrait	il/elle	aurait	moulu
nous	moudrions	nous	aurions	moulu
vous	moudriez	vous	auriez	moulu
ils/elles	moudraient	ils/elles	auraient	moulu

Passé 2ᵉ forme

mêmes formes que le subjonctif plus-que-parfait

IMPÉRATIF

Présent	Passé		
mouds		aie	moulu
moulons		ayons	moulu
moulez		ayez	moulu

Émoudre et *remoudre*, dérivés de « moudre » suivent ce modèle.

■ Pas de terminaison à la 3ᵉ personne du singulier de l'indicatif présent (comme « rendre », tableau 65, et « moudre », tableau 96).

Bases :
COUD-
COUS-

INFINITIF

Présent	Passé
coudre	avoir cousu

PARTICIPE

Présent	Passé
cousant	cousu/ue, cousus/ues
	ayant cousu

INDICATIF

Présent

je	couds
tu	couds
il/elle	**coud**
nous	cousons
vous	cousez
ils/elles	cousent

Passé composé

j'	ai	cousu
tu	as	cousu
il/elle	a	cousu
nous	avons	cousu
vous	avez	cousu
ils/elles	ont	cousu

Imparfait

je	cousais
tu	cousais
il/elle	cousait
nous	cousions
vous	cousiez
ils/elles	cousaient

Plus-que-parfait

j'	avais	cousu
tu	avais	cousu
il/elle	avait	cousu
nous	avions	cousu
vous	aviez	cousu
ils/elles	avaient	cousu

Futur simple

je	coudrai
tu	coudras
il/elle	coudra
nous	coudrons
vous	coudrez
ils/elles	coudront

Futur antérieur

j'	aurai	cousu
tu	auras	cousu
il/elle	aura	cousu
nous	aurons	cousu
vous	aurez	cousu
ils/elles	auront	cousu

Passé simple

je	cousis
tu	cousis
il/elle	cousit
nous	cousîmes
vous	cousîtes
ils/elles	cousirent

Passé antérieur

j'	eus	cousu
tu	eus	cousu
il/elle	eut	cousu
nous	eûmes	cousu
vous	eûtes	cousu
ils/elles	eurent	cousu

SUBJONCTIF

Présent

que je	couse
que tu	couses
qu' il/elle	couse
que nous	cousions
que vous	cousiez
qu' ils/elles	cousent

Imparfait

que je	cousisse
que tu	cousisses
qu' il/elle	cousît
que nous	cousissions
que vous	cousissiez
qu' ils/elles	cousissent

Passé

que j'	aie	cousu
que tu	aies	cousu
qu' il/elle	ait	cousu
que nous	ayons	cousu
que vous	ayez	cousu
qu' ils/elles	aient	cousu

Plus-que-parfait

que j'	eusse	cousu
que tu	eusses	cousu
qu' il/elle	eût	cousu
que nous	eussions	cousu
que vous	eussiez	cousu
qu' ils/elles	eussent	cousu

CONDITIONNEL

Présent

je	coudrais
tu	coudrais
il/elle	coudrait
nous	coudrions
vous	coudriez
ils/elles	coudraient

Passé 1ʳᵉ forme

j'	aurais	cousu
tu	aurais	cousu
il/elle	aurait	cousu
nous	aurions	cousu
vous	auriez	cousu
ils/elles	auraient	cousu

Passé 2ᵉ forme
mêmes formes que le subjonctif plus-que-parfait

IMPÉRATIF

Présent	Passé	
couds	aie	cousu
cousons	ayons	cousu
cousez	ayez	cousu

Découdre et *recoudre*, dérivés de « coudre », suivent ce modèle.

98 CLORE

3ᴱ GROUPE

Bases :
CLO-
CLÔ-
CLOS-

- Attention : accent circonflexe à la 3ᵉ personne du singulier de l'indicatif présent.
- Verbe défectif, peu employé (souvent remplacé par « fermer »).

INFINITIF

Présent	Passé
clore	avoir clos

PARTICIPE

Présent	Passé
inusité	clos/ose, clos/oses
	ayant clos

INDICATIF

Présent		Passé composé		
je	clos	j'	ai	clos
tu	clos	tu	as	clos
il/elle	**clôt**	il/elle	a	clos
inusité		nous	avons	clos
		vous	avez	clos
		ils/elles	ont	clos

Imparfait		Plus-que-parfait		
inusité		j'	avais	clos
		tu	avais	clos
		il/elle	avait	clos
		nous	avions	clos
		vous	aviez	clos
		ils/elles	avaient	clos

Futur simple		Futur antérieur		
je	clorai	j'	aurai	clos
tu	cloras	tu	auras	clos
il/elle	clora	il/elle	aura	clos
nous	clorons	nous	aurons	clos
vous	clorez	vous	aurez	clos
ils/elles	cloront	ils/elles	auront	clos

Passé simple		Passé antérieur		
inusité		j'	eus	clos
		tu	eus	clos
		il/elle	eut	clos
		nous	eûmes	clos
		vous	eûtes	clos
		ils/elles	eurent	clos

SUBJONCTIF

Présent		
que	je	close
que	tu	closes
qu'	il/elle	close
que	nous	closions
que	vous	closiez
qu'	ils/elles	closent

Imparfait
inusité

Passé			
que	j'	aie	clos
que	tu	aies	clos
qu'	il/elle	ait	clos
que	nous	ayons	clos
que	vous	ayez	clos
qu'	ils/elles	aient	clos

Plus-que-parfait			
que	j'	eusse	clos
que	tu	eusses	clos
qu'	il/elle	eût	clos
que	nous	eussions	clos
que	vous	eussiez	clos
qu'	ils/elles	eussent	clos

CONDITIONNEL

Présent		Passé 1ʳᵉ forme		
je	clorais	j'	aurais	clos
tu	clorais	tu	aurais	clos
il/elle	clorait	il/elle	aurait	clos
nous	clorions	nous	aurions	clos
vous	cloriez	vous	auriez	clos
ils/elles	cloraient	ils/elles	auraient	clos

Passé 2ᵉ forme

mêmes formes que le subjonctif plus-que-parfait

IMPÉRATIF

Présent	Passé
inusité	*inusité*

Les verbes dérivés de « clore » sont tous défectifs et peu employés (voir tableau 99).

- Pas d'accent circonflexe à la 3ᵉ personne du singulier de l'indicatif présent.
- Verbe défectif, peu employé.

Bases :
ENCLO-
ENCLOS-

INFINITIF

Présent	Passé
enclore	avoir enclos

PARTICIPE

Présent	Passé
inusité	enclos/ose, enclos/oses
	ayant enclos

INDICATIF

Présent

j'	enclos
tu	enclos
il/elle	**enclot**
inusité	

Passé composé

j'	ai	enclos
tu	as	enclos
il/elle	a	enclos
nous	avons	enclos
vous	avez	enclos
ils/elles	ont	enclos

Imparfait

inusité

Plus-que-parfait

j'	avais	enclos
tu	avais	enclos
il/elle	avait	enclos
nous	avions	enclos
vous	aviez	enclos
ils/elles	avaient	enclos

Futur simple

j'	enclorai
tu	encloras
il/elle	enclora
nous	enclorons
vous	enclorez
ils/elles	encloront

Futur antérieur

j'	aurai	enclos
tu	auras	enclos
il/elle	aura	enclos
nous	aurons	enclos
vous	aurez	enclos
ils/elles	auront	enclos

Passé simple

inusité

Passé antérieur

j'	eus	enclos
tu	eus	enclos
il/elle	eut	enclos
nous	eûmes	enclos
vous	eûtes	enclos
ils/elles	eurent	enclos

SUBJONCTIF

Présent

que j'	enclose
que tu	encloses
qu' il/elle	enclose
que nous	enclosions
que vous	enclosiez
qu' ils/elles	enclosent

Imparfait

inusité

Passé

que j'	aie	enclos
que tu	aies	enclos
qu' il/elle	ait	enclos
que nous	ayons	enclos
que vous	ayez	enclos
qu' ils/elles	aient	enclos

Plus-que-parfait

que j'	eusse	enclos
que tu	eusses	enclos
qu' il/elle	eût	enclos
que nous	eussions	enclos
que vous	eussiez	enclos
qu' ils/elles	eussent	enclos

CONDITIONNEL

Présent

j'	enclorais
tu	enclorais
il/elle	enclorait
nous	enclorions
vous	encloriez
ils/elles	encloraient

Passé 1ʳᵉ forme

j'	aurais	enclos
tu	aurais	enclos
il/elle	aurait	enclos
nous	aurions	enclos
vous	auriez	enclos
ils/elles	auraient	enclos

Passé 2ᵉ forme

mêmes formes que le subjonctif plus-que-parfait

IMPÉRATIF

Présent	Passé
inusité	*inusité*

Les autres dérivés de « clore » suivent ce modèle. Mais *éclore* n'est guère usité qu'aux 3ᵉˢ pers. de l'ind. prés. et à l'infinitif, *déclore* et *forclore* n'existent plus qu'au part. passé et à l'infinitif.

SE REPAÎTRE

3ᴱ GROUPE

Bases :
**REPAÎT-
REPAI-
REPAISS-
REP-**

- Accent circonflexe sur le -i- de la base devant -t-.
- Passé simple et temps composés peu usités.
- Verbe pronominal, qui construit donc ses temps composés avec « être ».

INFINITIF

Présent	Passé
se repaître	s'être repu

PARTICIPE

Présent	Passé
se repaissant	repu/ue, repus/ues
	s'étant repu/ue/us/ues

INDICATIF

Présent
je me	repais	
tu te	repais	
il/elle se	**repaît**	
nous nous	repaissons	
vous vous	repaissez	
ils/elles se	repaissent	

Passé composé
je me	suis	repu/ue
tu t'	es	repu/ue
il/elle s'	est	repu/ue
nous nous	sommes	repus/ues
vous vous	êtes	repus/ues
ils/elles se	sont	repus/ues

Imparfait
je me	repaissais
tu te	repaissais
il/elle se	repaissait
nous nous	repaissions
vous vous	repaissiez
ils/elles se	repaissaient

Plus-que-parfait
je m'	étais	repu/ue
tu t'	étais	repu/ue
il/elle s'	était	repu/ue
nous nous	étions	repus/ues
vous vous	étiez	repus/ues
ils/elles s'	étaient	repus/ues

Futur simple
je me	**repaîtrai**
tu te	**repaîtras**
il/elle se	**repaîtra**
nous nous	**repaîtrons**
vous vous	**repaîtrez**
ils/elles se	**repaîtront**

Futur antérieur
je me	serai	repu/ue
tu te	seras	repu/ue
il/elle se	sera	repu/ue
nous nous	serons	repus/ues
vous vous	serez	repus/ues
ils/elles se	seront	repus/ues

Passé simple
je me	repus
tu te	repus
il/elle se	reput
nous nous	repûmes
vous vous	repûtes
ils/elles se	repurent

Passé antérieur
je me	fus	repu/ue
tu te	fus	repu/ue
il/elle se	fut	repu/ue
nous nous	fûmes	repus/ues
vous vous	fûtes	repus/ues
ils/elles se	furent	repus/ues

SUBJONCTIF

Présent
que	je me	repaisse
que	tu te	repaisses
qu'	il/elle se	repaisse
que	nous nous	repaissions
que	vous vous	repaissiez
qu'	ils/elles se	repaissent

Imparfait
que	je me	repusse
que	tu te	repusses
qu'	il/elle se	repût
que	nous nous	repussions
que	vous vous	repussiez
qu'	ils/elles se	repussent

Passé
que	je me	sois	repu/ue
que	tu te	sois	repu/ue
qu'	il/elle se	soit	repu/ue
que	nous nous	soyons	repus/ues
que	vous vous	soyez	repus/ues
qu'	ils/elles se	soient	repus/ues

Plus-que-parfait
que	je me	fusse	repu/ue
que	tu te	fusses	repu/ue
qu'	il/elle se	fût	repu/ue
que	nous nous	fussions	repus/ues
que	vous vous	fussiez	repus/ues
qu'	ils/elles se	fussent	repus/ues

CONDITIONNEL

Présent
je me	**repaîtrais**
tu te	**repaîtrais**
il/elle se	**repaîtrait**
nous nous	**repaîtrions**
vous vous	**repaîtriez**
ils/elles se	**repaîtraient**

Passé 1ʳᵉ forme
je me	serais	repu/ue
tu te	serais	repu/ue
il/elle se	serait	repu/ue
nous nous	serions	repus/ues
vous vous	seriez	repus/ues
ils/elles se	seraient	repus/ues

Passé 2ᵉ forme
mêmes formes que le subjonctif plus-que-parfait

IMPÉRATIF

Présent	Passé
repais-toi	*inusité*
repaissons-nous	
repaissez-vous	

Paître, d'où dérive « repaître », n'a pas de participe passé dans la langue courante, donc pas de temps composés. Il n'existe ni au passé simple ni au subjonctif imparfait.

■ Verbe défectif, remplacé aux formes inusitées par la tournure
« faire frire ».

Base :
FRI-

INFINITIF

Présent	Passé
frire	avoir frit

PARTICIPE

Présent	Passé
inusité	frit/ite, frits/ites
	ayant frit

INDICATIF

Présent		Passé composé		
je	fris	j'	ai	frit
tu	fris	tu	as	frit
il/elle	frit	il/elle	a	frit
inusité		nous	avons	frit
		vous	avez	frit
		ils/elles	ont	frit

Imparfait	Plus-que-parfait		
inusité	j'	avais	frit
	tu	avais	frit
	il/elle	avait	frit
	nous	avions	frit
	vous	aviez	frit
	ils/elles	avaient	frit

Futur simple		Futur antérieur		
je	frirai	j'	aurai	frit
tu	friras	tu	auras	frit
il/elle	frira	il/elle	aura	frit
nous	frirons	nous	aurons	frit
vous	frirez	vous	aurez	frit
ils/elles	friront	ils/elles	auront	frit

Passé simple	Passé antérieur		
inusité	j'	eus	frit
	tu	eus	frit
	il/elle	eut	frit
	nous	eûmes	frit
	vous	eûtes	frit
	ils/elles	eurent	frit

SUBJONCTIF

Présent
inusité

Imparfait
inusité

Passé			
que	j'	aie	frit
que	tu	aies	frit
qu'	il/elle	ait	frit
que	nous	ayons	frit
que	vous	ayez	frit
qu'	ils/elles	aient	frit

Plus-que-parfait			
que	j'	eusse	frit
que	tu	eusses	frit
qu'	il/elle	eût	frit
que	nous	eussions	frit
que	vous	eussiez	frit
qu'	ils/elles	eussent	frit

CONDITIONNEL

Présent		Passé 1ʳᵉ forme		
je	frirais	j'	aurais	frit
tu	frirais	tu	aurais	frit
il/elle	frirait	il/elle	aurait	frit
nous	fririons	nous	aurions	frit
vous	fririez	vous	auriez	frit
ils/elles	friraient	ils/elles	auraient	frit

Passé 2ᵉ forme
mêmes formes que le subjonctif plus-que-parfait

IMPÉRATIF

Présent	Passé	
fris	aie	frit
inusité	ayons	frit
	ayez	frit

TROISIÈME PARTIE

Répertoire
des verbes

Abréviations utilisées

T	emploi transitif direct (avec un C.O.D.)
Ti	emploi transitif indirect (avec un C.O.I)
I	emploi intransitif (avec un C.C. ou sans complément)
Pr	verbe souvent conjugué à la voix pronominale (à cette voix, toujours avec « être » aux temps composés)
U	verbe unipersonnel (= impersonnel), n'existe qu'à la 3e personne du singulier.
Déf	verbe défectif (= dont certaines formes sont inusitées)

P.p inv.	verbe dont le participe passé est toujours invariable
p.p. inv.	participe passé invariable dans l'emploi indiqué
+ être	verbe actif qui forme ses temps composés avec l'auxiliaire « être »
+ être ou avoir	verbe actif qui peut former ses temps composés avec l'auxiliaire « être » ou avec l'auxiliaire « avoir », selon la nuance de sens.

Les autres abréviations sont les abréviations courantes, utilisées dans le cours de l'ouvrage (voir p. de sommaire).

A

abaisser T / Pr (à) 12
abandonner T / Pr (à) ...12
abasourdir T 34
abâtardir T 34
abattre T / I, p.p.inv. / Pr 73
abcéder I / P.p.inv. 19
abdiquer T / I, p.p.inv./
 -qu- partout 15
abêtir T / Pr 34
abhorrer T 12
abîmer T / Pr 12
abjurer T 12
ablater T / Pr 12
abolir T 34
abominer T 12
abonder I / P.p.inv. 12
abonner T / Pr (à) 12
abonnir T / Pr 34
aborder I, p.p.inv. / T ...12
aboucher T / Pr (avec) 12
abouler T / Pr 12
abouter T 12
aboutir Ti (à) / I /
 P.p.inv. 34
aboyer I / Ti (à, après,
 contre) / P.p.inv. 30
abraser T 12
abréagir I / P.p.inv. 34
abréger T 20
abreuver T / Pr (à, de)..12
abriter T / Pr 12
abroger T 16
abrutir T 34
absenter -s'- (de)
 + être 12
absorber T / Pr (dans) .12
absoudre T / Part. passé :

absous, absoute/tes /
Passé simple et subj. imparf.
très rarement employés 95
abstenir -s'- (de)
 + être 4
abstraire T / Pr (de) / Déf :
 pas de passé simple,
 pas de subj. imparf. 88
abuser Ti (de), p.p.inv. /
 T / Pr 12
accabler T 12
accaparer T / Pr (de)
Belgique 12
accastiller T 12
accéder Ti (à) / P.p.inv. ..19
accélérer T /
 I, p.p.inv. / Pr 19
accentuer T / Pr 12
accepter T 12
accessoiriser T 12
accidenter T 12
acclamer T 12
acclimater T / Pr (à) 12
accointer -s'- (avec)
 + être 12
accoler T 12
accommoder T / I, p.p.inv. /
 Pr (à, avec, de) 12
accompagner T 12
accomplir T / Pr 34
accorder T / Pr 12
accoster T 12
accoter T / Pr 12
accoucher I, p.p.inv. /
 Ti (de), p.p.inv. / T 12
accouder -s'- + être 12
accouer T 16
accoupler T / Pr 12
accourcir T 34
accourir I / + être

ou avoir 41
accoutrer T / Pr 12
accoutumer T / Pr (à) ..12
accréditer T / Pr 12
accrocher T / Pr 12
accroire T / Déf : usité
 seulement à l'inf. après
 « faire » et « laisser » (en
 faire accroire à quelqu'un).
accroître T 91
accroupir -s'- + être 34
accueillir T 45
acculer T 12
acculturer T 12
accumuler T / Pr 12
accuser T 12
acérer T 19
acétifier T 14
achalander T 12
acharner -s'- (sur,
 contre + être 12
acheminer T / Pr (vers) ..12
acheter T 27
achever T 24
achopper I / P.p.inv. 12
achromatiser T 12
acidifier T 14
aciduler T 12
aciérer T 19
acoquiner -s'-
 (avec, à) + être 12
acquérir T / Attention
 au part. passé : acquis,
 acquise/ises (ne pas confondre
 avec le nom « un acquit »,
 dérivé du verbe
 « acquitter » 43
acquiescer I / Ti (à) /
P.p.inv. 18
acquitter T / Pr (de) ...12
actionner T 12

activer T / Pr 12
actualiser T 12
adapter T / Pr (à) 12
additionner T 12
adhérer Ti (à) / P.p.inv. /
 Attention au part. prés. :
 adhérant (ne pas confondre
 avec « adhérent », adj.
 et nom) 19
adjectiver T 12
adjectiviser T 12
adjoindre T / Pr 70
adjuger T / Pr 16
adjurer T 12
admettre T 6
administrer T 12
admirer T 12
admonester T 12
adonner -s'- (à) + être .12
adopter T 12
adorer T / Pr 12
adosser T / Pr
 (à, contre) 12
adouber T 12
adoucir T / Pr 34
adresser T / Pr (à) 12
adsorber T 12
aduler T 12
adultérer T 19
advenir I / + être / Déf :
 usité seulement à l'inf., aux
 3es pers. et au part. passé...4
aérer T 19
affabuler T / P.p.inv. 12
affadir T 34
affaiblir T / Pr 12
affairer -s'- (auprès de)
 + être 12
affaisser T / Pr 12
affaler T / Pr (sur) 12

affamer T 12
afféager T 16
affecter T / Pr (de) 12
affectionner T 12
affermer T 12
affermir T 34
afficher T / Pr 12
affiler T 12
affilier T / Pr (à) 14
affiner T / Pr 12
affirmer T / Pr 12
affleurer T / I, p.p.inv. ...12
affliger T / Pr (de) 16
afflouer T 12
affluer I / p.p.inv. / *Attention au part. prés. : affluant (ne pas confondre avec « affluent », adj. et nom)* 12
affoler T / Pr 12
affouager T 16
affouiller T 12
affourager T 16
affourcher T 12
affranchir T / Pr (de) ...34
affréter T 19
affriander T 12
affrioler T 12
affronter T / Pr 12
affruiter T, p.p.inv. / T 12
affubler T / Pr / (de) 12
affûter T 12
africaniser T / Pr 12
agacer T 17
agencer T 17
agenouiller -s'- + être ..12
agglomérer T / Pr 19
agglutiner T / Pr (à) 12
aggraver T / Pr. 12
agir I, p.p.inv. / T 34
agir -s'- (de) + être / U / P.p.inv. 34
agiter T / Pr 12
agneler I / P.p.inv. 22
agonir T 34
agoniser I, P.p.inv. 12
agrafer T 12
agrainer T 12
agrandir T / Pr. 34
agréer T / Ti (à), p.p.inv. / *-é- partout dans la base* 13
agréger T / Pr (à) 20
agrémenter T 12
agresser T 12

agriffer -s'- + être 12
agripper T / Pr (à) 12
aguerrir T / Pr 34
aguicher T 12
ahaner I, p.p.inv. 12
ahurir T 34
aicher T 12
aider T / Ti (à), p.p.inv. / Pr (de) 12
aigrir T / I, p.p.inv. / Pr ...34
aiguiller T 12
aiguilleter T 26
aiguillonner T 12
aiguiser T 12
ailler T 12
aimanter T 12
aimer T / Pr 12
airer I, P.p.inv. 12
ajointer T 12
ajourer T 12
ajourner T 12
ajouter T / Pr (à) 12
ajuster T 12
alanguir T / Pr 34
alarmer T / Pr (de) 12
alcaliniser T 12
alcooliser T / Pr 12
alerter T 12
aléser T 19
aleviner T 12
aliéner T 19
aligner T / Pr 12
alimenter T 12
aliter T / Pr 12
allaiter T 12
allécher T 19
alléger T 20
alléguer T / *-gu- partout* 19
aller I / + être / Pr : *attention à la place de « en » (s'en aller, je m'en suis allé/ée, va-t'en, etc.)* 3
allier T / Pr (à, avec) 14
allonger T / Ti, p.p.inv. / Pr 16
allotir T 34
allouer T 12
allumer T / Pr 12
alluvionner I / P.p.inv. ...12
alourdir T 34
alpaguer T / *-gu- partout* 15
alphabétiser T 12
altérer T 19

alterner I, p.p.inv. / T 12
aluminer T 12
aluner T 12
alunir I / P.p.inv. 34
amadouer T / Pr 12
amaigrir T / Pr 34
amalgamer T / Pr 12
amariner T 12
amarrer T 12
amasser T 12
amatir T 34
ambiancer I / P.p.inv. / *Afrique* 17
ambitionner T 12
ambler I / P.p.inv. 12
ambrer T 12
améliorer T / Pr 12
aménager T 16
amender T / Pr 12
amener T / Pr 24
amenuiser T / Pr 12
américaniser T / Pr 12
amerrir I / P.p.inv. 34
ameublir T 34
ameuter T 12
amidonner T 12
amincir T / Pr 34
amnistier T 14
amocher T 12
amodier T 14
amoindrir T / Pr 34
amollir T / Pr 34
amonceler T / Pr 22
amorcer T 17
amortir T / Pr 34
amouracher -s'- (de) + être 12
amplifier T 14
amputer T 12
amuïr -s'- + être / *-ï- partout* 34
amurer T 12
amuser T / Pr 12
analyser T 12
anastomoser T / Pr 12
anathématiser T 12
anatomiser T 12
ancrer T / Pr 12
anéantir T / Pr 34
anémier T 14
anesthésier T 14
anglaiser T 12
angliciser T / Pr 12
angoisser T 12

anhéler I / P.p.inv. 19
animaliser T 12
animer T / Pr 12
aniser T 12
ankyloser T / Pr 12
anneler T 22
annexer T 12
annihiler T 12
annoncer T 17
annoter T 12
annualiser T 12
annuler T 12
anoblir T 34
anodiser T 12
ânonner I, p.p.inv. / T ...12
anordir I / P.p.inv. 34
antéposer T 12
anticiper T / I, p.p.inv. / Ti (sur), p.p.inv. 12
antidater T 12
antiparasiter T 12
apaiser T / Pr 12
apercevoir T / Pr (de) ...50
apeurer T 12
apiquer T / *-qu- partout* ..15
apitoyer T / Pr (sur) 30
aplanir T 34
aplatir T / I, p.p.inv. / Pr ...34
aplomber T / Pr / *Québec* 12
apostasier T / I, p.p.inv. ...14
aposter T 12
apostiller T 12
apostropher T 12
appairer T 12
apparaître I / + être 74
appareiller T / I, p.p.inv. ..12
apparenter -s'- (à) + être 14
apparier T / Pr 14
apparoir I / *Déf : usité seulement à l'inf. prés. et à la 3e pers. du sing. de l'ind. prés. (il appert que...) / Langage juridique*
appartenir Ti (à) / U / Pr / P.p.inv. 4
appâter T 12
appauvrir T / Pr 34
appeler T / Ti (de, à), p.p.inv. / Pr 22
appendre T 65
appesantir T / Pr (sur) 34
applaudir T / Ti (à), p.p.inv. / Pr (de) 34

appliquer T / Pr (à) /
-qu- partout 15
appointer T 12
appondre I / Suisse 65
apponter I, p.p.inv. 12
apporter T 12
apposer T 12
apprécier T / Pr 14
appréhender T 12
apprendre T 67
apprêter T / Pr (à) 12
apprivoiser T / Pr 12
approcher T / I, p.p.inv. /
Ti (de), p.p.inv. / Pr (de) 12
approfondir T 34
approprier T / Pr 14
approuver T 12
approvisionner T 12
appuyer T / I, p.p.inv. /
Pr (à, sur) 31
apurer T 12
arabiser T / Pr 12
araser T 12
arbitrer T 12
arborer T 12
arc-bouter T / Pr
(contre, à, sur) 12
architecturer T 12
archiver T 12
arçonner T 12
argenter T 12
arguer T / Ti (de),
p.p.inv. 33
argumenter I, p.p.inv. / T ..12
ariser T 12
armer T / Pr (de) 12
armorier T 14
arnaquer T / -qu- partout ..15
aromatiser T 12
arpéger T 20
arpenter T 12
arquer T / -qu- partout 15
arracher T / Pr (de, à) ...12
arraisonner T 12
arranger T / Pr 12
arrenter T 12
arrérager I, p.p.inv. / Pr 16
arrêter T / I, p.p.inv. /
Pr (de + inf.) 12
arriérer T 19
arrimer T 12
arriser T 12
arriver I / U / + être 12
arroger -s'- + être 16

arrondir T / Pr 34
arroser T 12
articuler T / Pr (sur) 12
ascensionner T 12
aseptiser T 12
asperger T 16
asphalter T 12
asphyxier T / Pr 14
aspirer T / Ti (à), p.p.inv. ...12
assagir T / Pr 34
assaillir T 46
assainir T 34
assaisonner T 12
assassiner T 12
assécher T / Pr 19
assembler T / Pr 12
assener T 24
asséner T 19
asseoir T / Pr 57
assermenter T 12
asservir T 34
assiéger T 20
assigner T 12
assimiler T / Pr (à) 12
assister T / Ti (à), p.p.inv. .12
associer T / Pr (à, avec) ..14
assoiffer T 12
assoler T 12
assombrir T / Pr 34
assommer T 12
assortir T / Pr
(à, avec, de) 34
assoupir T / Pr 34
assouplir T / Pr 34
assourdir T 34
assouvir T 34
assujettir T 34
assumer T / Pr 12
assurer T / I, p.p.inv. / Pr ..12
asticoter T 12
astiquer T / -qu- partout .15
astreindre T / Pr (à) 69
atermoyer I, P.p.inv. 30
atomiser T 12
atrophier -s'- + être 14
attabler -s'- + être 12
attacher T / I, p.p.inv. /
Pr (à) 12
attaquer T / Pr (à) /
-qu- partout 15
attarder -s'- + être 12

atteindre T / Ti (à),
p.p.inv. 69
atteler T / Pr (à) 22
attendre T / I, p.p.inv. /
Ti, p.p.inv. / Pr (à) 65
attendrir T / Pr 34
attenter T / Ti (à) /P.p.inv. ...12
atténuer T / Pr 12
atterrer T 12
atterrir T / P.p.inv. 34
attester T 12
attiédir T 34
attifer T / Pr 12
attiger I / P.p.inv. 16
attirer T 12
attiser T 12
attraire T 88
attraper T 12
attremper T 12
attribuer T / Pr 12
attrister T / Pr 12
attrouper T / Pr 12
auditer T 12
auditionner T / I, p .p.inv. 12
augmenter T / I, p .p.inv. 12
augurer T 12
auréoler T 12
aurifier T 14
ausculter T 12
authentifier T 14
authentiquer T /
-qu- partout 15
autocensurer -s'- + être ..12
autofinancer -s'- + être ..17
autographier T 14
automatiser T 12
autoproclamer -s'-
+ être 12
autopsier T 14
autoriser T / Pr (de) 12
avachir -s'- + être 34
avaler T 12
avaliser T 12
avancer T / I, p.p.inv. / Pr ...17
avantager T 16
avarier T 14
aventurer T / Pr 12
avérer -s'- + être 19
avertir T 34
aveugler T / Pr 12
aveulir T 34

avilir T / Pr 34
aviner T 12
aviser T / I, p.p. inv./ Pr (de) ..12
avitailler T 12
aviver T 12
avoir T 2
avoisiner T 12
avorter I, p.p.inv. / T 12
avouer T / Pr 12
axer T 12
axiomatiser T 12
azurer T 12

B

babiller I / P.p.inv. 12
bâcher T 12
bachoter I / P.p.inv. 12
bâcler T 12
badigeonner T 12
badiner I / Ti (avec, sur) /
P.p.inv. 12
bafouer T 12
bafouiller T / I, p.p.inv. ...12
bâfrer I / I, p.p.inv. 12
bagarrer I, p.p.inv. / Pr 12
baguenauder I, p.p.inv. /
Pr 12
baguer T / -gu- partout ...15
baigner T / I, p.p.inv. / Pr ..12
bailler T / Usité surtout
dans l'expression « vous
me la baillez belle » 12
bâiller I / P p.inv. 12
bâillonner T 12
baiser T 12
baisoter T 12
baisser T / I, p.p.inv. / Pr ..12
balader T / I, p.p.inv. / Pr ..12
balafrer T 12
balancer T / I, p.p.inv. / P ..17
balayer T ....28 ou 29
balbutier I, p.p.inv. / T 14
baliser T / I, p.p.inv. 12
balkaniser T 12
ballaster T 12
baller I / P.p.inv. 12
ballonner T / Pr 12
ballotter T / I, p.p.inv. 12
bambocher I / P.p.inv. 12
banaliser T 12

bancher T 12

bander T / I, p.p.inv. 12

bannir T 34

banquer T / P. p. inv ./
-qu- partout 15

banqueter I / P.p.inv. 26

baptiser T 12

baragouiner T / I, p.p.inv. 12

baraquer I / P.p.inv. /
-qu- partout 15

baratiner I, p.p.inv. / T 12

baratter T 12

barber T 12

barbifier T 14

barboter I, p.p.inv. / T 12

barbouiller T 12

barder T / U, p.p.inv. : *employé
uniquement avec le pronom
démonstratif familier
ça va barder !* 12

baréter I / P.p.inv. 19

barguigner I / P.p.inv. /
*Usité surtout dans
l'expression : sans barguigner
(= sans hésiter)* 12

barioler T 12

barrer T / Pr 12

barricader T / Pr 12

barrir I / P.p.inv. 34

basaner T 12

basculer I, p.p.inv. / T 12

baser T / Pr (sur) 12

bassiner T 12

bastonner -se- + être 12

batailler I / P.p.inv. 12

bateler I / P.p.inv. 22

bâter T 12

batifoler I / P.p.inv. 12

bâtir T 34

bâtonner T 12

battre T / I, p.p.inv. /
Pr (contre) 73

bavarder I / P.p.inv. 12

bavasser I / P.p.inv. 12

baver I / P.p.inv. 12

bavocher I / P.p.inv. 12

bayer I / P.p.inv./
*Usité uniquement dans
l'expression* bayer aux
corneilles 12

bazarder T 12

béatifier T 14

bêcher T / I, p.p.inv. 12

bêcheveter T 26

bécoter T / Pr 12

becqueter T ....26 ou 27

becter T / I, p.p.inv. 12

bedonner I / P.p.inv. 12

béer I / P.p.inv. / Déf : *usité
seulement à l'inf. prés. et
au part. prés. (béant) ;
souvent remplacé par
« être béant / te » aux
autres temps* 13

bégayer I, p.p.inv. /
T ....28 ou 29

bégueter I / P.p.inv. 27

bêler I / P.p.inv. 12

bémoliser T 12

bénéficier Ti (de) / I,
Afrique / P.p.inv. 14

bénir T / *Part. passé* bénit / ts,
bénite/ tes *dans quelques
expressions de sens religieux* .34

béqueter T ....26 ou 27

béquiller T 12

bercer T / Pr (de) 17

berner T 12

besogner I / P.p.inv. 12

bêtifier I / P.p.inv. 14

bétonner T / I, p.p.inv. 12

beugler I, p.p.inv. / T 12

beurrer T 12

biaiser I, p.p.inv. / T 12

biberonner I, p.p.inv. / T ..12

bicher I / P.p.inv. 12

bichonner T / Pr 12

bidonner T / Pr 12

bidouiller T 12

bienvenir I / Déf : *usité
seulement à l'inf. prés. (se
faire bienvenir = être bien
accueilli)*

biffer T 12

bifurquer I / Ti (sur, vers) /
P.p.inv. / -qu- partout 15

bigarrer T 12

bigler I, p.p.inv. / T 12

bigorner T / Pr 12

biler -se- + être 12

biller T 12

biloquer T / -qu- partout ...15

biner T / I, p.p.inv. 12

biper T 12

biscuiter T 12

biseauter T 12

biser T, p.p.inv. / I 12

bisquer I / P.p.inv. /
-qu- partout 15

bisser T 12

bistourner T 12

bistrer T 12

bitturer -se- + être 12

bitumer T 12

biturer -se- + être 12

bivouaquer I / P.p.inv. /
-qu- partout 15

bizuter T 12

blackbouler T 12

blaguer I, p.p.inv. / T /
-gu- partout 15

blairer T 12

blâmer T 12

blanchir T / I, p.p.inv. 34

blaser T 12

blasonner T 12

blasphémer T / I, p.p.inv. 19

blatérer I / P.p.inv. 19

blêmir I / P.p.inv. 34

bléser I / P.p.inv. 19

blesser T / Pr 12

blettir I / P.p.inv. 34

bleuir T / I, p.p.inv. 34

bleuter T 12

blinder T 12

blinquer I / P.p.inv. /
Belgique / -qu- partout 15

blondir I, p.p.inv. / T 34

bloquer T / -qu- partout 15

blottir -se- + être 34

blouser I / I, p.p.inv. 12

bluffer I / I, p.p.inv. 12

bluter T 12

bobiner T 12

bocarder T 12

boire T 87

boiser T 12

boiter I / P.p.inv. 12

boitiller I / P.p.inv. 12

bombarder T 12

bomber T / I, p.p.inv. 12

bondir I / P.p.inv. 34

bonifier T / Pr 14

bonimenter I / P.p.inv. 12

border T 12

borner T / Pr (à) 12

bornoyer I, p.p.inv. / T 30

bosseler T 22

bosser T / I, p.p.inv. 12

bossuer T 12

bostonner I / P.p.inv. 12

botteler T 22

botter T 12

boubouler I / P.p.inv. 12

boucaner T 12

boucharder T 12

boucher T 12

bouchonner T / I, p.p.inv. ..12

boucler T / I / P.p.inv 12

bouder I, p.p.inv. / T 12

boudiner T 12

bouffer I, p.p.inv. / T / Pr
*dans l'expression populaire
se bouffer le nez* 12

bouffir T / I, p.p.inv. 34

bouffonner I / P.p.inv. 12

bouger I, p.p.inv. / T 16

bougonner T / I, p.p.inv. ...12

bouillir I, p.p.inv. / T 38

bouillonner I, p.p.inv. / T .12

bouillotter I / P.p.inv. 12

boulanger I, p.p.inv. / T ...16

bouler I / P.p.inv. 12

bouleverser T 12

boulocher I / P.p.inv. 12

boulonner T / I, p.p.inv. ...12

boulotter T / I, p.p.inv. 12

boumer I / U / P.p.inv. /
*Employé uniquement
avec le pronom démonstratif
familier :* ça boume 12

bouquiner I / P.p.inv. / T .12

bourdonner I / P.p.inv. 12

bourgeonner I / P.p.inv. 12

bourlinguer I / P.p.inv. /
-gu- partout 15

bourrer T / I, p.p.inv. / Pr ..12

boursicoter I / P.p.inv. 12

boursoufler T / Pr 12

bousculer T / Pr 12

bousiller T 12

bouter T 12

boutonner T /
I, p.p.inv. / Pr 12

bouturer I, p.p.inv. / T 12

boxer I, p.p.inv. / T 12

boyauter -se- + être 12

boycotter T 12

braconner I / P.p.inv. 12

brader T 12

brailler T / I, p.p.inv. 12
braire I / Déf : *usité
seulement à l'inf. prés.
et aux 3es pers. de l'ind.
prés. et futur, ainsi qu'au
conditionnel prés.* 88
braiser T 12
bramer I / P.p.inv. 12
brancarder T 12
brancher T / I, p.p.inv. /
Pr (sur) 12
brandir T 34
branler I, p.p.inv. / T / Pr.. 12
braquer T / I, p.p.inv. / Pr
(contre) / -qu-partout .. 15
braser T 12
brasiller I / P.p.inv. 12
brasser T / Pr 12
braver T 12
bredouiller I, p.p.inv. / T...12
brêler T......................12
brésiller T / I, p.p.inv. / Pr..12
bretteler T 22
bretter T 12
breveter T 26
bricoler I, p.p.inv. / T..... 12
brider T 12
bridger I / P.p.inv. 16
briefer T......................12
briffer I, p.p.inv. / T 12
briguer T / -gu-partout...15
brillanter T 12
brillantiner T...............12
briller I / P.p.inv. 12
brimbaler T / I, p.p.inv... 12
brimer T 12
bringuebaler T / I, p.p.inv. 12
bringuer I, p.p.inv. / Pr/
Suisse / -gu-partout 15
brinquebaler T/I, p.p.inv.. 12
briquer T / -qu-partout .15
briqueter T.................26
briser T / I, p.p.inv. / Pr...12
brocanter I / P.p.inv. 12
brocarder T...............12
brocher T....................12
broder T......................12
broncher I / P.p.inv. 12
bronzer T / I, p.p.inv. 12
brosser T / Pr...............12
brouetter T 12
brouillasser U/P.p.inv. .. 12
brouiller T / Pr...........12
brouillonner T...............12
brouter T / I, p.p.inv...... 12

broyer T...................... 30
bruiner U/P.p.inv.......... 12
bruir T........................34
bruire I / P.p.inv. Déf :
*usité seulement à l'inf.
prés., au part. prés.
(bruissant), aux 3es pers.
de l'ind. prés. (bruit
/bruissent)
et imparf. (bruissait
/bruissaient) ainsi
que du subj. prés. (bruis-
se/bruissent)*
bruisser I / P.p.inv. 12
bruiter T 12
brûler T / I, p.p.inv. / Pr. 12
brumasser U / P.p.inv. ... 12
brumer U / P.p.inv. 12
brunir T / I, p.p.inv. 34
brusquer T /
-qu-partout 15
brutaliser T..................12
bûcher T / I, p.p.inv. 12
budgéter T 19
budgétiser T 12
buffler T 12
buller I / P.p.inv. 12
bureaucratiser T.........12
buriner T 12
buser T / Belgique 12
busquer T / -qu-partout.15
buter Ti (sur, contre),
p.p.inv. / T / Pr 12
butiner I, p.p.inv. / T..... 12
butter T 12

C

cabaler I / P.p.inv. 12
cabaner T / I, p.p.inv 12
câbler T 12
cabosser T...................12
caboter I / P.p.inv..........12
cabotiner I / P.p.inv. 12
cabrer T / Pr 12
cabrioler I / P.p.inv....... 12
cacaber I / P.p.inv. 12
cacarder I / P.p.inv. 12
cacher T / Pr 12
cacheter T 26
cadastrer T...................12
cadenasser T 12
cadencer T 17
cadmier T 14
cadrer I (avec), p.p.inv. / T.12
cafarder I, p.p.inv. / T ... 34

cafouiller I / P.p.inv. 12
cafter I, p.p.inv. / T 12
cahoter T / I, p.p.inv 12
cailler T / I, p.p.inv. / Pr ...12
caillouter T..................12
cajoler T / I, p.p.inv. 12
calaminer -se- + être 12
calancher I / P.p.inv. 12
calandrer T 12
calciner T....................12
calculer T / I, p.p.inv......12
caler T / I, p.p.inv. 12
caleter I, p.p.inv. / Pr......12
calfater T 12
calfeutrer T / Pr............12
calibrer T 12
câliner T......................12
calligraphier T / I, p.p.inv. ...14
calmer T / Pr................12
calmir I / P.p.inv...........34
calomnier T..................14
calorifuger T 16
calotter I.....................12
calquer T / -qu-partout ..15
calter I, p.p.inv. / Pr 12
cambrer T / Pr..............12
cambrioler T 12
camer -se- + être..........12
camionner T.................12
camoufler T / Pr...........12
camper I, p.p.inv. / T / Pr...12
canaliser T...................12
canarder T / I, p.p.inv. ...12
cancaner I / P.p.inv. 12
cancériser -se- + être 12
candir T / Pr 34
caner I / P.p.inv..............12
canner T / I, p.p.inv. / Pr...12
cannibaliser T..............12
canoniser T..................12
canonner T 12
canoter I / P.p.inv 12
cantiner I / P.p.inv 12
cantonner T / I, p.p.inv. / Pr.12
canuler T.....................12
caoutchouter T...........12
caparaçonner T 12
capéer I / P.p.inv. / -é-
partout dans la base ..13
capeler T.....................22
caper T.......................12
capeyer I / P.p.inv. /
-y- partout 29
capitaliser T / I, p.p.inv. 12

capitonner T 12
capituler I / P.p.inv.......12
caporaliser T...............12
capoter T / I, p.p.inv 12
capsuler T 12
capter T 12
captiver T....................12
capturer T 12
caquer T / -qu- partout...15
caqueter I / P.p.inv. 26
caracoler I / P.p.inv. 12
caractériser T / Pr (par) .12
caramboler I, p.p.inv. / T...12
caraméliser I, p.p.inv. / T...12
carapater -se- + être.....12
carbonater T 12
carboniser T 12
carbonitrurer T 12
carburer T / I, p.p.inv....12
carcailler I / P.p.inv. 12
carder T......................12
carencer T...................17
caréner T 19
caresser T 12
carguer T / -gu- partout..15
caricaturer T 12
carier T / Pr 14
carillonner I, p.p.inv. / T .12
carotter T....................12
carreler T..................22
carrer T / Pr................12
carrosser T 12
carroyer T...................30
cartelliser T..................12
carter T 12
cartographier T 14
cartonner T 12
cascader I / P.p.inv........12
casemater T.................12
caser T / Pr 12
caserner T 12
casquer I, p.p.inv. / T /
-qu- partout..............15
casser T / I, p.p.inv. / Pr ..12
castrer T 12
cataloguer T /
-gu- partout..............15
catalyser T 12
catapulter T.................12
catastropher T.............12
catcher I / P.p.inv..........12
catéchiser T.................12
catégoriser T 12
catir T........................34

cauchemarder I / P.p.inv. .12
causer T / Ti (de, sur),
p.p.inv. 12
cautériser T......12
cautionner T......12
cavalcader I / P.p.inv. 12
cavaler I, p.p.inv. / T / Pr..12
caver T / I, p.p.inv. 12
caviarder T......12
céder T / I, p.p.inv. / Ti
(à), p.p.inv. 19
ceindre T 69
ceinturer T......12
célébrer T......19
celer T......24
cémenter T......12
cendrer I......12
censurer T......12
centraliser T......12
centrer T......12
centrifuger T......16
centupler T / I, p.p.inv. ..12
cercler T......12
cerner T......12
certifier T......14
césariser T......12
cesser T / I, p.p.inv. 12
chabler T......12
chagriner T......12
chahuter T / I, p.p.inv. ...12
chaîner T......12
chaloir U/Déf : usité
seulement dans
l'expression : peu me
(te, lui...) chaut
chalouper I / P.p.inv...12
chamailler -se- + être ...12
chamarrer T......12
chambarder T......12
chambouler T......12
chambrer T......12
chamoiser T......12
champagniser T......12
champlever T......24
chanceler I / P.p.inv......22
chancir I / P.p.inv. 34
chanfreiner T......12
changer T / I, p.p.inv. /
Ti (de), p.p.inv. / Pr...16
chansonner T......12
chanter I, p.p.inv. / T ...12
chantonner T / I,
p.p.inv. 12
chantourner T......12

chaparder T 12
chapeauter T......12
chaperonner T......12
chapitrer T......12
chaponner T......12
chaptaliser T......12
charbonner T / I, p.p.inv. .12
charcuter T......12
charger T / Pr (de)......16
charioter I / P.p.inv. 12
charmer T......12
charpenter T......12
charrier T / I, p.p.inv....14
charroyer T......30
chasser T / I, p.p.inv......12
châtier T......14
chatonner I / P.p.inv......12
chatouiller T......12
chatoyer I / P.p.inv. 30
châtrer T......12
chauffer T / I, p.p.inv. / Pr..12
chauler T......12
chaumer T / I, p.p.inv. 12
chausser T / I, p.p.inv. / Pr .12
chauvir I / P.p.inv. /
Suit le modèle « aimer »
(12) au plur. du prés. de
l'ind. et de l'impér. (chau-
vons...) ainsi qu'à l'ind.
imparf. (je chauvais), au
subj. prés. (que je chauve)
et au part. prés.
(chauvant)......34
chavirer I, p.p.inv. / T ...12
cheminer I / P.p.inv. 12
chemiser T......12
chercher T......12
chérir T......34
chevaler T......12
chevaucher T / I,
p.p.inv. / Pr 12
cheviller T......12
chevreter I / P.p.inv. 26
chevretter I / P.p.inv.....12
chevroter I / P.p.inv. 12
chiader I, p.p.inv. / T ...12
chialer I / P.p.inv......12
chicaner I, p.p.inv. / T...12
chicoter I / P.p.inv......12
chier I, p.p.inv. / T 14
chiffonner T......12
chiffrer T / I, p.p.inv......12
chiner T / I, p.p.inv. / Pr ...12
chinoiser I / P.p.inv. 12

chiper T 12
chipoter I / P.p.inv. 12
chiquer T / I, p.p.inv. /
-qu- partout......15
chlinguer I / P.p.inv. /
-gu- partout......15
chloroformer T......12
chlorurer T......12
choir I / Déf : pas de
part. prés., d'indic.
imparf., d'impér. ni de
subj. prés. ; pas de 1re et
2e pers. plur. à l'ind.
prés. ; seulement la
3e du sing. au subj.
imparf. 62
choisir T......34
chômer I, p.p.inv. / T ...12
choper T......12
choquer T......15
chorégraphier T......14
chosifier T......14
chouchouter T......12
chouriner T......12
choyer T......30
christianiser T......12
chromer T......12
chromiser T......12
chroniciser -se- + être..12
chronométrer T......19
chuchoter I / T..12
chuinter I / P.p.inv. 12
chuter I / P.p.inv. 12
cibler T......12
cicatriser T / I,
p.p.inv. / Pr 12
ciller I / P.p.inv......12
cimenter T......12
cingler I, p.p.inv. / T 12
cintrer T......12
circoncire T /Part. passé
circoncis / -ise / -ises....81
circonscrire T......78
circonvenir T......4
circulariser T......12
circuler I / P.p.inv......12
cirer T......12
cisailler T......12
ciseler T......24
citer T......12
civiliser T......12
clabauder I / P.p.inv......12
claboter I, p.p.inv. / T ...12
claironner I, p.p.inv. / T...12
clamecer I / P.p.inv......17

clamer T 12
clamser I / P.p.inv. 12
clapir I / P.p.inv. 34
clapoter I / P.p.inv. 12
clapper I / P.p.inv. 12
claquemurer T / Pr......12
claquer I, p.p.inv. / T / Pr
-qu- partout 15
claqueter I / P.p.inv. 26
clarifier T......14
classer T / Pr......12
classifier T......14
claudiquer I / P.p.inv. /
-qu- partout......15
claustrer T / Pr......12
claver T......12
claveter T......26
clayonner T......12
clicher T......12
cligner T / I, p.p.inv......12
clignoter I / P.p.inv. 12
climatiser T......12
cliquer I / P.p.inv. /
-qu- partout......15
cliqueter I / P.p.inv. 26
clisser T......12
cliver T / Pr......12
clochardiser T / Pr......12
clocher I / P.p.inv......12
cloisonner T......12
cloîtrer T / Pr......12
cloner T......12
clopiner I / P.p.inv......12
cloquer I / P.p.inv. /
-qu- partout......15
clore T / Déf : pas
de part. prés., d'ind.
imparf. et passé simple, de
subj. imparf.,
d'imper. ; pas de plur.
à l'ind. prés. 98
clôturer T / I, p.p.inv 12
clouer T......12
clouter T......12
coaguler T / I,
p.p.inv. / Pr 12
coalescer I......18
coaliser T / Pr (contre)..12
coasser I / P.p.inv......12
cocher T......12
côcher T......12
cochonner I, p.p.inv. / T...12
cocoler T / Suisse 12
cocoter I / P.p.inv......12
cocotter I / P.p.inv......12

cocufier T 14
coder T 12
codifier T 14
coéditer T 12
coexister I / P.p.inv. 12
coffrer T 12
cofinancer T 17
cogérer T 19
cogiter I, p.p.inv. / T 12
cogner I, p.p.inv. / Ti
(à, contre, sur, dans),
p.p.inv. / T / Pr 12
cohabiter I / P.p.inv. 12
cohériter I / P.p.inv. 12
coiffer T / Pr 12
coincer T / Pr............17
coïncider I / P.p.inv. /
Attention au part.
prés. : coïncidant
(ne pas confondre
avec l'adj.
« coïncident ») 12
coïter I / P.p.inv. 12
cokéfier T..................14
collaborer I / Ti
(à) / P.p.inv. 12
collationner T.............12
collecter T 12
collectionner T...........12
collectiviser T.............12
coller T / I, p.p.inv. / Ti
(à), p.p.inv. 12
colleter -se- + être...26 ou 27
colliger T 16
colloquer T /
-qu- partout..............15
colmater T 12
coloniser T 12
colorer T...................12
colorier T 14
coloriser T 12
colporter T................12
coltiner T / Pr 12
combattre T / I, p.p.inv. ..73
combiner T / Pr 12
combler T 12
commander T / I, p.p.inv. /
Ti (à), p.p.inv. / Pr 12
commanditer T...........12
commémorer T...........12
commencer T / Ti
(à + inf., par),
p.p.inv. / I, p.p.inv. 17
commenter T..............12

commercer Ti
(avec) / P.p.inv. 17
commercialiser T........12
commérer I / P.p.inv. 19
commettre T / Pr 6
commissionner T.........12
commotionner T 12
commuer T 12
communaliser T 12
communier I, p.p.inv. / T .14
communiquer T / Ti
(avec, sur),
p.p.inv. / -qu- partout.
Attention au part.
prés. : communiquant
(ne pas confondre
avec l'adj.
« communicant ») 15
commuter T 12
compacter T 12
comparaître I / P.p.inv. ..74
comparer T 12
comparoir I / Déf : usité
seulement à l'inf. prés.
et au part. prés.
(comparant) ; on
emploie « comparaître »
pour les autres formes
compartimenter T.......12
compasser T...............12
compatir Ti (à) /P.p.inv...34
compenser T 12
compiler T 12
compisser T 12
complaire Ti (à) / Pr
(dans) /P.p.inv. même
à la voix pronominale.89
complanter T 12
compléter T / Pr.........19
complexer T 12
complexifier T............14
complimenter T...........12
compliquer T / Pr /
-qu- partout..............15
comploter T / I, p.p.inv...12
comporter T / Pr 12
composer T / I, p.p.inv. ...12
composter T 12
comprendre T.............67
compresser T 12
comprimer T 12
compromettre T / I,
p.p.inv. / Pr...............6
comptabiliser T 12
compter T / Ti (avec,
sur), p.p.inv. / I, p.p.inv. ...12

compulser T...............12
concasser T 12
concéder T................19
concélébrer I 19
concentrer T / Pr.........12
conceptualiser T..........12
concerner T 12
concerter T / Pr..........12
concevoir T................50
concilier T / Pr............14
conclure T / Ti (à),
p.p.inv. / I, p.p.inv. 12
concocter T................92
concorder I / P.p.inv. 12
concourir Ti (à) / I /
P.p.inv. 41
concréter T / Pr...........19
concrétiser T / Pr 12
concurrencer T............17
condamner T 12
condenser T / Pr 12
condescendre, Ti (à) /
P.p.inv. 65
conditionner T............12
conduire T / Pr 82
confectionner T...........12
confédérer T 19
conférer I (avec),
p.p. inv. / T 19
confesser T / Pr...........12
confier T / Pr 14
confiner Ti (à),
p.p.inv. / T / Pr 12
confire T / Pr /
Part. passé : confit/its,
confite/ites................81
confirmer T................12
confisquer T /
-qu- partout..............15
confluer I / P.p.inv.
Attention au part. prés. :
confluant (ne pas
confondre avec le nom
« confluent ») 12
confondre T / Pr...........65
conformer T / Pr (à) 12
conforter T.................12
confronter T 12
congédier T................14
congeler T / Pr 24
congestionner T / Pr....12
conglomérer T.............19
conglutiner T 12
congratuler T 12
congréer T / -é- partout

dans la base...............13
conjecturer T 12
conjuguer T /
-gu- partout..............15
conjurer T 12
connaître T / Ti (de),
p.p.inv. / Pr 74
connecter T 12
connoter T 12
conquérir T.................43
consacrer T / Pr (à).....12
conscientiser T 12
conseiller T 12
consentir Ti (à),
p.p.inv. / T 36
conserver T / Pr 12
considérer T................19
consigner T 12
consister Ti (à, dans,
en), / P.p.inv. 12
consoler T / Pr 12
consolider T................12
consommer T / I, p.p.inv. .12
conspirer I, p.p.inv. / T...12
conspuer T 12
constater T 12
consteller T 12
consterner T 12
constiper T 12
constituer T / Pr..........12
constitutionnaliser T...12
construire T 82
consulter T / I, p.p.inv. ...12
consumer T / Pr 12
contacter T 12
contagionner T............12
containériser T 12
contaminer T 12
contempler T 12
conteneuriser T 12
contenir T / Pr 4
contenter T / Pr (de)....12
conter T.....................12
contester T 12
contingenter T............12
continuer T / Ti (à),
p.p.inv. / I, p.p.inv. / Pr ...12
contorsionner -se-
+ être 12
contourner T...............12
contacter T / Pr...........12
contractualiser T........12
contracturer T.............12
contraindre T.............68

contrarier T................14

contraster I, p.p.inv. / Ti (avec), p.p.inv. / T........12

contre-attaquer T / I, p.p.inv. / -qu- partout ...15

contrebalancer T / Pr...17

contre-braquer T / I, p.p.inv. / -qu- partout...15

contrebuter T.............12

contrecarrer T............12

contredire T / Pr / 2ᵉ pers. du plur. au présent de l'ind. et de l'impér. : (vous) contredisez.............76

contrefaire T.............5

contreficher -se- (de) + être................12

contrefoutre -se- (de) + être / Déf : inusité au passé simple et au subj. imparf. / Suit le modèle « rendre » (mais avec la base fout-) sauf aux pers. du sing. de l'ind. prés. et de l'impér. prés. (je me contrefous, tu te contrefous, contrefous-toi…)...65

contre-indiquer T / -qu- partout.............15

contre-manifester I / P.p.inv. 12

contremarquer T / -qu- partout.............15

contre-miner T.............12

contre-passer T...........12

contreplaquer T / -qu- partout.............15

contrer T................12

contresigner T............12

contre-tirer T.............12

contretyper T............12

contrevenir Ti (à) / P.p.inv. 4

contreventer T............12

contribuer Ti (à) /P.p.inv..12

contrister T................12

contrôler T / Pr 12

controverser T............12

contusionner T............12

convaincre T /Attention au part. prés. : convainquant (ne pas confondre avec l'adj. « convaincant »)......72

convenir Ti (de, à),

p.p.inv. / U (de) + être ou avoir/ Pr/ Attention : p.p. inv. à la voix pronominale 4

conventionner T..........12

converger I / P.p.inv. / Attention au part. prés. : convergeant (ne pas confondre avec l'adj. « convergent »)..........16

converser I / P.p.inv. 12

convertir T................34

convier T.................14

convoiter T 12

convoler I / P.p.inv. 12

convoquer T / -qu- partout..............15

convoyer T................30

convulser T...............12

convulsionner T 12

coopérer Ti (à) / P.p.inv. ..19

coopter T..................12

coordonner T............12

copartager T..............16

copermuter T.............12

copier T / Ti (sur), p.p.inv...............14

copiner I / P.p.inv. 12

coposséder T..............19

coproduire T..............82

copuler I / P.p.inv. 12

coqueter I / P.p.inv. 26

coquiller I / P.p.inv. 12

cordeler T.................22

corder T..................12

cordonner T...............12

cornaquer T / -qu- partout 15

corner I, p.p.inv. / T.......12

correctionnaliser T 12

corréler T.................19

correspondre I /Ti (à) / P.p.inv. 65

corriger T / Pr 16

corroborer T..............12

corroder T 12

corrompre T..............71

corroyer T.................30

corser T / Pr 12

corseter T.................27

cosigner T................12

cosser I / P.p.inv. 12

costumer T................12

coter T / I, p.p.inv.........12

cotir T....................34

cotiser I, p.p.inv. / Pr......12

cotonner -se- + être 12

côtoyer T................30

couchailler I / P.p.inv. ...12

coucher T / I, p.p.inv. / Pr.12

couder T..................12

coudoyer T...............30

coudre T..................97

couillonner T.............12

couiner I / P.p.inv. 12

couler I, p.p.inv. / T / Pr .12

coulisser T / I, p.p.inv. ...12

coupailler T..............12

couper T / Ti (à), p.p.inv. / I, p.p.inv. / T / Pr 12

coupler T................12

courailler I / P.p.inv......12

courbaturer T.............12

courbaturer T / Il existe un second part. part. passé : courbatu/us, courbatue/ues............12

courber T / I, p.p.inv. / Pr.......................12

courcailler I / P.p.inv. 12

courir I, p.p.inv. / T......41

couronner T / Pr 12

courroucer T..............17

courser T..................12

courtauder T..............12

court-circuiter T...........12

courtiser T................12

cousiner I / P.p.inv. 12

coûter I, p.p.inv. / T 12

couver T / I, p.p.inv.......12

couvrir T / Pr.............44

craboter T................12

cracher I, p.p.inv. / Ti (sur), p.p.inv. / T.......12

crachiner U/P.p.inv.......12

crachoter I / P.p.inv. 12

crachouiller I / P.p.inv. ...12

crailler I / P.p.inv. ..12

craindre T / I, p.p.inv....68

cramer I, p.p.inv. / T......12

cramponner T / Pr (à)..12

crâner I / P.p.inv..........12

cranter T.................12

crapahuter I / P.p.inv......12

crapaüter I / P.p.inv.......12

craqueler T / Pr...........22

craquer I, p.p.inv. / T / -qu- partout 15

craqueter I / P.p.inv. ....26 ou 27

crasher -se- + être........12

cravacher T / I, p.p.inv. ..12

cravater T.................12

crawler I / P.p.inv..........12

crayonner T 12

crécher I / P.p.inv..........19

crédibiliser T.............12

créditer T.................12

créer T / -é-partout dans la base 13

crémer I / P.p.inv..........19

créneler T..................22

créner T...................19

créoliser -se- + être 12

créosoter T................12

crêper T / Pr dans l'expression familière se crêper le chignon 12

crépir T / Attention au part. passé : crépi /is, crépie/ies (= régulier)......34

crépiter I / P.p.inv..........12

crétiniser T 12

creuser T / Pr..............12

crevasser T / Pr 12

crever I, p.p.inv. / T / Pr (à)......................24

crevoter I / P.p.inv. / Suisse 12

criailler I / P.p.inv. 12

cribler T 12

crier I, p.p.inv. / Ti (après, contre), p.p.inv. / T.......14

criminaliser T.............12

crisper T / Pr 12

crisser I / P.p.inv. 12

cristalliser T / I, p.p.inv. / Pr........................12

criticailler T 12

critiquer T / -qu- partout..............15

croasser I / P.p.inv. 12

crocher T / I, p.p.inv. / Suisse 12

crocheter T................27

croire T / Ti (à, en), p.p.inv. / I, p.p.inv. / Pr ..86

croiser T / I, p.p.inv. / Pr .12

croître I / P.p.inv..........90

croquer I, p.p.inv. / T / -qu- partout 15

crosser T 12

crotter I / P.p.inv. 12
crouler I / P.p.inv. 12
croupir I / P.p.inv. 34
croustiller I / P.p.inv. 12
croûter I / P.p.inv. 12
crucifier T 14
crypter T 12
cuber T / I, p.p.inv. 12
cueillir T 45
cuirasser T / Pr 12
cuire T / I, p.p.inv. 82
cuisiner I, p.p.inv. / T..... 12
cuiter -se- + être 12
cuivrer T 12
culbuter T / I, p.p.inv. 12
culer I / P.p.inv. 12
culminer I / P.p.inv. 12
culotter T 12
culpabiliser T / I, p.p.inv... 12
cultiver T / Pr............. 12
cumuler T / I, p.p.inv. 12
curer T / Pr................ 12
cureter T.................. 26
cuveler T.................. 22
cuver I, p.p.inv. / T 12
cyanoser T 12
cyanurer T 12
cycliser T 12
cylindrer T 12

D

dactylographier T 14
daigner T (+ inf.) /
  P.p.inv. 12
daller T.................... 12
damasquiner T 12
damasser T................ 12
damer T 12
damner T / Pr 12
dandiner -se- + être 12
danser I, p.p.inv. / T...... 12
dansoter I / P.p.inv. 12
dansotter I / P.p.inv. 12
darder T................... 12
dater T / I, p.p.inv. 12
dauber I, p.p.inv. 12
déambuler I / P.p.inv... 12
débâcher T................ 12
débâcler T / I, p.p.inv. ... 12
débagouler I, p.p.inv. /T... 12
débâillonner T............ 12
déballer T 12
déballonner -se- + être.. 12

débalourder T 12
débander T / Pr........... 12
débaptiser T 12
débarbouiller T / Pr.....12
débarder T 12
débarquer T / I, /
  P.p.inv. / -qu- partout .. 15
débarrasser T / Pr (de).. 12
débarrer T 12
débâter T 12
débâtir T 34
débattre T / Ti (de),
  p.p.inv. / Pr 73
débaucher T 12
débecqueter T 26
débecter T................. 12
débenzoler T 12
débéqueter T 26
débiliter T 12
débillarder T 12
débiner T / Pr 12
débiter T 12
déblatérer Ti (contre) /
  P.p.inv. 19
déblayer T .... 28 ou 29
débloquer T / I, p.p.inv. /
  -qu- partout 15
débobiner T 12
déboiser T / Pr............ 12
déboîter T / I,
  p.p.inv. / Pr 12
débonder T / Pr........... 12
déborder I, p.p.inv. / T /
  Ti (de), p.p.inv. / Pr...... 12
débosseler T.............. 22
débotter T................. 12
déboucher T / I, p.p.inv. .. 12
déboucler T 12
débouillir T 38
débouler I, p.p.inv. / T.... 12
déboulonner T 12
débouquer I / P.p.inv. /
  -qu- partout 15
débourber T................ 12
débourrer T / I, p.p.inv. .. 12
débourser T 12
déboussoler T 12
débouter T 12
déboutonner T / Pr....... 12
débrailler -se- + être 12
débrancher T 12
débraser T 12
débrayer T / I,
  p.p.inv.............. 28 ou 29

débrider T................. 12
débrocher T 12
débrouiller T / Pr 12
débroussailler T 12
débrousser T / Afrique 12
débucher I, p.p.inv. / T.....12
débudgétiser T............. 12
débureaucratiser T 12
débusquer T /
  -qu- partout............. 15
débuter I, p.p.inv. / T.....12
décacheter T 26
décadenasser T............ 12
décadrer T 12
décaisser T 12
décalaminer T 12
décalcifier T / Pr 14
décaler T 12
décalotter T 12
décalquer T /
  -qu- partout 15
décamper I / P.p.inv. 12
décaniller I / P.p.inv. 12
décanter T / Pr 12
décapeler T 22
décaper T 12
décapitaliser I / P.p.inv. .. 12
décapiter T 12
décapoter T 12
décapsuler T 12
décapuchonner T 12
décarbonater T............ 12
décarburer T 12
décarcasser -se- + être... 12
décarreler T 22
décatir T / Pr 34
décauser I / P.p.inv. /
  Belgique 12
décavaillonner T.......... 12
décaver T 12
décéder I /+ être 19
déceler T 24
décélérer I / P.p.inv. 19
décentraliser T 12
décentrer T 12
décercler T................ 12
décérébrer T 19
décerner T 12
décerveler T 22
décevoir T................. 50
déchaîner T / Pr 12
déchanter I / P.p.inv. 12
déchaperonner T........ 12
décharger T / I, p.p.inv. /

Pr (de) 16
décharner T 12
déchaumer T 12
déchausser T / Pr 12
déchiffonner T 12
déchiffrer T 12
déchiqueter T.............. 26
déchirer T / Pr 12
déchlorurer T............... 12
déchoir I /T/+ être ou avoir/
  Déf : usité surtout à
  l'inf. et au part. passé ;
  pas de part. prés.,
  d'ind. imparf.,
  d'imper. 64
déchristianiser T 12
décider T / I, p.p.inv. / Ti
  (de), p.p.inv. / Pr (à) 12
décimaliser T 12
décimer T 12
décintrer T 12
déclamer T / I, p.p.inv..... 12
déclarer T / Pr............. 12
déclasser T 12
déclaveter T 26
déclencher T / Pr 12
décliner I, p.p.inv. / T...... 12
décliqueter T.............. 26
décloisonner T 12
déclore T /Déf : usité
  seulement à l'inf. et au
  part. passé (déclos,
  déclose/ses) 98
déclouer T 12
décocher T 12
décoder T 12
décoffrer T 12
décoiffer T 12
décoincer T / Pr 17
décolérer I / P.p.inv. 19
décollectiviser T 12
décoller T / I, p.p.inv...... 12
décolleter T 26
décoloniser T 12
décolorer T 12
décommander T 12
décompenser I / P.p.inv... 12
décomplexer T 12
décomposer T / Pr....... 12
décompresser I / P.p.inv. 12
décomprimer T 12
décompter T /
  I, p.p.inv. 12
déconcentrer T / Pr 12
déconcerter T............. 12

déconditionner T........12
décongeler T.............24
décongestionner T......12
déconnecter T / I,
p.p.inv. 12
déconner I / P.p.inv......12
déconseiller T 12
déconsidérer T / Pr 9
déconsigner T 12
déconstruire T............82
décontaminer T............12
décontenancer T / Pr....17
décontracter T / Pr.......12
déconventionner T 12
décorder -se- + être....12
décorer T..................12
décorner T.................12
décortiquer T /
-qu- partout 15
découcher I / P.p.inv. 12
découdre T / I dans
l'expression familière
en découdre avec
quelqu'un, usitée
seulement à l'inf. 97
découler Ti (de) /
P.p.inv......................12
découper T / Pr...........12
découpler T 12
décourager T / Pr 16
découronner T 12
découvrir T / I,
p.p.inv. / Pr 44
décrasser T 12
décrédibiliser T 12
décrêper T.................12
décrépir T / Pr/Attention
au part. passé :
décrépi/ie/is/ies
(ne pas confondre
avec l'adj.
« décrépit/ite ») 34
décrépiter T 12
décréter T 19
décreuser T................12
décrier T....................14
décriminaliser T..........12
décrire T.....................78
décrisper T 12
décrocher T / I, p.p.inv. ..12
décroiser T.................12
décroître I / P.p.inv.
(décru) 91
décrotter T.................12
décruer T...................12

décruser T 12
décrypter T 12
décuivrer T 12
déculasser T 12
déculotter T / Pr..........12
déculpabiliser T 12
décupler T / I, p.p.inv. ...12
décuver T 12
dédaigner T / Ti
(de + inf.), p.p.inv.......12
dédicacer T.................17
dédier T 14
dédifférencier
-se- + être 14
dédire -se- + être/
2e pers. du pluriel à
l'ind. prés. et à l'impér.
prés. : vous vous dédi-
sez, dédisez-vous......76
dédommager T...........16
dédorer T...................12
dédouaner T / Pr.........12
dédoubler T 12
dédramatiser T...........12
déduire T.....................82
défaillir I / P.p.inv........46
défaire T / Pr (de)....... 5
défalquer T /
-qu- partout 15
défatiguer T /
-gu- partout 15
défaufiler T 12
défausser T / Pr
(de, sur)..................12
défavoriser T 12
défendre T / Pr............65
défenestrer T..............12
déféquer I, p.p.inv. / T /
-qu- partout 19
déférer T / Ti (à), p.p.inv. /
Attention au part.
prés. : déférant (ne pas
confondre avec l'adj.
« déférent »)............19
déferler T / I, p.p.inv. 12
déferrer T...................12
défeuiller T 12
défeutrer T..................12
défibrer T....................12
déficeler T..................22
défier T / Pr (de).........14
défigurer T..................12
défiler I, p.p.inv. / T / Pr...12
définir T.....................34
défiscaliser T..............12

déflagrer I / P.p.inv.......12
défléchir T 34
défleurir T / I, p.p.inv....34
déflorer T....................12
défolier T....................14
défoncer T / Pr............17
déforcer T / Belgique.....17
déformer T..................12
défouler T / Pr 12
défourner T.................12
défraîchir T................34
défrayer T ....28 ou 29
défricher T 12
défriper T 12
défriser T....................12
défroisser T 12
défroncer T.................17
défroquer I, p.p.inv. / Pr/
-qu- partout 15
défruiter T...................12
dégager T / Pr............16
dégainer T..................12
déganter -se- + être....12
dégarnir T / Pr............34
dégasoliner T..............12
dégauchir T................34
dégazer T / I, p.p.inv. 12
dégazoliner T..............12
dégazonner T..............12
dégeler T / I, p.p.inv. /
Pr (de)....................24
dégénérer I / P.p.inv......19
dégermer T.................12
dégivrer T 12
déglacer T...................17
déglinguer T /
-gu- partout 15
dégluer T 12
déglutir T / I, p.p.inv. 34
dégobiller T / I, p.p.inv....12
dégoiser T / I, p.p.inv. ...12
dégommer T...............12
dégonfler T / Pr...........12
dégorger T / I, p.p.inv. ...16
dégoter T....................12
dégotter T...................12
dégouliner I / P.p.inv. 12
dégoupiller T 12
dégourdir T.................34
dégoûter T..................12
dégoutter I / P.p.inv......12
dégrader T / Pr............12
dégrafer T...................12

dégraisser T / I, p.p.inv....12
dégravoyer T 30
dégréer T / -é- partout
dans la base 13
dégrever T..................24
dégringoler I, p.p.inv. / T..12
dégripper T.................12
dégriser T / Pr.............12
dégrosser T 12
dégrossir T.................34
dégrouiller -se- + être....12
dégrouper T...............12
déguerpir I / P.p.inv.......34
dégueuler T / I, p.p.inv. ...12
déguiller T / I, p.p.inv. /
Suisse......................12
déguiser T / Pr.............12
dégurgiter T................12
déguster T..................12
déhaler T / Pr..............12
déhancher -se- + être....12
déharnacher T.............12
déhouiller T.................12
déifier T.......................14
déjanter T...................12
déjauger I, p.p.inv. / T....16
déjeter T.....................26
déjeuner I / P.p.inv........12
déjouer T 12
déjucher I, p.p.inv. / T....12
déjuger -se- + être........16
délabrer T / Pr.............12
délacer T.....................17
délainer T 12
délaisser T..................12
délaiter T....................12
délarder T...................12
délasser T / Pr.............12
délaver T....................12
délayer T ....28 ou 29
délecter -se- (de) + être ..12
délégitimer T...............12
déléguer T /
-gu- partout 19
délester T....................12
délibérer I / P.p.inv........19
délier T.......................14
délimiter T..................12
délinéer T / -é- partout
dans la base 13
délirer I / P.p.inv...........12
délisser T....................12
déliter T / Pr...............12
délivrer T....................12

délocaliser T 12
déloger I, p.p.inv. / T,
   Belgique 16
délurer T 12
délustrer T 12
déluter T 12
démagnétiser T 12
démaigrir T 34
démailler T 12
démailloter T 12
démancher T / I, p.p.inv. /
   Pr 12
demander T / Ti (après),
   p.p.inv. / Pr 12
démanger T 16
démanteler T 24
démantibuler T 12
démaquiller T 12
démarcher T 12
démarier T 14
démarquer T / I, p.p.inv. /
   Pr (de) / -qu- partout... 5
démarrer T / I, p.p.inv. ... 12
démascler T 12
démasquer T / Pr/
   -qu- partout 15
démastiquer T /
   -qu- partout 15
démâter T / I, p.p.inv. 12
dématérialiser T 12
démazouter T 12
démédicaliser T 12
démêler T 12
démembrer T 12
déménager T / I, p.p.inv. 16
démener -se- + être..... 24
démentir T / Pr 37
démerder -se- + être 12
démériter I / P.p.inv. 12
démettre T / Pr 6
démeubler T 12
demeurer I / + être ou
   avoir 12
démieller T 12
démilitariser T 12
déminer T 12
déminéraliser T 12
démissionner I, p.p.inv. /
   T 12
démobiliser T 12
démocratiser T 12
démoder -se- + être 12
démoduler T 12
démolir T 34

démonétiser T 12
démonter T / Pr 12
démontrer T 12
démoraliser T 12
démordre Ti (de) / P.p.inv. /
   Surtout usité à la tournure négative (tu n'en
   démords pas) 65
démotiver T 12
démoucheter T 26
démouler T 12
démoustiquer T /
   -qu- partout 15
démultiplier T / I,
   p.p.inv. 14
démunir T / Pr (de) 34
démuseler T 22
démutiser T 12
démystifier T 14
démythifier T 14
dénantir T 34
dénasaliser T 12
dénationaliser T 12
dénatter T 12
dénaturaliser T 12
dénaturer T 12
dénazifier T 14
dénébuler T 12
dénébuliser T 12
déneiger T 16
déniaiser T 12
dénicher T / I, p.p.inv. ... 12
dénicotiniser T 12
dénier T 14
dénigrer T 12
dénitrer T 14
dénitrifier T 22
déniveler T 12
dénombrer T 12
dénommer T 12
dénoncer T 17
dénoter T 12
dénouer T 12
dénoyauter T 12
dénoyer T 30
densifier T 14
denteler T 22
dénucléariser T 12
dénuder T / Pr 12
dénuer -se- (de) + être... 12
dépailler T 12
dépalisser T 12
dépanner T 12
dépaqueter T 26

déparasiter T 12
dépareiller T 12
déparer T 12
déparier T 14
déparler T / P.p.inv. 12
départager T 16
départementaliser T 12
départir T /
   Pr (de) .... 34 ou 36
dépasser T / I, p.p.inv. /
   Pr 12
dépassionner T 12
dépatouiller -se- + être.. 12
dépatrier T 14
dépaver T 12
dépayser T 12
dépecer T 25
dépêcher T / Pr 12
dépeigner T 12
dépeindre T 69
dépénaliser T 12
dépendre T / Ti (de),
   p.p.inv. / U, p.p.inv. dans
   les expressions cela
   dépend, il dépend
   de toi (lui, nous…)
   que 65
dépenser T / Pr 12
dépérir I / P.p.inv. 34
dépersonnaliser T......... 12
dépêtrer T / Pr (de) 12
dépeupler T / Pr 12
déphaser T 12
déphosphater T 12
déphosphorer T 12
dépiauter T 12
dépiler T 12
dépiquer T /
   -qu- partout 15
dépister T 12
dépiter T / Pr 12
déplacer T / Pr 17
déplafonner T 12
déplaire Ti (à) / Pr /
   P.p.inv. même à la voix
   pronominale 89
déplanter T 12
déplâtrer T 12
déplier T 14
déplisser T 12
déplomber T 12
déplorer T 12
déployer T 30
déplumer T / Pr 12
dépoétiser T 12

dépointer T 12
dépolariser T 12
dépolir T 34
dépolitiser T 12
dépolluer T 12
déporter T 12
déposer T 12
déposséder T 9
dépoter T / I, p.p.inv. / U,
   p.p.inv. (avec le pronom
   démonstratif familier
   ça dépote) 12
dépouiller T / Pr 12
dépoussiérer T 19
dépraver T 12
déprécier T / Pr 14
déprendre -se- (de)
   + être 67
dépressuriser T 12
déprimer T / I, p.p.inv. ... 12
dépriser T 12
déprogrammer T 12
dépuceler T 22
dépulper T 12
dépurer T 12
députer T 12
déqualifier T 14
déraciner T 12
dérader I / P.p.inv. 12
dérager I / P.p.inv. 16
déraidir T 34
dérailler I / P.p.inv. 12
déraisonner I / P.p.inv. .. 12
déramer I, p.p.inv. / T .. 12
déranger T / Pr 16
déraper I / P.p.inv. 12
déraser T 12
dératiser T 12
dérayer T 29
déréaliser T 12
déréglementer T 12
dérégler T / Pr 19
déréguler T 12
déresponsabiliser T 12
dérider T / Pr 12
dériver T / Ti (de), p.p.inv. /
   I, p.p.inv. 12
dériveter T 26
dérober T / Pr (à, sous).. 12
dérocher T / I, p.p.inv. ... 12
déroder T 12
déroger Ti (à) / P.p.inv. .. 16
dérougir T / I, p.p.inv. ... 34
dérouiller T / I, p.p.inv. .. 12

dérouler T / Pr 12
dérouter T..................12
désabonner T / Pr 12
désabuser T 12
désaccorder T 12
désaccoupler T............12
désaccoutumer T /
    Pr (de) 12
désacraliser T..............12
désactiver T.................12
désadapter T 12
désaérer T 19
désaffecter T 12
désaffilier T 14
désagréger T / Pr 20
désaimanter T 12
désaisonnaliser T........12
désajuster T 12
désaliéner T 19
désaligner T 12
désalper I / P.p.inv. /
    Suisse....................12
désaltérer T / Pr 19
désambiguïser T..........12
désamidonner T 12
désamorcer T...............17
désapparier T 14
désappointer T.............12
désapprendre T....67
désapprouver T 12
désapprovisionner T...12
désarçonner T 12
désargenter T 12
désarmer T / I, p.p.inv...12
désarrimer T 12
désarticuler T / Pr 12
désassembler T............12
désassimiler T 12
désassortir T 34
désatelliser T...............12
désavantager T 16
désavouer T 12
désaxer T 12
desceller T 12
descendre I + être /
    T + avoir..................65
déscolariser T..............12
déséchouer T 12
désectoriser T..............12
désembourber T..........12
désembourgeoiser T ...12
désembouteiller T.......12
désembuer T 12

désemparer I / P.p.inv. /
    Usité surtout dans
    l'expression sans
    désemparer
    (= sans cesser)...........12
désemplir I, p.p.inv. / Pr /
    Usité surtout à la
    tournure négative :
    ce magasin ne désem-
    plit pas...................34
désencadrer T 12
désenchaîner T...........12
désenchanter T...........12
désenclaver T 12
désencoller T 12
désencombrer T 12
désencrasser T............12
désencrer T 12
désendetter -se- + être...12
désenflammer T..........12
désenfler T / I, p.p.inv. ...12
désenfumer T 12
désengager T / Pr 16
désengorger T 16
désengrener T..............24
désenivrer T / I, p.p.inv. ...12
désennuyer T 31
désenrayer T 29
désensabler T..............12
désensibiliser T / Pr ...12
désensimer T 12
désensorceler T...........22
désentoiler T................12
désentortiller T............12
désentraver T 12
désenvaser T 12
désenvelopper T.........12
désenvenimer T 12
désenverguer T /
    -gu- partout 15
désépaissir T 34
déséquilibrer T............12
déséquiper T................12
déserter T / I, p.p.inv. ...12
désertifier -se- + être....14
désespérer T / I, p.p.inv. /
    Ti (de), p.p.inv. / Pr....19
désétatiser T................12
desexciter T 12
desexualiser T.............12
déshabiller T / Pr 12
déshabituer T / Pr (de)..12
désherber T..................12
déshériter T 12
déshonorer T / Pr 12

déshuiler T..................12
déshumaniser T..........12
déshumidifier T 14
déshydrater T / Pr 12
déshydrogéner T 19
désidéologiser T 12
désigner T....................12
désiler T 12
désillusionnner T 12
désincarcérer T 19
désincarner -se- + être ..12
désincruster T 12
désindexer T 12
désindustrialiser T......12
désinfecter T 12
désinformer T 12
désinhiber T 12
désinsectiser T 12
désintégrer T / Pr 19
désintéresser T / Pr
    (de) 12
désintoxiquer T /
    -qu- partout 15
désinvestir T / I, p.p.inv...34
désirer T 12
désister -se- + être 12
désobéir Ti (à) / P.p.inv.
    sauf à la voix passive :
    elle a été désobéie.....34
désobliger T.................16
désobstruer T 12
désodoriser T 12
désoler T / Pr (de) 12
désolidariser T /
    Pr (de) 12
désoperculer T 12
désopiler T...................12
désorganiser T 12
désorienter T 12
désosser T 12
désoxyder T 12
désoxygéner T 19
desquamer I, p.p.inv. /
    Pr 12
dessabler T 12
dessaisir T / Pr (de) 34
dessaler T / I, p.p.inv. /
    Pr 12
dessangler T................12
dessaouler T / I, p.p.inv. ..12
dessécher T / Pr 19
desseller T 12
desserrer T..................12
dessertir T...................34

desservir T....................37
dessiller T 12
dessiner T / I, p.p.inv. /
    Pr 12
dessoler T 12
dessouder T 12
dessoûler T / I, p.p.inv. ..12
dessuinter T................12
déstabiliser T 12
déstaliniser T 12
destiner T 12
destituer T 12
déstocker T 12
déstructurer T 12
désulfiter T 12
désulfurer T 12
désunir T / Pr 34
désurchauffer T...........12
désynchroniser T........12
désyndicaliser T..........12
détacher T / Pr (de) 12
détailler T 12
détaler I / P.p.inv. 12
détalonner T 12
détartrer T 12
détaxer T 12
détecter T 12
déteindre T / I, p.p.inv. ..69
dételer T / I, p.p.inv.......22
détendre T / Pr 65
détenir T......................4
déterger T / Attention au
    part. prés. : détergeant
    (ne pas confondre avec
    « détergent », adj.
    et nom).....................16
détériorer T / Pr...........12
déterminer T / Pr (à)....12
déterrer T 12
détester T / Pr 12
détirer T 12
détoner I / P.p.inv. 12
détonner I / P.p.inv.......12
détordre T.....................65
détortiller T 12
détourer T 12
détourner T / Pr (de) ...12
détoxiquer T /
    -qu- partout 15
détracter T 12
détraquer T / Pr /
    -qu- partout 15
détremper T.................12
détromper T.................12

détrôner T......12
détroquer T /
  -qu- partout.....15
détrousser T......12
détruire T......82
dévaler T / I, p.p.inv. 12
dévaliser T......12
dévaloriser T......12
dévaluer T......12
devancer T......17
dévaster T......12
développer T / Pr......12
devenir I / + être........4
dévergonder -se- + être ..12
déverguer T /
  -gu- partout.....15
dévernir T......34
déverrouiller T......12
déverser T......12
dévêtir T / Pr......40
dévider T......12
dévier I, p.p.inv. / T 14
deviner T......12
dévirer T......12
dévirginiser T......12
déviriliser T......12
dévisager T......16
deviser I, p.p.inv. / T,
  Suisse......12
dévisser T / I, p.p.inv. 12
dévitaliser T......12
dévitrifier T......14
dévoiler T / Pr......12
devoir T / U / + être / Pr
  Impers. et Pr dans l'expression : comme il se
  doit......10
dévolter T......12
dévorer T......12
dévouer -se- (à) + être..12
dévoyer T......30
diaboliser T......12
diagnostiquer T /
  -qu- partout.....15
dialectiser T......12
dialoguer I / P.p.inv. /
  -gu- partout.....15
dialyser T......12
diamanter T......12
diaphragmer T / I,
  p.p.inv. 12
diaprer T......12

dicter T......12
diéséliser T......12
diéser T......19
diffamer T......12
différencier T / Pr......14
différentier T......14
différer T / Ti (de, sur),
  p.p.inv. / Attention au
  part. prés. : différant
  (ne pas confondre avec
  l'adj. « différent »)....19
diffracter T......12
diffuser T......12
digérer T......19
digitaliser T......12
dilacérer T......19
dilapider T......12
dilater T / Pr......12
diligenter T......12
diluer T / Pr......12
dimensionner T......12
diminuer T / I, p.p.inv. ..12
dindonner T......12
dîner I / P.p.inv......12
dinguer I / P.p.inv. /
  -gu- partout.....15
diphtonguer T /
  -gu- partout.....15
diplômer T......12
dire T......76
diriger T......16
discerner T......12
discipliner T......12
discontinuer I / Déf :
  usité seulement à l'inf.,
  dans l'expression sans
  discontinuer
disconvenir Ti (de) /
  P.p.inv......4
discorder I / P.p.inv. 12
discounter T / I,
  p.p.inv. 12
discourir I / P.p.inv. 41
discréditer T / Pr......12
discriminer T......12
disculper T / Pr......12
discutailler I / P.p.inv. ...12
discuter T / Ti (de),
  p.p.inv......12
disgracier T......14
disjoindre T......70
disjoncter I, p.p.inv. / T ...12
disloquer T /
  -qu- partout.....15

disparaître I / + être ou
  avoir......74
dispatcher T......12
dispenser T / Pr (de)....12
disperser T / Pr......12
disposer T / Ti (de),
  p.p.inv. /Pr (à)......12
disputer T / Pr......12
disqualifier T / Pr......14
disséminer T......12
disséquer T /
  -qu- partout.....19
disserter I / P.p.inv......12
dissimuler T / Pr......12
dissiper T / Pr......12
dissocier T......14
dissoner I / P.p.inv......12
dissoudre T / Déf : pas
  de passé simple, pas de
  subj. imparf. / Part.
  passé : dissous,
  dissoute/tes......95
dissauder T......12
distancer T......17
distancier T / Pr (de) ...14
distendre T / Pr......65
distiller T / I, p.p.inv.....12
distinguer T / Pr /
  -gu- partout.....15
distordre T......65
distraire T / Pr / Déf :
  pas de passé simple, pas
  de subj. imparf. 88
distribuer T......12
divaguer I / P.p.inv. /
  -gu- partout.....15
diverger I / P.p.inv. /
  Attention au part.
  prés. : divergeant
  (ne pas confondre
  avec l'adj.
  « divergent »)......16
diversifier T......14
divertir T / Pr (de) 34
diviniser T......12
diviser T / Pr......12
divorcer I / P.p.inv......17
divulguer T /
  -gu- partout.....15
documenter T / Pr (sur)..12
dodeliner Ti (de) /
  P.p.inv......12
dodiner Ti (de) / P.p.inv. ...12
dogmatiser I / P.p.inv......12

doigter T......12
doler T......12
domestiquer T /
  -qu- partout.....15
domicilier T......14
dominer I, p.p.inv. / Pr ...12
dompter T......12
donner T / I, p.p.inv /
  Ti (de), p.p.inv. / Pr 12
doper T / Pr......12
dorer T......12
dorloter T......12
dormir I / P.p.inv......37
doser T......12
doter T......12
doubler T / I, p.p.inv. /
  Pr (de) 12
doublonner I / P.p.inv. ..12
doucher T / Pr......12
doucir T......34
douer T / Déf : usité à
  l'inf., au part. passé et
  aux temps composés...12
douter Ti (de), p.p.inv. /
  Pr (de) 12
dracher U / P.p.inv. /
  Belgique ; R. d. Congo......12
dragéifier T......14
drageonner I / P.p.inv. ...12
draguer T /
  -gu- partout.....15
drainer T......12
dramatiser T......12
draper T / Pr......12
draver T / Québec......12
drayer T......28 ou 29
dresser T / Pr......12
dribbler I, p.p.inv. / T 12
driller T......12
driver I, p.p.inv. / T......12
droguer T / I, p.p.inv. / Pr /
  -gu- partout.....15
droper I, p.p.inv. / T 12
dropper I, p.p.inv. / T 12
drosser T......12
dudgeonner T......12
dulcifier T......14
duper T......12
duplexer T......12
dupliquer T / Pr /
  -qu- partout.....15
durcir T / I, p.p.inv. Pr 34

durer I / P.p.inv............12
duveter -se- + être 26
dynamiser T.............12
dynamiter T 12

E

ébahir T / Pr............34
ébarber T.................12
ébattre -s'- + être........73
ébaucher T................12
ébaudir -s'- + être.......34
ébavurer T 12
éberluer T...............12
ébiseler T...............22
éblouir T.................34
éborgner T...............12
ébouillanter T / Pr.......12
ébouler T / Pr 12
ébourgeonner T..........12
ébouriffer T.............12
ébourrer T...............12
ébouter T................12
ébrancher T..............12
ébranler T / Pr 12
ébraser T 12
ébrécher T 19
ébrouer -s'- + être 12
ébruiter T / Pr...........12
écacher T................12
écailler T / Pr 12
écaler T.................12
écanguer T /
  -gu- partout............15
écarquiller T 12
écarteler T..............24
écarter T / Pr 12
échafauder T / I, p.p.inv...12
échalasser T.............12
échancrer T..............12
échanger T 16
échantillonner T.........12
échapper T, p.p.inv. / Ti
  (à, de), p.p.inv. / Pr / T
  dans l'expression :
  l'échapper belle........12
échardonner T............12
écharner T...............12
écharper T...............12
échauder T...............12
échauffer T / Pr..........12
échelonner T.............12

écheniller T...............12
écher T....................19
écheveler T 22
échiner -s'- + être........12
échographier T...........14
échoir Ti (à) / I / + être
  ou avoir / Déf : usité seulement aux 3es pers. 63
échopper T 12
échouer T / I, p.p.inv. /
  Pr.......................12
écimer T..................12
éclabousser T............12
éclaircir T / Pr...........34
éclairer T / Pr...........12
éclater I, p.p.inv. / Pr.....12
éclipser T / Pr 12
éclisser T................12
éclore I / + être ou avoir /
  Déf : usité seulement à
  l'inf., aux 3es pers. et
  au part. passé..........98
écluser T.................12
écobuer T................12
écœurer T................12
éconduire T...............82
économiser T.............12
écoper T / Ti (de),
  p.p.inv..................12
écorcer T.................17
écorcher T / Pr...........12
écorner T.................12
écosser T.................12
écouler T / Pr............12
écourter T................12
écouter T / Pr............12
écouvillonner T 12
écrabouiller T............12
écraser T / I, p.p.inv. /
  Pr.......................12
écrémer T.................19
écrêter T.................12
écrier -s'- + être.........14
écrire T / I, p.p.inv.......78
écrivailler I / P.p.inv. 12
écrivasser I / P.p.inv......12
écrouer T.................12
écrouir T.................34
écrouler -s'- + être.......12
écroûter T................12
écuisser T................12
écumer T / I, p.p.inv. 12

écurer T....................12
écussonner T.............12
édenter T.................12
édicter T.................12
édifier T..................14
éditer T...................12
édulcorer T...............12
éduquer T /
  -qu- partout............15
éfaufiler T................12
effacer T / Pr............17
effaner T.................12
effarer T.................12
effaroucher T............12
effectuer T...............12
efféminer T...............12
effeuiller T / Pr..........12
effiler T..................12
effilocher T / Pr.........12
effleurer T...............12
effleurir I / P.p.inv. 34
effondrer T / Pr..........12
efforcer -s'- (de) + être..17
effranger T 16
effrayer T / Pr .....28 ou 29
effriter T / Pr...........12
égailler -s'- + être 12
égaler T..................12
égaliser T / I, p.p.inv. 12
égarer T / Pr 12
égayer T / Pr ......28 ou 29
égermer T................12
égorger T / Pr...........16
égosiller -s'- + être.......12
égoutter T / Pr 12
égrainer T / Pr...........12
égrapper T...............12
égratigner T..............12
égrener T / Pr 24
égriser T.................12
égruger T.................16
égueuler T...............12
éjaculer T / I, p.p.inv. 12
éjecter T.................12
éjointer T................12
élaborer T................12
élaguer T /
  -gu- partout............15
élancer I, p.p.inv. / T / Pr...12
élargir T / Pr 34
électrifier T..............14

électriser T................12
électrocuter T.............12
électrolyser T 12
élégir T /..................34
élever T / Pr 24
élider T 12
éliminer T 12
élinguer T /
  -gu- partout 15
élire T.....................79
éloigner T / Pr............12
élonger T / Pr.............16
élucider T 12
élucubrer T 12
éluder T 12
émacier T / Pr............14
émailler T 12
émanciper T / Pr.........12
émaner Ti (de) / P.p.inv. 12
émarger T / Ti (à),
  p.p.inv. 16
émasculer T..............12
emballer T / Pr...........12
embarbouiller T / Pr....12
embarquer T / I, p.p.inv. /
  Pr / -qu- partout 15
embarrasser T /
  Pr (de)..................12
embarrer I, p.p.inv. / Pr..12
embastiller T.............12
embattre T................73
embaucher T..............12
embaumer T / I, p.p.inv. .12
embecquer T /
  -cqu- partout 15
embéguiner T / Pr........12
embellir T / I, p.p.inv. ..34
emberlificoter T / Pr....12
embêter T................12
emblaver T...............12
embobeliner T............12
embobiner T..............12
emboîter T / Pr 12
embosser T...............12
emboucher T.............12
embouer I / P.p.inv. 12
embouquer I, p.p.inv. /
  T / -qu- partout 15
embourber T / Pr 12
embourgeoiser T / Pr...12
embourrer T 12

embouteiller T............12
emboutir T................34
embrancher T / Pr.......12
embraquer T /
  -qu- partout...........15
embraser T / Pr..........12
embrasser T / Pr.........12
embrayer T / Ti (sur),
  p.p.inv. .... 28 ou 29
embrever T................24
embrigader T.............12
embringuer T
  -gu- partout...........15
embrocher T..............12
embrouiller T / Pr.......12
embroussailler T........12
embrumer T...............12
embuer T.................12
embusquer T / Pr /
  -qu- partout...........15
émécher T................19
émerger I / P.p.inv. /
  Attention au part.
  prés. : émergeant (ne
  pas confondre avec
  l'adj. « émergent ») ...16
émeriser T................12
émerveiller T............12
émettre T / I, p.p.inv. 6
émietter T................12
émigrer I / P.p.inv........12
émincer T 17
emmagasiner T..........12
emmailloter T............12
emmancher T / Pr 12
emmêler T 12
emménager T /
  I, p.p.inv. 16
emmener T 24
emmerder T / Pr 12
emmétrer T 19
emmieller T..............12
emmitoufler T / Pr.......12
emmouscailler T........12
emmurer T................12
émonder T................12
émorfiler T...............12
émotionner T............12
émotter T.................12
émoudre T................96
émousser T 12
émoustiller T............12

émouvoir T / Pr (de) ..54
empailler T 12
empaler T / Pr............12
empalmer T...............12
empanacher T............12
empanner I / P.p.inv. ...12
empaqueter T............26
emparer -s'- (de) + être..12
empâter T / Pr...........12
empatter T 12
empaumer T..............12
empêcher T / Pr (de) ...12
empenner T 12
emperler T................12
empeser T................24
empester T / I, p.p.inv. ..12
empêtrer T / Pr (dans)...12
empierrer T..............12
empiéter I / P.p.inv. 19
empiffrer -s'- (de)
  + être 12
empiler T / Pr 12
empirer I / P.p.inv. 12
emplir T..................34
employer T / Pr 30
emplumer T 12
empocher T 12
empoigner T / Pr.........12
empoisonner T / Pr 12
empoisser T 12
empoissonner T..........12
empourprer T 12
emporter T / Pr..........12
empoter T................12
empoussiérer T 19
empreindre T 69
empresser -s'-
  (de + inf.) + être........12
emprésurer T 12
emprisonner T 12
emprunter T..............12
empuantir T 34
émuler T..................12
émulsifier T..............14
émulsionner T............12
énamourer -s'- + être ...12
encabaner T..............12
encadrer T................12
encager T.................12
encaisser T...............12
encapuchonner T / Pr..12

encaquer T /
  -qu- partout.............15
encarter T 12
encaserner T 12
encasteler -s'- + être ... 24
encastrer T / Pr (dans).. 12
encaustiquer T /
  -qu- partout 15
encaver T.................12
enceindre T...............69
enceinter T Afrique 12
encenser T / I, p.p.inv. ...12
encercler T...............12
enchaîner T /
  I, p.p.inv./Pr 12
enchanter T..............12
enchâsser T..............12
enchausser T 12
enchemiser T 12
enchérir I / P.p.inv. 34
enchevaucher T..........12
enchevêtrer T / Pr.......12
enclaver T 12
enclencher T / Pr 12
encliqueter T.............26
enclore T / Déf : pas de
  part. prés.,
  d'ind. imparf.
  et passé simple, de subj.
  imparf., d'impér. prés. ;
  pas de plur.
  à l'ind. prés. 99
enclouer T 12
encocher T 12
encoder T 12
encoller T 12
encombrer T / Pr (de) ..12
encorder -s'- + être......12
encorner T................12
encoubler -s'- + être /
  Suisse 12
encourager T 16
encourir T................41
encrasser T / Pr...........12
encrer T 12
encroûter T / Pr 12
encuver T................12
endenter T................12
endetter T / Pr 12
endeuiller T 12
endêver I / P.p.inv. /
  Déf : usité familièrement
  à l'inf. prés. : faire

endêver (= faire
  enrager) 12
endiabler I / P.p.inv. 12
endiguer T /
  -gu- partout.............15
endimancher -s'- + être..12
endivisionner T..........12
endoctriner T 12
endolorir T / Déf : usité
  surtout au part. passé
  (endolori/is,
  endolorie/ies) et aux 3es
  pers. 34
endommager T...........16
endormir T / Pr...........37
endosser T 12
enduire T.................82
endurcir T / Pr 34
endurer T 12
énerver T / Pr............12
enfaîter T 12
enfanter T................12
enfariner T 12
enfermer T / Pr 12
enferrer T / Pr............12
enficher T 12
enfieller T 12
enfiévrer T...............19
enfiler T..................12
enflammer T..............12
enfler T / I, p.p.inv. 12
enfleurer T 12
enfoncer T / I, p.p.inv. /
  Pr 17
enfouir T / Pr............34
enfourcher T 12
enfourner T...............12
enfreindre T..............69
enfuir -s'- + être 39
enfumer T 12
enfutailler T 12
enfûter T.................12
engager T / Pr 16
engainer T 12
engamer T 12
engazonner T 12
engendrer T 12
engerber T 12
englober T 12
engloutir T / Pr 34
engluer T 12
engober T 12

engommer T..............12
engoncer T................17
engorger T.................16
engouer -s'- (de) + être..12
engouffrer T / Pr 12
engourdir T.................34
engraisser T / I, p.p.inv. ..12
engranger T.................16
engraver T....................12
engrener T / I, p.p.inv...24
engrosser T..................12
engueuler T / Pr............12
enguirlander T 12
enhardir T / Pr...........34
enharnacher T 12
enherber T 12
enivrer T.......................12
enjamber T / I, p.p.inv....12
enjaveler T.....................22
enjoindre T.....................70
enjôler T.......................12
enjoliver T....................12
enjuguer T /
  -gu- partout........15
enkyster -s'- (de) + être..12
enlacer T / Pr................17
enlaidir T / I, p.p.inv. 34
enlever T......................24
enliasser T 12
enlier T........................14
enliser T / Pr.................12
enluminer T 12
enneiger T.....................16
ennoblir T.....................34
ennoyer T.....................30
ennuager T....................16
ennuyer T / Pr...............31
énoncer T......................17
enorgueillir T /Pr (de)..34
énouer T........................12
enquérir -s'- (de)
  + être..................43
enquêter I / P.p.inv.......12
enquiquiner T................12
enraciner T / Pr.............12
enrager I / P.p.inv.........16
enrayer T / Pr....28 ou 29
enrégimenter T..............12
enregistrer T.................12
enrêner T......................12
enrhumer T / Pr...........12
enrichir T / Pr...............34
enrober T......................12

enrocher T 12
enrôler T / Pr...............12
enrouer T......................12
enrouler T......................12
enrubanner T 12
ensabler T / Pr...............12
ensacher T.....................12
ensaisiner T 12
ensanglanter T..............12
enseigner T....................12
ensemencer T................17
enserrer T 12
ensevelir T / Pr..............34
ensiler T 12
ensoleiller T..................12
ensorceler T...................22
ensoufrer T....................12
ensuivre -s'- + être / Déf :
  usité seulement à l'inf. et
  aux 3es pers. / Aux
  temps composés,
  possibilité de séparer le
  préfixe : il s'en est suivi /
  il s'est ensuivi 84
entabler T......................12
entacher T......................12
entailler T......................12
entamer T......................14
entartrer T.....................12
entasser T......................12
entendre T / Pr..............65
enténébrer T...................19
enter T...........................12
entériner T.....................12
enterrer T......................12
entêter T / Pr (à, dans)..12
enthousiasmer T /
  Pr (pour)................12
enticher -s'- (de)
  + être 12
entoiler T.......................12
entôler T........................12
entonner T......................12
entortiller T / Pr............12
entourer T / Pr (de) 12
entraider -s'- + être 12
entr'aimer -s'- + être....12
entraîner T / Pr..............12
entr'apercevoir T...........50
entrapercevoir T 50
entraver T / I, p.p.inv....12
entrebâiller T.................12
entrechoquer T / Pr......15
entrecouper T................12

entrecroiser T...............12
entre-déchirer -s'-
  + être 12
entre-dévorer -s'-
  + être 12
entr'égorger -s'- + être..16
entre-haïr -s'- + être 35
entre-heurter -s'-
  + être 12
entrelacer T / Pr 17
entrelarder T.................12
entremêler T / Pr 12
entremettre -s'- + être 6
entreposer T..................12
entreprendre T...............67
entrer I + être /
  T + avoir..................12
entretailler -s'- + être ...12
entretenir T / Pr (de)... 4
entre-tisser T.................12
entretoiser T.................12
entre-tuer -s'- + être 12
entrevoir T.....................51
entrouvrir T...................44
entuber T.......................12
énucléer T / -é- partout
  dans la base..............13
énumérer T.....................19
énuquer -s'- + être /
  Suisse / -qu- partout ...15
envahir T........................34
envaser T.......................12
envelopper T..................12
envenimer T / Pr 12
enverguer T /
  -gu- partout..............15
envider T........................12
envier T.........................14
environner T...................12
envisager T....................16
envoiler -s'- + être 12
envoler -s'- + être 12
envoûter T......................12
envoyer T / Pr...............32
épaissir T / I, p.p.inv. /
  Pr...........................34
épamprer T.....................12
épancher T / Pr 12
épandre T.......................66
épanneler T....................22
épanner T.......................12
épanouir T / Pr...............34
épargner T / Pr..............12
éparpiller T / Pr..............12

épater T 12
épaufrer T......................12
épauler T / I, p.p.inv. 12
épeler T..........................22
épépiner T......................12
éperonner T....................12
épeurer T.......................12
épicer T..........................17
épier I, p.p.inv. / T........14
épierrer T.......................12
épiler T...........................12
épiloguer I sur / P.p.inv. /
  -gu- partout...........15
épincer T.......................17
épinceter T.....................26
épiner T..........................12
épingler T.......................12
épisser T.........................12
éployer T........................30
éplucher T......................12
épointer T.......................12
éponger T / Pr.................16
épouiller T......................12
époumoner -s'- + être ..12
épouser T........................12
épousseter T...................26
époustoufler T................12
époutier T.......................14
épouvanter T..................12
épreindre T.....................69
éprendre -s'- (de)
  + être...................67
éprouver T......................12
épucer T.........................17
épuiser T........................12
épurer T..........................12
équarrir T.......................34
équerrer T......................12
équeuter T.....................12
équilibrer T / Pr.............12
equiper T / Pr.................12
équivaloir Ti (à) / P.p.inv. :
  (équivalu). / Attention
  au part. prés. : équiva-
  lant (ne pas confondre
  avec l'adj.
  « équivalent » 55
équivoquer I / P.p.inv. /
  -qu- partout.............15
éradiquer T /
  -qu- partout.............15
érafler T.........................12
érailler T.........................12
éreinter T........................12
ergoter I / P.p.inv. 12

ériger T / Pr 16
éroder T..................12
érotiser T 12
errer I / P.p.inv. 12
éructer I, p.p.inv. / T 12
esbigner -s'- + être.......12
esbroufer T 12
escalader T..................12
escaloper T 12
escamoter T 12
escarrifier T 14
escher T..................12
esclaffer -s'- + être 12
escompter T..............12
escorter T 12
escrimer -s'- (à) + être..12
escroquer T /
-qu- partout..............15
espacer T 17
espérer T/Ti (en), p.p.inv. .19
espionner T..............12
esquicher T 12
esquinter T 12
esquisser T 12
esquiver T / Pr 12
essaimer I / P.p.inv. 12
essanger T 16
essarter T 12
essayer T / Pr (à)..28 ou 29
essorer T..................12
essoriller T 12
essoucher T 12
essouffler T / Pr 12
essuyer T 31
estamper T.................12
estampiller T 12
ester I / Déf : usité
seulement à l'inf.
(ester en justice)
estérifier T 14
esthétiser I, p.p.inv. / Pr ..12
estimer T / Pr..............12
estiver T / I, p.p.inv. 12
estomaquer T /
-qu- partout..............15
estomper T / Pr 12
estoquer T /
-qu- partout..............15
estourbir T..................34
estrapasser T..............12
estropier T 14
établer T 12
établir T / Pr 34

étager T / Pr................16
étalager T 16
étaler T / Pr 12
étalinguer T /
-gu- partout..............15
étalonner T 12
étamer T 12
étamper T 12
étancher T..................12
étançonner T..............12
étarquer T /
-qu- partout..............15
étatiser T..................12
étayer T.........28 ou 29
éteindre T / Pr 69
étendre T / Pr 65
éterniser T / Pr 12
éternuer I / P.p.inv. 12
étêter T..................12
éthérifier T 14
éthériser T 12
étinceler I / P.p.inv. 22
étioler T / Pr 12
étiqueter T 26
étirer T / Pr..............12
étoffer T..................12
étoiler T 12
étonner T / Pr (de) 12
étouffer T / I, p.p.inv. /
Pr..................12
étouper T..................12
étoupiller T 12
étourdir T / Pr.............34
étrangler T 12
être I / P.p.inv. 1
étrécir T..................34
étreindre T................69
étrenner T / I, p.p.inv. 12
étrésillonner T 12
étriller T 12
étriper T..................12
étriquer T /
-qu- partout..............15
étudier T / Pr............14
étuver T..................12
euphoriser T 12
européaniser T / Pr 12
évacuer T..................12
évader -s'- + être 12
évaluer T..................12
évangéliser T 12
évanouir -s'- + être 34
évaporer T / Pr............12

évaser T / Pr 12
éveiller T / Pr 12
éventer T / Pr..............12
éventrer T 12
évertuer -s'- (à) + être ..12
évider T 12
évincer T..................17
éviscérer T 19
éviter T / I, p.p.inv. 12
évoluer I / P.p.inv. 12
évoquer T /
-qu- partout..............15
exacerber T................12
exagérer T / I, p.p.inv. /
Pr..................19
exalter T / Pr..............12
examiner T 12
exaspérer T 19
exaucer T..................17
excaver T 12
excéder T / Attention
au part. prés. :
excédant (ne pas
confondre avec le nom
« excédent »)............19
exceller I / P.p.inv. /
Attention au prés. :
excellant (ne pas
confondre avec l'adj.
« excellent »)............12
excentrer T 12
excepter T.................12
exciper Ti (de) / P.p.inv...12
exciser T..................12
exciter T / Pr..............12
exclamer -s'- + être......12
exclure T 92
excommunier T 14
excorier T 14
excréter T 19
excursionner I / P.p.inv. ..12
excuser T / Pr 12
exécrer T 19
exécuter T / Pr 12
exemplifier T..............12
exempter T 12
exercer T / Pr.............17
exfiltrer T.................12
exfolier T 14
exhaler T / Pr 12
exhausser T................12
exhéréder T 19
exhiber T / Pr 12
exhorter T 12

exhumer T 12
exiger T 16
exiler T / Pr 12
exister I / P.p.inv. 12
exonder -s'- + être 12
exonérer T 19
exorciser T................12
expatrier T / Pr 14
expectorer T..............12
expédier T / Attention
au part. prés. :
expédiant (ne pas
confondre avec
« expédient », nom
et adj.)..................14
expérimenter T............12
expertiser T 12
expier T..................14
expirer T / I, p.p.inv. 12
expliciter T 12
expliquer T / Pr /
-qu- partout 15
exploiter T 12
explorer T 12
exploser I / P.p.inv. 12
exporter T 12
exposer T / Pr.............12
exprimer T / Pr 12
exproprier T 14
expulser T 12
expurger T 16
exsuder I, p.p.inv. / T 12
extasier -s'- + être.......14
exténuer T / Pr...........12
extérioriser T / Pr........12
exterminer T 12
extirper T / Pr............12
extorquer T /
-qu- partout 15
extrader T 12
extraire T / Pr (de) / Déf :
pas de passé simple,
pas de subj. imparf. ...88
extrapoler T / I, p.p.in. ..12
extravaguer I / P.p.inv. /
-gu- partout. Attention
au part. prés. (ne pas
confondre avec l'adj.
« extravagant »)........15
extravaser -s'- + être 12
extruder T / I, p.p.inv. ...12
exulcérer T................19
exulter I / P.p.inv. 12

F

fabriquer T /
-qu- partout 15
fabuler I / P.p.inv. 12
facetter T 12
fâcher T / Pr 12
faciliter T 12
façonner T 12
factoriser T 12
facturer T 12
fagoter T 12
faiblir I / P.p.inv. 34
failler -se- + être 12
faillir I / Ti (à) / P.p.inv. /
Déf : usité surtout à l'inf.
et aux temps composés
(j'ai failli...) / Suit le
modèle 34 aux présents de
l'ind. (vous faillissez), du
subj. (que je faillisse), de
l'impér. (faillissons) et à
l'ind. imparf.
(je faillissais) 46
fainéanter I / P.p.inv. 12
faire T / Pr 5
faisander T / Pr 12
falloir U + être / P.p.inv. /
Pr uniquement dans
des expressions comme :
il s'en fallut de peu
que... 11
falsifier T 14
faluner T 12
familiariser T /
Pr (avec) 12
fanatiser T 12
faner T / Pr 12
fanfaronner I / P.p.inv. ..12
fantasmer I / P.p.inv. 12
farcir T 34
farder T / Pr 12
farfouiller I / P.p.inv. 12
fariner T 12
farter T 12
fasciner T 12
fasciser T 12
faseyer I / P.p.inv. 29
fatiguer T / I, p.p.inv. / Pr /
-gu- partout. Attention
au part. prés. : fatiguant
(ne pas confondre avec
l'adj. « fatiant »).......15
faucarder T 12
faucher T 12
faufiler T / Pr 12
fausser T 12

fauter I / P.p.inv. 12
favoriser T 12
faxer T 12
fayoter I / P.p. inv. 12
féconder T 12
féculer T 12
fédéraliser T 12
fédérer T 19
feindre T / I, p.p.inv. 69
feinter T / I, p.p.inv. 12
fêler T 12
féliciter T / Pr (de) 12
féminiser T / Pr 12
fendiller T / Pr 12
fendre T / Pr 65
fenêtrer T 12
férir T / Déf : usité seulement à l'inf. prés. (sans
coup férir) et au part.
passé (féru/ue/us/ues)
ferler T 12
fermenter I / P.p.inv. 12
fermer T / I, p.p.inv. 12
ferrailler I, p.p.inv. / T.....12
ferrer T 12
ferrouter T 12
fertiliser T 12
fesser T 12
festonner T 12
festoyer I / P.p.inv. 30
fêter T 12
feuiller I / P.p.inv. 12
feuilleter T 26
feuler I / P.p.inv. 12
feutrer T / I, p.p. inv. / Pr 12
fiabiliser T 12
fiancer T / Pr 17
ficeler T 22
ficher Pr (de) / part.
passé : fichu/ue/us/ues ..12
ficher T 12
fidéliser T 12
fienter I / P. p. inv. 12
fier -se- (à) + être 14
figer T 16
fignoler T / I,
p.p.inv. 12
figurer T / I, p.p.inv. /
Pr 12
filer T / I, p.p.inv. 12
fileter T 27
filialiser T 12
filigraner T 12
filmer T 12

filocher T / P.p.inv. 12
filouter T 12
filtrer T / I, p.p.inv. 12
finaliser T 12
financer T 17
finasser I / P.p.inv. 12
finir T / I, p.p.inv. 34
fiscaliser T 12
fissionner T / I, p.p.inv. ...12
fissurer T 12
fixer T / Pr 12
flageller T 12
flageoler I / P.p.inv. 12
flagorner T 12
flairer T 12
flamber I, p.p.inv. / T......12
flamboyer I / P.p.inv. 30
flancher I / P.p.inv. 12
flâner I / P.p.inv. 12
flanquer T /
-qu- partout................15
flasher Ti (sur), p.p. inv. /
T 12
flatter T / Pr (de) 12
flécher T 19
fléchir T / I, p.p.inv. 34
flemmarder I / P.p.inv. ..12
flétrir T / Pr 34
fleurer T / I, p.p.inv. 12
fleureter T / P.p.inv. 26
fleurir I, p.p.inv. / T / Au
sens de « prospérer »,
base flor- à l'imparf. (il
florissait) et au part.
prés. (florissant) 34
flexibiliser T 12
flibuster I / P.p.inv. 12
flinguer T /
-gu- partout 15
flipper I / P.p.inv. 12
flirter I / P.p.inv. 12
floconner I / P.p.inv. 12
floculer I / P.p.inv. 12
floquer T /
-qu- partout 15
flotter I, p.p.inv. / T / U,
p.p.inv. 12
flouer T 12
fluctuer I / P.p.inv. 12
fluer I / P.p.inv. 12
fluidifier T 14
fluidiser T 12
flûter I / P.p.inv. 12
focaliser T 12

foirer I / P.p.inv.............12
foisonner I / P.p.inv. 12
folâtrer I / P.p.inv. 12
folioter T 12
fomenter T 12
foncer T / I, p.p.inv. 17
fonctionnaliser T 12
fonctionnariser T........12
fonctionner I / P.p.inv. ...12
fonder T / Pr (sur) 12
fondre T / I, p.p.inv.......65
forcer T / I, p.p.inv. / Pr ..17
forcir I / P.p.inv............34
forclore T / Déf : usité
seulement à l'inf. et au
part. passé
(forclos/ose/oses)
forer T 12
forfaire Ti (à) / P.p.inv. /
Déf : usité seulement à
l'inf. prés., au sing. de
l'ind. prés., au part.
passé (forfait) et aux
temps composés 5
forger T 16
forjeter T / I, p.p.inv.......26
forlancer T 17
forligner I / P.p.inv. 12
forlonger T 16
formaliser T / Pr..........12
formater T 12
former T / Pr 12
formoler T 12
formuler T 12
forniquer I / P.p.inv./
-qu- partout 15
fortifier T 14
fossiliser T / Pr..........12
fossoyer T 30
fouailler T 12
foudroyer T 30
fouetter T / I, p.p.inv. 12
fouger I / I, p.p.inv. 16
fouiller T / I, p.p.inv. /Pr ...12
fouiner I / P.p.inv. 12
fouir T 34
fouler T / Pr 12
foulonner T 12
fourbir T 34
fourcher I / P.p.inv. 12
fourgonner I / P.p.inv. ...12
fourguer T /
-gu- partout 15
fourmiller I / Ti (de) /
P.p.inv. 12

fournir T / Ti (à), p.p.inv. /
Pr 34
fourrager I / P.p.inv. 16
fourrer T / Pr 12
fourvoyer T / Pr 30
foutre T / Pr (de) / Déf :
inusité au passé simple
et au subj. imparfait. /
Suit le modèle « rendre »
(mais avec la base fout-)
sauf au sing. de l'ind.
prés. et de l'impér. prés.
(je fous, tu fous, il/elle
fout ; fous) 65
fracasser T 12
fractionner T 12
fracturer T 12
fragiliser T 12
fragmenter T 12
fraîchir I / P.p.inv. 34
fraiser T 12
framboiser T 12
franchir T 34
franchiser T 12
franciser T 12
francophoniser T /
Québec 12
franger T 16
fransquillonner I /
P.p.inv. / Belgique 12
frapper T / I,
p.p.inv. / Pr 12
fraser T 12
fraterniser I / P.p.inv. 12
frauder T / I, p.p.inv. 12
frayer T / Ti (avec),
p.p.inv. / I, p.p.inv. .... 28 ou 29
fredonner T / I, p.p.inv. ... 12
frégater T 12
freiner T / I, p.p.inv. 12
frelater T 12
frémir I / P.p.inv. 34
fréquenter T / I, p.p.inv.
Afrique 12
fréter T 19
frétiller I / P.p.inv. 12
fretter T 12
fricasser T 12
fricoter T / Ti (avec),
p.p.inv. 12
frictionner T 12
frigorifier T 14
frimer I / P.p.inv. 12
fringuer T / Pr /
-gu- partout 15

friper T 12
frire T / I, p.p.inv. / Déf :
pas de part. prés., pas de
plur. au prés. de l'ind. et
de l'imp., pas d'ind.
imparf. et passé simple,
pas de subj. prés. et
imparf. 101
friser T / I, p.p.inv. 12
frisotter T / I, p.p.inv. 12
frissonner I / P.p.inv. 12
fritter T 12
froisser T 12
frôler T 12
froncer T 17
fronder T 12
frotter T / I, p.p.inv. /
Pr (à) 12
frouer I / P.p.inv. 12
froufrouter I / P.p.inv. 12
fructifier I / P.p.inv. 14
frustrer T 12
fuguer I / P.p.inv. /
-gu- partout 15
fuir I, p.p.inv. / T 39
fulgurer I / P.p.inv. 12
fulminer I, p.p.inv. / T 12
fumer I, p.p.inv. / T 12
fumiger T 16
fureter I / P.p.inv. 27
fuseler T 22
fuser I / P.p.inv. 12
fusiller T 12
fusionner T / I, p.p.inv. ... 12
fustiger T 16

G

gabarier T 14
gabionner T 12
gâcher T 12
gadgétiser T 12
gaffer T / I, p.p.inv. / Pr,
Suisse 12
gager T 16
gagner T / I, p.p.inv. 12
gainer T 12
galber T 12
galéjer I / P.p.inv. 19
galérer I / P.p.inv. 19
galeter T 26
galipoter T 12
galonner T 12
galoper I / P.p.inv. 12
galvaniser T 12

galvauder T 12
gambader I / P.p.inv. 12
gamberger I, p.p.inv. / T .. 12
gambiller I / P.p.inv. 12
gaminer I / P.p.inv. 12
gangrener T / Pr 24
ganser T 12
ganter T / I, p.p.inv. 12
garancer T 17
garantir T 34
garder T / Pr (de) 12
garer T / Pr 12
gargariser -se- (de)
+ être 12
gargouiller I / P.p.inv. 12
garnir T / Pr 34
garroter T 12
gaspiller T 12
gâter T / Pr 12
gâtifier I / P.p.inv. 14
gatter T / Suisse 12
gauchir I, p.p.inv. / T 34
gaufrer T 12
gauler T 12
gausser -se- (de) + être .. 12
gaver T / Pr (de) 12
gazéifier T 14
gazer T / I, p.p.inv. 12
gazonner T 12
gazouiller I / P.p.inv. 12
geindre I / P.p.inv. 69
geler T / I, p.p.inv. / U,
p.p.inv. 24
gélifier T 12
géminer T 12
gémir I / P.p.inv. 34
gemmer T 12
gendarmer -se- + être.... 12
gêner T / Pr 12
généraliser T / Pr 12
générer T 19
gerber T / I, p.p.inv. 12
gercer T / Pr 17
gérer T 19
germaniser T 12
germer I / P.p.inv. 12
gésir I / Déf : usité seulement à l'inf. prés., au
part. prés., à l'ind. prés.
et imparf. 48
gesticuler I / P.p.inv. 12
gicler I / P.p.inv. 12
gifler T 12
gigoter I / P.p.inv. 12

gîter I / P.p.inv. 12
givrer T 12
glacer T 17
glairer T 12
glaiser T 12
glander I / P.p.inv. 12
glandouiller I / P.p.inv. 12
glaner T 12
glapir I / P.p.inv. 34
glatir I / P.p.inv. 34
gléner T 19
glisser I, p.p.inv. / T / Pr 12
globaliser T 12
glorifier T / Pr (de) 14
gloser Ti (sur), p.p.inv. / T.. 12
glouglouter I / P.p.inv. 12
glousser I / P.p.inv. 12
glycériner T 12
gober T / Pr 12
goberger -se- + être 16
godailler I / P.p.inv. 12
goder I / P.p.inv. 12
godiller I / P.p.inv. 12
goinfrer -se- + être 12
gominer -se- + être 12
gommer T 12
gondoler T / I,
p.p.inv. / Pr 12
gonfler T / I, p.p.inv. / Pr .. 12
gorger T 16
gouacher T 12
gouailler I / P.p.inv. 12
goudronner T 12
goujonner T 12
goupiller T / Pr 12
gourer -se- + être 12
goûter T / Ti (à, de),
p.p.inv. / I, p.p.inv. 12
goutter I / P.p.inv. 12
gouverner T / I, p.p.inv. ... 12
gracier T 14
graduer T 12
grafigner T / Québec 12
grailler I, p.p.inv. / T 12
graillonner I / P.p.inv. 12
grainer T / I, p.p.inv. 12
graisser T / I, p.p.inv. 12
grammaticaliser T 12
grandir I, p.p.inv. / T 34
graniter T 12
granuler T 12
graphiter T 12
grappiller T / I, p.p.inv. 12

grasseyer I, p.p.inv. / T /
  -y- partout 29
gratifier T....................14
gratiner T....................12
gratter T / I, p.p.inv........12
graver T.......................12
gravillonner T 12
gravir T.......................34
graviter I / P.p.inv. 12
gréciser T....................12
grecquer T /
  -qu- partout 15
gréer T / -é- partout dans
  la base 13
greffer T / Pr 12
grêler T / U, p.p.inv........12
grelotter I / P.p.inv........12
grenader I 12
grenailler T 12
greneler T 22
grener I, p.p.inv. / T 24
grenouiller I / P.p.inv. ...12
gréser T 19
grésiller I / U ./ P.p.inv. ..12
grever T......................24
gribouiller I, p.p.inv. / T ..12
griffer T 12
griffonner T 12
grigner I / P.p.inv. 12
grignoter I....................12
grillager T 16
griller T / I, p.p.inv. 12
grimacer I / P.p.inv. 17
grimer T 12
grimper I, p.p.inv. / T....12
grincer I / P.p.inv. 17
gripper I, p.p.inv. / Pr....12
grisailler T / I, p.p.inv. ...12
griser T 12
grisoller I / P.p.inv. 12
grisonner I / P.p.inv. 12
griveler T / I, p.p.inv. 22
grognasser I / P.p.inv.....12
grogner I / P.p.inv..........12
grognonner I / P.p.inv.....12
grommeler T / I, p.p.inv...22
gronder I, p.p.inv. / T.....12
grossir T / I, p.p.inv......34
grossoyer T 30
grouiller I, p.p.inv. / Pr ..12
grouper T / I,
  p.p.inv. / Pr 12
gruger T......................16
grumeler -se- + être 22

gruter T 12
guéer T / -é- partout
  dans la base 13
guérir T / I, p.p.inv. / Pr ..34
guerroyer I / P.p.inv. 30
guêtrer T 12
guetter T......................12
gueuler I, p.p.inv. / T 12
gueuletonner I / P.p.inv. ..12
gueuser I / P.p.inv. 12
guider T.......................12
guigner T 12
guillemeter T..................26
guillocher T 12
guillotiner T 12
guincher I / P.p.inv. 12
guinder T......................12
guiper T........................12
guniter T 12

H

habiliter T....................12
habiller T / Pr 12
habiter T / I, p.p.inv........12
habituer T / Pr (à) 12
hacher T.......................12
hachurer T....................12
haïr T / Pr 35
halener T 24
haler T.........................12
hâler T.........................12
haleter I / P.p.inv............27
halluciner T 12
hancher T / Pr 12
handicaper T..................12
hannetonner T 12
hanter T........................12
happer T........................12
haranguer T /
  -gu- partout 15
harasser T.....................12
harceler T.............22 ou 24
harder T........................12
harmoniser T / Pr 12
harnacher T 12
harponner T...................12
hasarder T / Pr 12
hâter T / Pr 12
haubaner T 12
hausser T / I, p.p.inv.,
  Belgique....................12
haver T........................12
havir T.........................34

héberger T 16
hébéter T.....................19
hebraïser T...................12
héler T.........................19
helléniser T...................12
hennir I / P.p.inv. 34
herbager T 16
herber T........................12
herboriser I / P.p.inv. 12
hercher I / P.p.inv. 12
hérisser T / Pr 12
hériter I, p.p.inv. / T /
  Ti (de), p.p.inv. 12
herscher I / P.p.inv. 12
herser T........................12
hésiter I / P.p.inv. 12
heurter T / I, p.p.inv. /
  Pr (à) 12
hiberner I / P.p.inv..........12
hiérarchiser T................12
hisser T / Pr 12
historier T....................14
hiverner I, p.p.inv. / T.....12
hocher T.......................12
homogénéiser T 12
homologuer T /
  -gu- partout 15
hongrer T......................12
hongroyer T..................30
honnir T........................34
honorer T / Pr...............12
hoqueter I / P.p.inv. 26
horrifier T......................14
horripiler T....................12
hospitaliser T 12
hotter T 12
houblonner T 12
houer T........................12
houpper T 12
hourder T 12
houspiller T 12
housser T......................12
houssiner T 12
hucher T.......................12
huer T / I, p.p.inv. 12
huiler T.........................12
hululer I / P.p.inv. 12
humaniser T / Pr 12
humecter T...................12
humer T........................12
humidifier T...................12
humilier T / Pr 14
hurler I, p.p.inv. / T 12
hybrider T....................12

hydrater T....................12
hydrofuger T 16
hydrogéner T 19
hydrolyser T.................12
hypertrophier T / Pr 14
hypnotiser T / Pr..........12
hypostasier T................14
hypothéquer T /
  -qu- partout 19

I

idéaliser T 12
identifier T /
  Pr (à, avec) 14
idolâtrer T....................12
ignifuge T 16
ignorer T 12
illuminer T....................12
illusionner T / Pr...........12
illustrer T / Pr 12
imaginer T / Pr..............12
imbiber T / Pr (de) 12
imbriquer T / Pr /
  -qu- partout 15
imiter T 12
immatriculer T 12
immerger T / Pr 16
immigrer I / P.p.inv. 12
immiscer -s'- (dans)
  + être........................17
immobiliser T................12
immoler T 12
immortaliser T 12
immuniser T 12
impartir T / Usité surtout
  à l'inf., à l'ind. prés., au
  part. passé et aux temps
  composés 34
impatienter T / Pr..........12
impatroniser -s'- + être..12
imperméabiliser T 12
impétrer T....................19
implanter T / Pr 12
impliquer T / Pr /
  -qu- partout 15
implorer T 12
imploser I / P.p.inv........12
importer I / Ti (à)
  P.p.inv. / Déf : usité seulement aux 3es pers. et à
  l'inf...........................12
importer T 12
importuner T 12

imposer T / Ti (à), p.p.inv. /
Pr *(expression en imposer*
à quelqu'un) 19
imprégner T 12
impressionner T 12
imprimer T 12
improviser T 12
impulser T 12
imputer T 12
inactiver T 12
inalper -s'- + être 12
inaugurer T 12
incarcérer T 19
incarner T / Pr 12
incendier T 14
incinérer T 19
inciser T 12
inciter T 12
incliner T / Ti (à), p.p.inv. /
Pr 12
inclure T / *Part. passé*
inclus, incluse/es 93
incomber Ti (à) / P.p.inv. /
Déf : usité à l'inf. et aux
3es pers 12
incommoder T 12
incorporer T 12
incrémenter T 12
incriminer T 12
incruster T / Pr 12
incuber T 12
inculper T 12
inculquer T /
-qu- partout 15
incurver T / Pr 12
indaguer I / P.p.inv. /
Belgique /-gu- partout ... 15
indemniser T 12
indexer T 12
indifférer T 19
indigner T / Pr (de) 12
indiquer T /
-qu- partout 15
indisposer T 12
individualiser T / Pr 12
induire T 82
indulgencier T 14
indurer T 12
industrialiser T / Pr 12
infantiliser T 12
infatuer -s'- + être 12
infecter T / Pr 12
inféoder T / Pr 12
inférer T 19

inférioriser T 12
infester T 12
infiltrer T / Pr 12
infirmer T 12
infléchir T / Pr 34
infliger T 16
influencer T 17
influer Ti (sur) P.p.inv. /
Attention au part. prés. :
influant (ne pas confondre
avec l'adj. « influent ») .. 12
informatiser T 12
informer T / I, p.p.inv. /
Pr (de) 12
infuser T / I, p.p.inv. ... 12
ingénier -s'- (à) + être .. 14
ingérer I / Pr (dans) 19
ingurgiter T 12
inhaler T 12
inhiber T 12
inhumer T 12
initialiser T 12
initier T / Pr (à) 14
injecter T / Pr 12
injurier T 14
innerver T 12
innocenter T 12
innover I / P.p.inv. 12
inoculer T 14
inonder T 12
inquiéter T / Pr (de) 19
inscrire T / Pr 78
insculper T 12
inséminer T 12
insensibiliser T 12
insérer T / Pr (dans) 19
insinuer T / Pr (dans) .. 12
insister I / P.p.inv. 12
insoler T 12
insolubiliser T 12
insonoriser T 12
inspecter T 12
inspirer T / Pr (de) 12
installer T / Pr 12
instaurer T 12
instiguer T / *Belgique /*
-gu- partout 15
instiller T 12
instituer T 12
institutionnaliser T 12
instruire T / Pr 82
instrumenter T / I,
p.p.inv. 12
insuffler T 12

insulter T 12
insupporter T 12
insurger -s'- (contre)
+ être 16
intailler T 12
intégrer T / Pr 19
intellectualiser T......... 12
intensifier T / Pr........... 14
intenter T 12
interagir I / P.p.inv. 34
intercaler T 12
intercéder I / P.p.inv. 19
intercepter T 12
interclasser T 12
interconnecter T......... 12
interdire T / *2e pers. du*
pluriel à l'ind. prés. et
à l'impér. prés. : (vous)
interdisez 76
intéresser T / Pr (à) 12
interférer I / P.p.inv. /
Attention au part. prés. :
interférant *(ne pas*
confondre avec l'adj.
« interférent ») 19
interfolier T 14
intérioriser T 12
interjeter T 26
interligner T 12
interloquer T /
-qu- partout 15
internationaliser T 12
interner T 12
interpeller T 23
interpénétrer -s'-
+ être 19
interpoler T 12
interposer T / Pr........... 12
interpréter T / Pr........... 19
interroger T 16
interrompre T / Pr...... 71
intervenir I / + être 4
intervertir T 34
interviewer T 12
intimer T 12
intimider T 12
intituler T / Pr........... 12
intoxiquer T /
-qu- partout 15
intriguer T / I p.p.inv. /
-gu- partout. Attention
au part. prés. :
intriguant *(ne pas*
confondre avec l'adj.
et nom « intrigant ») .. 15
intriquer T /
Pr *-qu- partout* 15

introduire T / Pr 82
introniser T 12
intuber T 12
invaginer -s'- + être 12
invalider T 12
invectiver I, p.p.inv. / T .. 14
inventer T 12
inventorier T 14
inverser T 12
invertir T 34
investiguer I / P.p.inv. /
-gu- partout 15
investir T 34
invétérer -s'- + être 19
inviter T 12
invoquer T /
-qu- partout 15
ioder T 12
iodler I / P.p.inv. 12
ioniser T 12
iouler I / P.p.inv. 12
iriser T 12
ironiser I / P.p.inv. 12
irradier I / P.p.inv. / T / Pr.. 14
irriguer T /
-gu- partout 15
irriter T 12
islamiser T / Pr........... 12
isoler T / Pr 12
italianiser T 12

J

jabler T 12
jaboter I / P.p.inv. 12
jacasser I / P.p.inv. 12
jacter I / P.p.inv. 12
jaillir I / P.p.inv. 34
jalonner T 12
jalouser T 12
japper I / P.p.inv. 12
jardiner I, p.p.inv. / T 12
jargonner I / P.p.inv. 12
jarreter I / P.p.inv. 26
jaser I / P.p.inv. 12
jasper T 12
jaspiner I / P.p.inv. / T .. 12
jauger T / I, p.p.inv. 16
jaunir T / I, p.p.inv. 34
javeler T 22
javelliser T 12
jerker I / P.p.inv. 12
jeter T / Pr 26

jeûner I / P.p.inv. 12
jobarder T...................12
jodler I / P.p.inv. 12
joindre T / I, p.p.inv. /
Pr (à) 70
jointoyer T 30
joncer T 17
joncher T 12
jongler I / P.p.inv. 12
jouailler I / P.p.inv. 12
jouer I, p.p.inv. / T / Ti
(à, de, sur, avec), p.p.inv. /
Pr (de) 12
jouir Ti (de) / I /
P.p.inv. 34
jouter I / P.p.inv. 12
jouxter T 12
jubiler I / P.p.inv. 12
jucher T / I, p.p.inv. / Pr..12
judaïser T / Pr 12
juger T / Ti (de), p.p.inv./
Pr 16
juguler T 12
jumeler T 22
juponner T 12
jurer T / I, p.p. inv. / Ti
(avec), p.p.inv- / Pr 12
justifier T / Ti (de),
p.p.inv. / Pr 14
juter I / P.p.inv. 12
juxtaposer T 12

K

kidnapper T 12
kilométrer T 19
klaxonner I / P.p.inv...12

L

labéliser T 12
labelliser T 12
labialiser T 12
labourer T 12
lacer T 17
lacérer T 19
lâcher T / I, p.p.inv. 12
laïciser T 12
lainer T 12
laisser T / Pr 12
laitonner T 12
laïusser I / P.p.inv. 12
lambiner I / P.p.inv. 12

lambrisser T...............12
lamenter -se- + être 12
lamer T....................12
laminer T..................12
lamper T...................12
lancer T / I, p.p.inv. / Pr..17
lanciner T / I, p.p.inv. 12
langer T...................16
langueyer T /
-y- partout................29
languir I, p.p.inv. / Ti
(après),
p.p.inv. / Pr (de) 34
lanterner I / P.p.inv. 12
laper I, p.p.inv. / T 12
lapider T..................12
lapiner I / P.p.inv. 12
laquer T / -qu-partout..15
larder T...................12
lardonner T................12
larguer T /
-gu- partout 15
larmoyer I / P.p.inv. 30
lasser T / Pr (de)..........12
latiniser T................12
latter T...................12
laver T / Pr...............12
layer T ....28 ou 29
lécher T...................19
légaliser T................12
légender T.................12
légiférer I / P.p.inv. 19
légitimer T................12
léguer T / -gu- partout 19
lénifier T.................14
léser T....................19
lésiner I / P.p.inv. 12
lessiver T.................12
lester T...................12
leurrer T / Pr.............12
lever T / I, p.p.inv. / Pr....24
léviger T..................16
levretter I / P.p.inv. 12
lézarder I, p.p.inv. / T /
Pr 12
liaisonner T...............12
liarder I / P.p.inv. 12
libeller T.................12
libéraliser T..............12
libérer T / Pr.............19
licencier T................14
licher T...................12
liciter T..................12
lier T / Pr................14

lifter T / I, p.p.inv. 12
ligaturer T.................12
ligner T....................12
lignifier -se + être 14
ligoter T...................12
liguer T / Pr (contre) /
-gu- partout 15
limer T / Pr................12
limiter T / Pr (à, dans) ..12
limoger T...................16
liquéfier T / Pr............14
liquider T..................12
lire T.......................79
liserer T...................24
lisérer T...................19
lisser T....................12
lister T....................12
liter T.....................12
lithographier T.............14
livrer T / Pr (à)...........12
lixivier T..................14
lober T / I, p.p.inv. 12
localiser T.................12
locher T....................12
lock-outer T................12
lofer I / P.p.inv. 12
loger I, p.p.inv. / T 16
longer T....................16
lorgner T...................12
lotionner T.................12
lotir T.....................34
louanger T..................16
loucher I / Ti (sur) /
P.p.inv. 12
louer T / Pr (de) 12
louper T / I, p.p.inv. / U,
p.p.inv. dans l'expression
familière « ça n'a pas
loupé » 12
lourder T...................12
lourer T....................12
louver T....................12
louveter I / P.p.inv. 26
louvoyer I / P.p.inv. 30
lover T / Pr................12
lubrifier T.................14
luger I / P.p.inv. 16
luire I / P.p.inv. (lui)......83
luncher I / P.p.inv. 12
lustrer T...................12
luter T.....................12
lutiner T...................12
lutter I / P.p.inv. 12
luxer T / Pr................12

lyncher T...................12
lyophiliser T...............12
lyser T.....................12

G

macadamiser T...........12
macérer T / I, p.p.inv. 19
mâcher T....................12
machiner T..................12
mâchonner T.................12
mâchouiller T...............12
mâchurer T..................12
macler T....................12
maçonner T..................12
maculer T...................12
madériser -se- + être 12
maganer I / Québec......12
maganiser I / P.p.inv.
Québec......................12
magner -se- + être 12
magnétiser T................12
magnétoscoper T.............12
magnifier T.................14
magouiller T / I, p.p.inv. ..12
maigrir I, p.p.inv. / T......34
mailler T / I, p.p.inv. 12
maintenir T / Pr............4
maîtriser T / Pr 12
majorer T...................12
malaxer T...................12
malléabiliser T.............12
malmener T..................24
malter T....................12
maltraiter T................12
manager T...................16
mandater T..................12
mander T....................12
mandriner T.................12
mangeotter T / I, p.p.inv. ..12
manger T / I, p.p.inv. 16
manier T / Pr...............14
manifester T / I,
p.p.inv. / Pr...............12
manigancer T................17
manipuler T.................12
manœuvrer T / I, p.p.inv...12
manquer I, p.p.inv. / T /
Ti (à, de), p.p.inv. /
-qu- partout 15
manucurer T.................12
manufacturer T..............12
manutentionner T...........12

maquer T /
-qu- partout 15
maquignonner T........12
maquiller T / Pr ....12.
marabouter T / Afrique .12
marauder I / P.p.inv. 12
marbrer T 12
marchander T / I,
p.p.inv. 12
marcher I / P.p.inv. 12
marcotter T 12
margauder I / P.p.inv. ...12
marger T 12
marginaliser T 12
marginer T 12
margoter I / P.p.inv. 12
margotter I / P.p.inv. ...12
marier T / Pr 14
mariner T / I, p.p.inv.....12
marivauder I / P.p.inv. ..12
marmiter T 12
marmonner I, p.p.inv. /
T 12
marmotter T / I, p.p.inv .12
marner T / I, p.p.inv 12
maronner I / P.p.inv. 12
maroquiner T 12
maroufler T 12
marquer T / I, p.p.inv. /
-qu- partout 15
marqueter T 26
marrer -se- + être 12
marteler T 24
martyriser T 12
marxiser T 12
masculiniser T 12
masquer T / I, p.p.inv. /
-qu- partout 15
massacrer T 12
masser T / I, p.p.inv. /Pr .12
massicoter T 12
massifier T 14
mastiquer T /
-qu- partout 15
masturber T / Pr 12
matcher I, p.p.inv. / T ...12
matelasser T 12
mater T 12
mâter T 12
matérialiser T / Pr 12
materner T 12
materniser T 12
mathématiser T 12
mâtiner T 12

matir T 34
matraquer T /
-qu- partout 15
matricer T 17
matricer T 17
maudire T 77
maugréer I, p.p.inv. / T /
-é- partout 13
maximaliser T 12
maximiser T 12
mazer T 12
mazouter T / I, p.p.inv. .12
mécaniser T 12
mécher T 19
méconduire -se- + être /
Belgique ; R. du Congo ..82
méconnaître T 74
mécontenter T 12
médailler T 12
médiatiser T 12
médicaliser T 12
médire Ti (de) : P.p.inv. /
2e pers. du plur. à l'ind.
prés. et à l'impér. prés. ;
(vous) médisez 76
méditer T / Ti (sur),
p.p.inv./ I, p.p.inv. 12
méduser T 12
méfier -se- (de) + être ..14
mégir T 34
mégisser T 12
mégoter I / P.p.inv. 12
méjuger T/Ti (de),
p.p.inv. /Pr 16
mélanger T 16
mêler T / Pr 12
mémérer I / P.p.inv. /
Québec 12
mémoriser T 12
menacer T 17
ménager T / Pr 16
mendier I, p.p.inv. / T ..14
mendigoter T / I, p.p.inv .12
mener T / I, p.p.inv 24
mensualiser T 12
mentaliser T 12
mentionner T 12
mentir I / P.p.inv. 36
menuiser T / I, p.p.inv. .12
méprendre -se- (sur)
+ être 67
mépriser T 12
merceriser T 12
merder I, p.p.inv. / T 12
merdoyer I / P.p.inv. 30

meringuer T /
-gu- partout 15
mériter T / Ti (de),
p.p.inv. 12
mésallier -se- + être 14
mésestimer T 12
messeoir Ti (à) / Déf :
usité seulement à l'inf.
prés., à l'ind. prés.,
imparf. et futur simple,
au subj. prés., au cond.
prés. et au part. prés.
(messéant) 60
mesurer T / Pr
(à, avec) 12
mésuser Ti (de) /
P.p.inv. 12
métaboliser T 12
métalliser T 12
métamorphiser T 12
métamorphoser T / Pr .12
métastaser T / I, p.p.inv. .12
météoriser I / P.p.inv. ...12
méthaniser T 12
métisser T 12
métrer T 19
meubler T / I, p.p.inv ...12
meugler I / P.p.inv. 12
meuler T 12
meurtrir T 34
miauler I / P.p.inv. 12
microfilmer T 12
mignoter T 12
migrer I / P.p.inv. 12
mijoter T / I, p.p.inv. 12
militariser T 12
militer I / P.p.inv. 12
millésimer T 12
mimer T / I, p.p.inv. 12
minauder I / P.p.inv. 12
mincir I, p.p.inv. / T 34
miner T 12
minéraliser T 12
miniaturiser T 12
minimaliser T 12
minimiser T 12
minorer T 12
minuter T 12
mirer T / Pr (dans) 12
miroiter I / P.p.inv. 12
miser T / Ti (sur), p.p.inv. /
I, p.p.inv., Suisse 12
miter -se- + être 12
mithridatiser T 12

mitiger T 16
mitonner I, p.p.inv. / T .12
mitrailler T 12
mixer I 12
mixtionner T 12
mobiliser T / Pr 12
modeler T / Pr (sur) 24
modéliser T 12
modérer T / Pr 19
moderniser T / Pr 12
modifier T 14
moduler T / I, p.p.inv ...12
moffler T / Belgique 12
moirer T 12
moiser T 12
moisir I, p.p.inv. / T 34
moissonner T 12
moitir T 34
molester T 12
moleter T 26
molletonner T 12
mollir I, p.p.inv. / T 34
momifier T / Pr 14
monder T 12
mondialiser T 12
monétiser T 12
monnayer T .....28 ou 29
monologuer I / P.p.inv. /
-gu- partout 15
monopoliser T 12
monter I + être / T
+ avoir/Pr 12
montrer T / Pr.............12
moquer T / Pr (de) / -
-qu- partout 15
moquetter T 12
moraliser T / I, p.p.inv. .12
morceler T 22
mordancer T 17
mordiller T 12
mordorer T 12
mordre T / Ti (à),
p.p.inv. /Pr 65
morfler I / P.p.inv. 12
morfondre -se- + être .65
morguer T /
-gu- partout 15
morigéner T 19
mortaiser T 12
mortifier T 14
motionner I / P.p.inv. ...12
motiver T 12
motoriser T 12
motter -se- + être 12

moucharder T / I,
p.p.inv 12

moucher T / Pr 12

moucheronner I /
P.p.inv. 12

moucheter T 26

moudre T 96

moufeter I / P.p.inv ...12

moufter I / P.p.inv. 12

mouiller T / I, p.p.inv. / Pr 12

mouler T 12

mouliner T 12

moulurer T 12

mourir I / Pr / + être ...42

mousser I / P.p.inv ...12

moutonner I / P.p.inv. ..12

mouvementer T 12

mouvoir T / Pr 54

moyenner T 12

muer I, p.p.inv. / T /
Pr (en) 12

mugir I / P.p.inv. 34

multiplier T / I,
p.p.inv. / Pr 14

municipaliser T 12

munir T / Pr (de) 34

murer T / Pr 12

mûrir I, p.p.inv. / T ...34

murmurer I, p.p.inv. / T ..12

musarder I / P.p.inv. 12

muscler T 12

museler T 22

muser I / P.p.inv. 12

musiquer T /
-qu- partout 15

musser T 12

muter T / I, p.p.inv. 12

mutiler T 12

mutiner -se- + être 12

mutualiser T 12

mystifier T 14

mythifier T 14

N

nacrer I 12

nager I, p.p.inv. / T ...16

naître I / + être ...75

nanifier I 14

naniser T 12

nantir T / Pr (de) 34

napper T 12

narguer T /
-gu- partout 15

narrer T 12

nasaliser T 12

nasiller I / P.p.inv. 12

nationaliser T 12

natter T 12

naturaliser T 12

naufrager I / P.p.inv. 16

naviguer I / P.p.inv.
-gu- partout. Attention
au part. prés. : navi-
guant (ne pas confondre
avec l'adj. et le nom
« navigant ») 15

navrer T 12

néantiser T 12

nébuliser T 12

nécessiter T 12

nécroser T / Pr 12

négliger T / Pr /
Attention au part.
prés. : négligeant
(ne pas confondre avec
l'adj. « négligent ») ...16

négocier T / I, p.p.inv. 14

neiger U / P.p.inv. 16

nervurer T 12

nettoyer T 30

neutraliser T / Pr 12

niaiser I / P.p.inv. /
Québec 12

nicher I, p.p.inv. / Pr ...12

nickeler T 22

nidifier I / P.p.inv. 14

nieller T 12

nier T 14

nimber T 12

nipper T / Pr 12

nitrater T 12

nitrer T 12

nitrifier T 14

nitrurer T 12

niveler T 22

noircir T / I, p.p.inv. /
Pr 34

noliser T 12

nomadiser I / P.p.inv. ...12

nombrer T 12

nominaliser T 12

nominer T 12

nommer T / Pr 12

nonupler T 12

nordir I / P.p.inv. 34

normaliser T / Pr 12

noter T 12

notifier T 14

nouer T 12

nourrir T / Pr (de) 34

nover T 12

noyauter T 12

noyer T / Pr 30

nuancer T 17

nucléariser T 12

nuer T 12

nuire Ti (à) P.p.inv.
(nui) 83

numériser T 12

numéroter T / I, p.p.inv. ..12

O

obéir Ti (à) P.p.inv. /
Attention : peut se
conjuguer à la voix
passive ; à cette voix,
le part. passé est
variable : elles ont été
obéies 34

obérer T 19

objecter T 12

objectiver T 12

obliger T 16

obliquer I / P.p.inv. /
-qu- partout 15

oblitérer T 19

obnubiler T 12

obombrer T 12

obscurcir T / Pr 34

obséder T 19

observer T / Pr 12

obstiner -s'- + être 12

obstruer T 12

obtempérer Ti (à) /
P.p.inv. 19

obtenir T 4

obturer T 12

obvenir I / + être 4

obvier Ti (à) / P.p.inv. 14

occasionner T 12

occidentaliser T 12

occire T / Déf : usité seulement à l'inf., au part.
passé (occis, occise/es)
et aux temps composés.

occlure T / Part. passé :
occlus, occluse/es 93

occulter T 12

occuper T / Pr (de) ...12

ocrer T 12

octavier I / P.p.inv. 14

octroyer T / Pr 30

octupler T 12

œilletonner T 12

œuvrer I / P.p.inv. 12

offenser T / Pr (de) 12

officialiser T 12

officier I / P.p.inv. 14

offrir T / Pr 44

offusquer T / Pr (de) /
-qu- partout 15

oindre T / Usité surtout à
l'inf. et au part. passé :
oint/ts, ointe/tes 70

oiseler I / P.p.inv. 22

ombrager T 16

ombrer T 12

omettre T 6

ondoyer I, p.p.inv. / T ...30

onduler I, p.p.inv. / T 12

opacifier T 14

opaliser T 12

opérer T / I, p.p.inv. / Pr ..19

opiacer T 17

opiner Ti / P.p.inv. 12

opposer T / Pr (à) 12

oppresser T 12

opprimer T 12

opter I (pour, en faveur
de) / P.p.inv. 12

optimaliser T 12

optimiser T 12

oraliser T 12

orbiter I / P.p.inv. 12

orchestrer T 12

ordonnancer T 17

ordonner T 12

organiser T / Pr 12

organsiner T 12

orienter T / Pr 12

ornementer T 12

orner T 12

orthographier T 14

osciller I / P.p.inv. 12

oser T 12

ossifier -s'- + être 14

ôter T / Pr 12

ouater T 12

ouatiner T 12

oublier T / Pr 14

ouiller T 12

ouïr T / Usité aujour-
d'hui seulement à l'inf.,
au part. passé et aux
temps composés, souvent

avec le verbe « dire » :
j'ai ouï dire que 97
ourdir T 34
ourler T 12
outiller T 12
outrager T 16
outrepasser T 12
outrer T 12
ouvrager T 16
ouvrer T 12
ouvrir T / I, p.p.inv. / Pr .44
ovaliser T 12
ovationner T 12
ovuler I / P.p.inv. 12
oxyder T / Pr 12
oxygéner T / Pr 19
ozoner T 12
ozoniser T 12

P

pacager T / I, p.p.inv. 16
pacifier T 14
pacquer T /
  -qu- partout 15
pactiser I / P.p.inv. 12
paganiser T 12
pagayer I / P.p.inv. ...28 ou 29
paginer T 12
pagnoter -se- + être 12
paillassonner T 12
pailler T 12
pailleter T 26
paître T / I, p.p.inv. : *pu,*
  terme de fauconnerie /
  Déf : passé simple, subj.
  imparf. et temps
  composés inusités ...100
palabrer I / P.p.inv. 12
palanquer I, p.p.inv. / T /
  -qu- partout 15
palataliser T 12
palettiser T 12
pâlir I, p.p.inv. / T 34
palissader T 12
palisser T 12
palissonner T 12
pallier T / Ti (à), p.p.inv. *à*
  l'oral seulement
  (construction en
  principe fautive) 14
palmer T 12
palper T 12
palpiter I / P.p.inv. 12
pâmer -se- + être 12

panacher T / Pr 12
paner T 12
panifier T 14
paniquer I, p.p.inv. / T /
  Pr *-qu- partout* 15
panneauter I / P.p.inv. ..12
panosser T / *Suisse ;*
  Savoie 12
panser T 12
panteler I / P.p.inv. 22
pantoufler I / P.p.inv. ...12
papillonner I / P.p.inv. ..12
papilloter I /P.p.inv. 12
papoter I / P.p.inv. 12
parachever T 24
parachuter T 12
parader I / P.p.inv. 12
parafer T 12
paraffiner T 12
paraître I / + être
  ou avoir 74
paralyser T 12
paramétrer T 19
parangonner T 12
parapher T 12
paraphraser T 12
parasiter T 12
parcellariser T 12
parcelliser T 12
parcourir T 41
pardonner T / Ti (à),
  p.p.inv. / *Le part. passé*
  s'accorde à la voix
  passive : elle a été
  pardonnée 12
parementer T 12
parer T / Ti (à), p.p.inv. /
  Pr (de) 12
paresser I / P.p.inv. 12
parfaire T / *Déf : usité à*
  l'inf., au part. passé, au
  sing. de l'ind. prés. et
  aux temps composés ...5
parfiler T 12
parfondre T 65
parfumer T / Pr 12
parier T 14
parjurer -se- + être 12
parlementer I / P.p.inv. ..12
parler I, p.p.inv. / Ti (de),
  p.p.inv. / T / Pr, p.p.inv. ..12
parodier T 14
parquer T / I, p.p.inv. /
  -qu- partout 15
parqueter T 26

parrainer T 12
parsemer T 24
partager T 16
participer Ti (à) /
  P.p.inv. 12
particulariser T 12
partir I /+ être 36
parvenir I /+ être 4
passementer T 12
passer I / T / Pr (de)
  + être ou avoir *sauf à la*
  voix pronominale :
  toujours « être » 12
passionner T / Pr
  (pour) 12
passiver T 12
pasteuriser T 12
pasticher T 12
patauger I /P.p.inv. 16
pateliner I / P.p.inv. 12
patenter T 12
patienter I / P.p.inv. 12
patiner I, p.p.inv. / T /Pr ..12
pâtir I / P.p.inv. 34
pâtisser I / P.p.inv. 12
patoiser I / P.p.inv. 12
patouiller I, p.p.inv. / T ..12
patronner T 12
patrouiller I / P.p.inv. ...12
pâturer T / I, p.p.inv. 12
paumer T / Pr 12
paumoyer T 30
paupériser T 12
pauser I / P.p.inv. 12
pavaner -se- + être 12
paver T 12
pavoiser T / I,
  p.p.inv. 12
payer T / I, p.p.inv. /
  Pr ....28 ou 29
peaufiner T 12
pécher I / P.p.inv. 19
pêcher T 12
pécloter I / P.p.inv. /
  Suisse 12
pédaler I / P.p.inv. 12
peigner T / Pr 12
peindre T / Pr 69
peiner T / I, p.p.inv. 12
peinturer T 12
peinturlurer T 12
peler I / T, p.p.inv. 24
peller T / *Suisse* 12
pelleter T 26

pelliculer T 12
peloter T 12
pelotonner T / Pr 12
pelucher I / P.p.inv. 12
pénaliser T 12
pencher T / I, p.p.inv. /
  Pr 12
pendiller I / P.p.inv. 12
pendouiller I / P.p.inv. ..12
pendre T / I, p.p.inv. /
  Pr 65
penduler I / P.p.inv. 12
pénétrer T / I, p.p.inv. /
  Pr (de) 19
penser I, p.p.inv. / Ti (à),
  p.p.inv. / T 12
pensionner T 12
pépier I / P.p.inv. 14
percer T / I, p.p.inv. 17
percevoir T 50
percher I, p.p.inv. / T /
  Pr 12
percuter T / I, p.p.inv. ..12
perdre T / I, p.p.inv. / Pr .65
perdurer I / P.p.inv. 12
pérenniser T 12
perfectionner T / Pr 12
perforer T 12
perfuser T 12
péricliter I / P.p.inv. 12
périmer -se- + être 12
périr I / P.p.inv. 34
perler I / T, p.p.inv. 12
permettre T / Pr 6
permuter T / I, p.p.inv. ..12
pérorer I / P.p.inv. 12
peroxyder T 12
perpétrer T 19
perpétuer T / Pr 12
perquisitionner I,
  p.p.inv. / T 12
persécuter T 12
persévérer I / P.p.inv. ..19
persifler T 12
persister I (dans,
  à + l'inf.) / P.p.inv. 12
personnaliser T 12
personnifier T 14
persuader T / Pr (de) ..12
perturber T 12
pervertir T / Pr 34
pervibrer T 12
peser T / I, p.p.inv. 24
pester I / P.p.inv. 12

pétarader I / P.p.inv. 12
péter I, p.p.inv. / T ...19
pétiller I / P.p.inv. 12
petit-déjeuner I / P.p.inv. 12
pétitionner I / P.p.inv. ...12
pétouiller I / P.p.inv. / Suisse 12
pétrifier T 14
pétrir T 34
pétuner I / P.p.inv. 12
peupler T / Pr 12
phagocyter T 12
philosopher I / P.p.inv. ..12
phosphater T 12
phosphorer I / P.p.inv. ...12
photocomposer T 12
photocopier T 14
photographier T 14
phraser T 12
piaffer I /P.p.inv. 12
piailler I / P.p.inv. 12
pianoter I / P.p.inv. 12
piauler I / P.p.inv. 12
picoler T 12
picorer T 12
picoter T 12
piéger T 20
piéter I /P.p.inv. 19
piétiner I, p.p.inv. / T ..12
pieuter -se- + être 12
pifer T 12
piffer T 12
pigeonner T 12
piger T 16
pigmenter T 12
pignocher I / P.p.inv. 12
piler T / I, p.p.inv. 12
piller T 12
pilonner T 12
piloter T 12
pimenter T 12
pinailler I / P.p.inv. 12
pincer T 17
pinter I, p.p.inv. / T / Pr ..12
piocher T 12
pioncer I / P.p.inv. 17
piorner I / P.p.inv. / Suisse 12
piper T 12
pique-niquer I /P.p.inv. / -qu- partout 15
piquer T / I, p.p.inv. / Pr / -qu- partout 15

piqueter T / I, p. p. inv., Québec 26
pirater T / I, p.p.inv. 12
pirouetter I /P.p.inv. 12
pisser T / I, p.p.inv. 12
pister T 12
pistonner T 12
pitonner T / I, p.p.inv. ...12
pivoter I / P.p.inv. 12
placarder T 12
placer T / Pr 17
placoter I / P.p.inv. / Québec 12
plafonner I, p.p.inv. / T ..12
plagier T 12
plaider T / I, p.p.inv. 12
plaindre T / Pr 68
plaire I (à) / U dans des expressions figées : s'il vous/te plaît ; plaît-il (pour faire répéter si on n'a pas entendu), etc. / Pr / P.p.inv. même à la voix pronominale 89
plaisanter I, p.p.inv. / T ..12
planchéier T / -é- partout dans la base 14
plancher I / Ti (sur) / P.p.inv. 12
planer T / I, p.p.inv. 12
planifier T 14
planquer T / Pr / -qu- partout 15
planter T / Pr 12
plaquer T / -qu- partout 15
plasmifier T 14
plastifier T 14
plastiquer T / -qu- partout 15
plastronner I / P.p.inv. ..12
platiner T 12
plâtrer T 12
plébisciter T 12
pleurer I, p.p.inv. / T 12
pleurnicher I / P.p.inv. ...12
pleuvasser U / P.p.inv. ...12
pleuviner U /P.p.inv. 12
pleuvoir U / I / P.p.inv. Existe à la 3e pers. du plur. au sens figuré ..61
pleuvoter U / P.p.inv. 12
plier T / I, p.p.inv. / Pr (à) 14
plisser T /I, p.p.inv. 12

plomber T 12
plonger T / I, p.p.inv. / Pr 16
ployer T / I, p.p.inv. 30
plucher I / P.p.inv. 12
plumer T 12
pluviner U / P.p.inv. 12
pocharder -se- + être ..12
pocher T 12
poêler T 12
poétiser T 12
poignarder T 12
poiler -se- + être 12
poinçonner T 12
poindre I / Déf : usité seulement à l'ind. prés., au part. prés. et à la 3e pers. du sing. des temps simples 70
pointer T / I, p.p.inv. / Pr 12
pointiller I, p.p.inv. / T ..12
poireauter I / P.p.inv. 12
poiroter I / P.p.inv. 12
poisser T 12
poivrer T / Pr 12
polariser T / Pr (sur) 12
polémiquer I / P.p.inv. / -qu- partout 15
policer T 17
polir T 34
polissonner I / P.p.inv. ..12
politiser T 12
polluer T 14
polycopier T 12
polymériser T 12
pommader T 12
pommeler -se- + être ..22
pommer I / P.p.inv. 12
pomper T 12
pomponner T / Pr 12
poncer T 17
ponctionner T 12
ponctuer T 12
pondérer T 19
pondre T 65
ponter I, p.p.inv. / T 12
pontifier I / P.p.inv. 14
populariser T 12
poquer I / P.p.inv. / -qu- partout 15
porter T / I, p.p.inv. / Pr ..12
portraiturer T 12

poser T / I, p.p.inv. / Pr ..12
positionner T / Pr 12
posséder T / Pr 19
postdater T 12
poster T / Pr 12
postillonner I / P.p.inv. ..12
postposer T 12
postsynchroniser T 12
postuler T / I, p.p.inv. ...12
potasser T 12
potentialiser T 12
potiner I / P.p.inv. 12
poudrer T 12
poudroyer I / P.p.inv. ...30
pouffer I / P.p.inv. 12
pouliner I /P.p.inv. 12
pouponner I / P.p.inv. ..12
pourchasser T 12
pourfendre T 65
pourlécher -se- + être ..19
pourrir I / p.p.inv. / T ...34
poursuivre T 84
pourvoir Ti (à), p.p.inv. / T /Pr (de, en) 53
pousser T / I, p.p.inv. / Pr 12
poutser T / Suisse 12
pouvoir T / U + être à la voix pronominale : il se peut que (+ subj.) / P.p.inv. / Déf : pas d'impér. 7
praliner T 12
pratiquer T / Pr / -qu- partout 15
préaviser T 12
précariser T 12
précautionner -se- + être 12
précéder T / Attention au part. prés. : précédant (ne pas confondre avec l'adj. « précédent ») 19
préchauffer T 12
prêcher T / I, p.p.inv. 12
précipiter T / I, p.p.inv. / Pr 12
préciser T / Pr 12
précompter T 12
préconiser T 12
prédestiner T 12
prédéterminer T 12
prédiquer T / -qu- partout 15

prédire T / *2ᵉ pers. du plur. à l'ind. prés. et à l'impér. prés. :* (vous) prédisez ...76
prédisposer T ...12
prédominer I / P.p.inv. ..12
préétablir T ...34
préexister T / P.p.inv. ...12
préfacer T ...17
préférer T ...19
préfigurer T ...12
préfixer T ...12
préformer T ...12
préjuger T / Ti (de), p.p.inv. ...16
prélasser -se- + être ...12
prélever T ...24
préluder I / Ti (à) / P.p.inv. ...12
préméditer T ...12
prémunir T / Pr (contre) ...34
prendre T / I, p.p.inv. / Pr (à, de, pour) ...67
prénommer T ...12
préoccuper T / Pr (de) ..12
préparer T / Pr ...12
prépayer T ...28 ou 29
préposer T ...12
prérégler T ...19
présager T ...12
prescrire T / Pr ...78
présélectionner T ...12
présenter T / I, p.p.inv. / Pr ...12
préserver T ...12
présider T / Ti (à), p.p.inv. / *Attention au part. prés. :* présidant *(ne pas confondre avec le nom « président »)* ...12
pressentir T ...36
presser T / I, p.p.inv. / Pr..12
pressurer T / Pr ...12
pressuriser T ...12
prester T / *Belgique ; R. du Congo* ...12
présumer T / Ti (de), p.p.inv. ...12
présupposer T ...12
présurer T ...12
prétendre T / Ti (à), p.p.inv. ...65

prêter T / Ti (à), p.p.inv. / Pr (à) ...12
prétériter T *Suisse* ...12
prétexter T ...12
prévaloir I, p.p.inv. / Pr (de) ...56
prévariquer I / P.p.inv. / *-qu- partout* ...15
prévenir T ...4
prévoir T ...52
prier T / I, p.p.inv. ...14
primer T / Ti (sur), p.p.inv. ...12
priser T ...12
privatiser T ...12
priver T / Pr (de) ...12
privilégier T ...14
procéder I / Ti (à) / P.p.inv. ...19
proclamer T ...12
procréer T / *-é- partout dans la base* ...13
procurer T ...12
prodiguer T / *-gu- partout* ...15
produire T / Pr ...82
profaner T ...12
proférer T ...19
professer T ...12
professionnaliser T / Pr ...12
profiler T / Pr ...12
profiter Ti (de, à) / I / P.p.inv. ...12
programmer T ...12
progresser T / P.p.inv. ...12
prohiber T ...12
projeter T ...26
prolétariser T / Pr ...12
proliférer I / P.p.inv. ...19
prolonger T ...16
promener T / I, p.p.inv. / Pr ...24
promettre T / I, p.p.inv. / Pr ...6
promouvoir T / *Usité surtout à l'inf., au part. passé* (promu/ue/us/ues), *aux temps composés et à la voix passive* ...54
promulguer T / *-gu- partout* ...15
prôner T ...12

prononcer T / I, p.p.inv. / Pr ...17
pronostiquer T / *-qu- partout* ...15
propager T / Pr ...16
prophétiser T ...12
proportionner T ...12
proposer T / Pr ...12
propulser T / Pr ...12
proroger T ...16
proscrire T ...78
prospecter T ...12
prospérer I / P.p.inv. ...19
prosterner -se- + être ..12
prostituer T / Pr ...12
protéger T ...20
protester I, p.p.inv. / Ti (de), p.p.inv. / T *(langage juridique)* ...12
prouver T ...12
provenir I / + être ...4
provigner T / I, p.p.inv. ..12
provisionner T ...12
provoquer T / *-qu- partout /Attention au part. passé :* provoquant *(ne pas confondre avec l'adj. « provocant »)* ...15
psalmodier T / I, p.p.inv. ...14
psychanalyser T ...12
psychiatriser T ...12
publier T ...14
puddler T ...12
puer I / T P.p.inv. / *Peu usité au passé simple, au subj. imparf. et aux temps composés* ...12
puiser T / I, p.p.inv. ...12
pulluler I / P.p.inv. ...12
pulser T ...12
pulvériser T ...12
punaiser T ...12
punir T ...34
purger T / Pr ...16
purifier T ...14
putréfier T / Pr ...14
putter / P.p.inv. ...12
pyrograver T ...12

Q

quadriller T ...12

quadrupler T / I, p.p.inv. ...12
qualifier T / Pr ...14
quantifier T ...14
quartager T ...16
quarter T ...12
quémander T / I, p.p.inv. ...12
quereller T / Pr ...12
quérir T / *Déf : usité seulement à l'inf. prés. après « aller », « envoyer », « faire », « venir »*
questionner T ...12
quêter T / I, p.p.inv. ...12
queuter I / P.p.inv. ...12
quintupler T / I, p.p.inv. ...12
quittancer T ...17
quitter T / I, p.p.inv., *Afrique* ...12

R

rabâcher T / I, p.p.inv. ...12
rabaisser T / Pr ...12
rabattre T / I, p.p.inv. / Pr (sur) ...73
rabibocher T / Pr (avec) ...12
rabioter T ...12
râbler T ...12
rabonnir I / P.p.inv. ...34
raboter T ...12
rabougrir T / Pr ...34
rabouter T ...12
rabrouer T ...12
raccommoder T / Pr ...12
raccompagner T ...12
raccorder T ...12
raccourcir T / I, p.p.inv. ...34
raccrocher T / I, p.p.inv. / Pr (à) ...12
raccuser T / *Belgique* ...12
racheter T / Pr ...27
raciner T ...12
racketter T ...12
racler T /Pr *dans l'expression « se racler la gorge »* ...12
racoler T ...12
raconter T ...12
racornir T ...34
rader T ...12

RÉPERTOIRE DES VERBES

radicaliser T 12
radier T 14
radiner I, p.p.inv. / Pr 12
radiobaliser T 12
radiodiffuser T 12
radiographier T 14
radioguider T 12
radoter I, p.p.inv. / T 12
radouber T 12
radoucir T / Pr 34
raffermir T / Pr 34
raffiner T / Ti (sur), p.p.inv. 12
raffoler Ti (de) / P.p.inv. ..12
raffûter T 12
rafistoler T 12
rafler T 12
rafraîchir T / I, p.p.inv. / Pr 34
ragaillardir T 34
rager I / P.p.inv. 16
ragréer T / -é- partout dans la base 13
raguer I / P.p.inv. / -gu- partout 15
raidir T / Pr 34
railler T 12
rainer T 12
rainurer T 12
raire I / P.p.inv. / Déf : pas de passé simple, pas de subj. imparf. 88
raisonner I, p.p.inv. / T ..12
rajeunir T / I, p.p.inv. / Pr 34
rajouter T 12
rajuster T 12
ralentir T / I, p.p.inv. 34
râler I / P.p.inv. 12
ralinguer I / I, p.p.inv. / -gu- partout 15
raller I / P.p.inv. 12
rallier T / Pr (à) 14
rallonger T / I, p.p.inv. 16
rallumer T / Pr 12
ramager T / I, p.p.inv. 16
ramasser T / Pr 12
ramender T 12
ramener T / Pr 24
ramer T / I, p.p.inv. 12
rameuter T 12

ramifier T / Pr 14
ramollir T / Pr 34
ramoner T 12
ramper I / P.p.inv. 12
rancarder T / Pr (sur) 12
rancir I, p.p.inv. / T 34
rançonner T 12
randomiser T 12
randonner I / P.p.inv. 12
ranger T / Pr 16
ranimer T / Pr 12
rapatrier T 14
râper T 12
rapercher T / *Suisse* 12
rapetasser T 12
rapetisser T / I, p.p.inv. 12
rapiécer T 21
rapiner T / I, p.p.inv. 12
raplatir T 34
rapointir T 34
rappareiller T 12
rapparier T 14
rappeler T / Pr 22
rappliquer I / P.p.inv. / -qu- partout 15
rappointir T 34
rapporter T / Pr (à) 12
rapprendre T 67
rapprêter T 12
rapprocher T / Pr (de) 12
raquer T / -qu- partout 15
raréfier T / Pr 14
raser T / Pr 12
rassasier T 14
rassembler T / Pr 12
rasseoir T / Pr 57
rasséréner T / Pr 19
rassir I / + être ou avoir / *Attention au part. passé :* rassis/ise/ises *(« rassi/ie/is/ies » appartient à la langue orale, à propos du pain ou de la pâtisserie)* 34
rassortir T 34
rassurer T 12
ratatiner T / Pr 12
râteler T 22

rater I, p.p.inv. / T 12
ratiboiser T 12
ratifier T 14
ratiner T 12
ratiociner I / P.p.inv. 12
rationaliser T 12
rationner T 12
ratisser T / I, p.p.inv. ...12
rattacher T / Pr (à) ...12
rattraper T / Pr 12
raturer T 12
raucher T 12
rauquer I / P.p.inv. / -qu- partout 15
ravager T 16
ravaler T / Pr 12
ravauder T 12
ravigoter T 12
ravilir T 34
raviner T 12
ravir T 34
raviser -se- + être 12
ravitailler T 12
raviver T 12
ravoir T / Pr, *Belgique* / Déf : - usité seulement à l'inf. prés. 29
rayer T 12
rayonner I, p.p.inv. / T ..12
razzier T 14
réabonner T 12
réabsorber T 12
réaccoutumer T 12
réactiver T 12
réactualiser T 12
réadapter T 12
réadmettre T 6
réaffirmer T 12
réagir I / P.p.inv. 34
réajuster T 12
réaléser T 19
réaligner T 12
réaliser T / Pr 12
réaménager T 16
réamorcer T 17
réanimer T 12
réapparaître I / + être ou avoir 74
réapprendre T 67
réapprovisionner T ...12
réargenter T 12
réarmer T / I, p.p.inv. 12
réarranger T 16

réassigner T 12
réassortir T 34
réassurer T 12
rebaisser I, p.p.inv. / T ..12
rebaptiser T 12
rebâtir T 34
rebattre T 73
rebeller -se- + être 12
rebiffer -se- + être........12
rebiquer I / P.p.inv. / -qu- partout 15
reblanchir T 34
reboire T / I, p.p.inv. 87
reboiser T 12
rebondir I / P.p.inv. 34
reborder T 12
reboucher T 12
reboutonner T 12
rebroder T 12
rebrousser T 12
rebrûler T 12
rebuter T 12
recacheter T 26
recadrer T 12
recalcifier T 14
recalculer T 12
recaler T 12
recapitaliser T 12
récapituler T 12
recarder T 12
recarreler T 22
recaser T 12
recauser Ti (de) / P.p.inv. 12
recéder T 19
receler T 24
recenser T 12
recentrer T 12
receper T 24
recéper T 19
réceptionner T 12
recercler T 12
recevoir T / Pr 50
rechampir T 34
réchampir T 34
rechanger T 16
rechanter T 12
rechaper T 12
réchapper I / Ti (à, de) / + être ou avoir 12
recharger T 16
rechasser T 12

réchauffer T / Pr 12
rechausser T / Pr 12
rechercher T 12
rechigner I / Ti (à) /
P.p.inv. 12
rechristianiser T 12
rechuter I / P.p.inv. 12
récidiver I / P.p.inv. 12
réciproquer I, p.p.inv. / T /
Belgique ; R. d. Congo/
-qu- partout 15
réciter T 12
réclamer T / I, p.p.inv. /
Pr (de) 12
reclasser T 12
reclouer T 12
recoiffer T / Pr 12
récoler T 12
recoller T / Ti (à),
p.p.inv. 12
récolter T 12
recommander T /
Pr (de) 12
recommencer T / I,
p.p.inv. 17
recomparaître
I / P.p.inv. 74
récompenser T 12
recomposer T 12
recompter T 12
réconcilier T / Pr
(avec) 14
recondamner T 12
reconduire T 82
réconforter T 12
reconnaître T / Pr 74
reconquérir T 43
reconsidérer T 19
reconstituer T............12
reconstruire T............82
reconvertir T / Pr 34
recopier T 14
recorder T 12
recorriger T 16
recoucher T 12
recoudre T 97
recouper T / I, p.p.inv. ..12
recourber T 12
recourir T / I, p.p.inv. /
Ti (à), p.p.inv. 41
recouvrer T 12
recouvrir T 44

recracher T /
I, p.p.inv. 12
recréer T / -é- partout
dans la base 13
récréer T / -é- partout
dansla base 13
recrépir T 34
recreuser T 12
récrier -se- + être 14
récriminer I / P.p.inv. ...12
récrire T 78
recristalliser T / I, p.p.inv. ..12
recroître I / P.p.inv. :
au masc. sing., recrû
(accent circonflexe pour
éviter de confondre avec
l'adj. « recru ») 91
recroqueviller -se-
+ être 12
recruter T / Pr 12
rectifier T 14
recueillir T / Pr 45
recuire T / I, p.p.inv. 82
reculer T / I, p.p.inv. 12
reculotter T 12
récupérer T /
I, p.p.inv. 19
récurer T 12
récuser T / Pr 12
recycler T / Pr............12
redécouvrir T 44
redéfaire T 5
redéfinir T 34
redemander T 12
redémarrer I / P.p.inv. ..12
redéployer T 30
redescendre I, + être /
T, + avoir 65
redevenir I / + être 4
redevoir T 10
rediffuser T 12
rédiger T 16
redimensionner T /
Suisse 12
rédimer T 12
redire T 76
rediscuter T 12
redistribuer T 12
redonner T 12
redorer T 12
redoubler T / Ti (de),
p.p.inv. / I, p.p.inv. 12
redouter T 12

redresser T /
I, p.p.inv. / Pr 12
réduire T / I, p.p.inv. /
Pr (à) 82
réécouter T 12
réécrire T 78
réédifier T 14
rééditer T 12
rééduquer T /
-qu- partout 15
réélire T 79
réembaucher T 12
réemployer T 30
réemprunter T 12
réengager T / I, p.p.inv. /
Pr 16
réenregistrer T 12
réensemencer T 17
rééquilibrer T 12
réer I / P.p.inv. /
-é- partout 13
réescompter T 12
réessayer T ......28 ou 29
réétudier T 14
réévaluer T 12
réexaminer T 12
réexpédier T 12
réexporter T 12
refaçonner T 12
refaire T / Pr 5
refendre T 65
référencer T 17
référer Ti (à), p.p.inv. dans
l'expression en référer
à /Pr (à) 19
refermer T 12
refiler T 12
réfléchir T / I, p.p.inv. /
Ti (à, sur), p.p.inv. /
Pr (dans, sur) 34
refléter T / Pr (dans) ...19
refleurir I, p.p.inv. / T ..34
refluer I / P.p.inv. 12
refonder T 12
refondre T 65
reformer T / Pr............12
réformer T 12
reformuler T 12
refouiller T 12
refouler T 12
réfracter T 12
réfréner T 19
refréner T 19

réfrigérer T 19
refroidir T / I, p.p.inv. ...34
réfugier -se- + être 14
refuser T / I, p.p.inv. /
Pr 12
réfuter T 12
regagner T 12
régaler T / Pr 12
regarder T / Ti (à), p.p.inv. /
I, p.p.inv. / Pr 12
regarnir T 34
régater I / P.p.inv. 12
regeler T / U, p.p.inv. 24
régénérer T 19
régenter T 12
regimber I, p.p.inv.
/ Pr 12
régionaliser T 12
régir T 34
registrer T 12
réglementer T 12
régler T 19
régner I / P.p.inv. 19
regonfler T /
I, p.p.inv. 12
regorger T / P.p.inv. 16
regratter T 12
regréer T / -é- partout
dans la base 13
regreffer T 12
régresser I / P.p.inv. 12
regretter T /
-tt- partout 12
regrimper I, p.p.inv.
/ T 12
regrossir I / P.inv. 34
regrouper T / Pr 12
régulariser T 12
réguler T 12
régurgiter T 12
réhabiliter T 12
réhabituer T 12
rehausser T 12
réhydrater T 12
réifier T 14
réimperméabiliser T ..12
réimplanter T 12
réimporter T 12
réimposer T 12
réimprimer T 12
réincarcérer T 19

réincarner -se- (dans) + être 12
réincorporer T 12
réinscrire T 78
réinsérer T 19
réinstaller T 12
réintégrer T 19
réintroduire T 82
réinventer T 12
réinvestir T / I, p.p.inv. 34
réinviter T 12
réitérer T / I, p.p.inv. 19
rejaillir I / P.p.inv. 34
rejeter T / I, p.p.inv. / Pr 26
rejoindre T 70
rejointoyer T 30
rejouer T / I, p.p.inv. 12
réjouir T / Pr (de) 34
rejuger T 16
relâcher T / I, p.p.inv. / Pr 12
relaisser -se- + être 12
relancer T / I, p.p.inv. 17
rélargir T 34
relater T 12
relativiser T 12
relaver T 12
relaxer T / Pr 12
relayer T / Pr ...... 28 ou 29
reléguer T / -gu- partout 19
relever T / Ti (de), p.p.inv. /Pr 24
relier T 14
relire T / Pr 79
reloger T 16
relouer T 12
reluire I / P.p.inv. (relui) 83
reluquer T / -qu- partout 15
remâcher T 12
remailler T 12
remanger T / I, p.p.inv. 16
remanier T 12
remaquiller T 12
remarcher I / P.p.inv. 12
remarier -se- + être 14
remarquer T /

-qu- partout 15
remastiquer T / -qu- partout 15
remballer T 12
rembarquer T / I / Pr (dans) / -qu- partout 15
rembarrer T 12
rembaucher T 12
remblaver T 12
remblayer T ...... 28 ou 29
rembobiner T 12
remboîter T 12
rembouger T 16
rembourrer T 12
rembourser T 12
rembrunir -se- + être 34
rembucher T 12
remédier Ti (à) / P.p.inv. 14
remembrer T 12
remémorer T / Pr 12
remercier T 14
remettre T / Ti (sur), p.p.inv., Belgique / Pr (à) 6
remeubler T 12
remilitariser T 12
remiser T / Pr 12
remmailler T 12
remmailloter T 12
remmancher T 12
remmener T 24
remmouler T 12
remodeler T 24
remonter I + être / T + avoir / Pr 12
remontrer T 12
remordre T 65
remorquer T / -qu- partout 15
remoudre T 96
remouiller T 12
remouler T 12
rempailler T 12
rempaqueter T 26
rempiéter T 19
rempiler T / I, p.p.inv. 12
remplacer T 17
remplier T 14
remplir T / Pr 34
employer T 30
remplumer -se-.+ être 12

rempocher T 12
rempoissonner T 12
remporter T 12
rempoter T 12
remprunter T 12
remuer T / I, p.p.inv. / Pr 12
rémunérer T 19
renâcler I / P.p.inv. 12
renaître I / Ti (à) / Déf : pas de part. passé, donc pas de temps composés 75
renauder I / P.p.inv. 12
rencaisser T 12
rencarder T / Pr (sur) 12
renchérir I / P.p.inv. 34
rencogner T / Pr (dans) 12
rencontrer T / Pr 12
rendormir T / Pr 37
rendosser T 12
rendre T / Pr (attention : p.p.inv. seulement dans l'expression se rendre compte de...) 65
renégocier T 14
reneiger U / P.p.inv. 16
renfaîter T 12
renfermer T / Pr 12
renfiler T 12
renfler T 12
renflouer T 12
renfoncer T 17
renforcer T 17
renformir T 34
renfrogner -se- + être 12
rengager T / I, p.p.inv. / Pr 16
rengainer T 12
rengorger -se- + être 16
rengraisser I / P.p.inv. 12
rengrener T 24
rengréner T 19
renier T 14
renifler I, p.p.inv. / T 12
renommer T 12
renoncer Ti (à), p.p.inv. / I, p.p.inv. / T, Belgique 17
renouer T / I, p.p.inv. 12
renouveler T / Pr 22
rénover T 12
renseigner T / Pr 12

rentabiliser T 12
rentamer T 12
renter T 12
rentoiler T 12
rentraire T 88
rentrayer T ...... 28 ou 29
rentrer I + être / T + avoir 12
renverser T / I, p.p.inv. / Pr 12
renvider T 12
renvoyer T 32
réoccuper T 12
réopérer T 19
réorchestrer T 12
réorganiser T 12
réorienter T 12
repairer I / P.p.inv. 12
repaître T / Pr (de) 100
répandre T / Pr 66
reparaître I / + être ou avoir 74
réparer T 12
reparler I / Ti (de) / P.p.inv. 12
repartager T 16
repartir I + être / T au sens de « répliquer » 36
répartir T 34
repasser I, p.p.inv. / T 12
repaver T 12
repayer T ...... 28 ou 29
repêcher T 12
repeindre T 69
rependre T 65
repenser Ti (à), p.p.inv. / T 12
repentir -se- (de) + être 36
repercer T 17
répercuter T / Pr (sur) 12
reperdre T 65
repérer T 19
répertorier T 14
répéter T / Pr 19
repeupler T 12
repiquer T / Ti (à), p.p.inv. / -qu- partout 15
replacer T 17
replanter T 12
replâtrer T 12
repleuvoir U / P.p.inv. 61

replier T / Pr 14
répliquer T / I, p.p.inv. /
Pr / -qu- partout 15
replisser T 12
replonger T / I, p.p.inv./
Pr 16
reployer T 30
repolir T 34
répondre T / I, p.p.inv. /
Ti (à, de), p.p.inv. 65
reporter T / Pr (à) 12
reposer T / Ti (sur),
p.p.inv. /I, p.p.inv. / Pr ..12
repositionner T 12
repourvoir T / Suisse ..53
repousser T /
I, p.p.inv. 12
reprendre T /
I, p.p.inv. / Pr 67
représenter T /
I, p.p.inv. / Pr 12
réprimander T 12
réprimer T 12
repriser T 12
reprocher T / Pr 12
reproduire T / Pr 82
reprogrammer T 12
reprographier T 14
réprouver T 12
répudier T 14
répugner Ti (à) / P.p.inv. ..12
réputer T 12
requérir T 43
requêter T 12
requinquer T / Pr /
-qu- partout 15
réquisitionner T 12
requitter T 12
resaler T 12
resalir T 34
rescinder T 12
réséquer T /
-qu- partout 19
réserver T / Pr 12
résider I / P.p.inv. /
Attention au part.
prés. : résidant (ne pas
confondre avec le nom
« résident ») 12
résigner T / Pr (à) 12
résilier T 14
résiner T 12
résister Ti (à) / P.p.inv. ..12

resocialiser T 12
résonner I / P.p.inv. 12
résorber T / Pr 12
résoudre T / Pr (à) /
Part. passé courant :
résolu/ue/us/ues 94
respectabiliser T 12
respecter T /Pr 12
respirer I, p.p.inv. / T ..12
resplendir I / P.p.inv. ..34
responsabiliser T 12
resquiller T /
I, p.p.inv. 12
ressaigner I / P.p.inv. ..12
ressaisir T / Pr 34
ressasser T 12
ressauter T / I, p.p.inv. ..12
ressayer T ....28 ou 29
ressembler Ti (à) / Pr /
P.p.inv. 12
ressemeler T 22
ressemer T 24
ressentir T / Pr (de) 36
resserrer T / Pr 12
resservir T / I, p.p.inv. ..37
ressortir I + être / T + avoir /
Ti (à) + être/ U + être 36
ressortir (= être du res-
sort de) Ti (à), + être ..34
ressouder T 12
ressourcer -se-
+ être 17
ressouvenir -se- (de)
+ être 4
ressuer I / P.p.inv. 12
ressurgir I / P.p.inv. 34
ressusciter I + être /
T + avoir 12
ressuyer T 31
restaurer T / Pr 12
rester I / + être 12
restituer T 12
restreindre T / Pr 69
restructurer T 12
résulter Ti (de) / U + être
ou avoir / P.p.inv. / Déf :
usité seulement à l'inf.,
aux 3es pers., aux part.
prés. et passé 12
résumer T / Pr (à) 12
resurchauffer T 12
resurgir I /P.p.inv. 34
rétablir T / Pr 34

retailler T 12
rétamer T 12
retaper T / Pr 12
retarder T / I, p.p.inv. 12
retâter T / Ti (de),
p.p.inv. 12
reteindre T 69
retendre T 65
retenir T / Pr 4
retenter T 12
retentir I / P.p.inv. 34
retercer T 17
reterser T 12
réticuler T 12
retirer T / Pr 12
retisser T 12
retomber I / + être 12
retondre T 65
retordre T 65
rétorquer T /
-qu- partout 15
retoucher T / Ti (à),
p.p.inv. 12
retourner T + avoir /
I + être / Pr / U, p.p.inv.
dans l'expression de
quoi il retourne 12
retracer T 17
rétracter T / Pr 12
retraduire T 82
retraiter T 12
retrancher T / Pr 12
retranscrire T 78
retransmettre T 6
retravailler T / I,
p.p.inv. 12
retraverser T 12
rétrécir T / I,
p.p.inv. / Pr 34
rétreindre T 69
retremper T / Pr 12
rétribuer T 12
rétroagir Ti (sur) /
P.p.inv. 34
rétrocéder T 19
rétrograder I,
p.p.inv. / T 12
retrousser T 12
retrouver T / Pr 12
retuber T 12
réunifier T 14
réunir T / Pr 34

réussir I, p.p.inv. /
Ti (à), p.p.inv. / T 34
réutiliser T 12
revacciner T 12
revaloir T / Déf :
usité surtout à l'inf.
présent, au futur simple
et au conditionnel
prés. 55
revaloriser T 12
revancher -se- + être ...12
revasculariser T..........12
rêvasser I / P.p.inv. 12
réveiller T / Pr 12
réveillonner I / P.p.inv. ..12
révéler T / Pr 19
revendiquer T /
-qu- partout 15
revendre T 65
revenir I / + être 4
rêver I, p.p.inv. / T / Ti
(à, de), p.p.inv. 12
réverbérer T 19
rechercher T 12
reverdir T / I, p.p.inv. ..34
révérer T 19
revernir T 34
reverser T 12
revêtir T 40
revigorer T 12
réviser T 12
revisiter T 12
revisser T 12
revitaliser T 12
revivifier T 14
revivre I, p.p.inv. / T 85
revoir T / Pr 51
revoler I / P.p.inv. 12
révolter T / Pr 12
révolutionner T 12
révoquer T /
-qu- partout 15
revoter T / I, p.p.inv. ..12
revouloir T 8
révulser T 12
rewriter T 12
rhabiller T / Pr 12
rhumer T 12
ribler T 12
ribouler I / P.p.inv. 12
ricaner I / P.p.inv. 12
ricocher I / P.p.inv. 12
rider T / Pr 12

ridiculiser T ... 12
rifler T ... 12
rigidifier T ... 14
rigoler I / P.p.inv. ... 12
rimailler T / I, p.p.inv. ... 12
rimer I, p.p.inv. / T ... 12
rincer T / Pr ... 17
ringarder T ... 12
ringardiser T ... 12
rioter I / P.p.inv. ... 12
ripailler I / P.p.inv. ... 12
riper T / I, p.p.inv. ... 12
ripoliner T ... 12
riposter Ti (à), p.p.inv. / I, p.p.inv. / T ... 12
rire I / Ti (de) / Pr (de) / P.p.inv. *même à la voix pronominale* ... 80
risquer T / Ti (de), p.p.inv. / Pr / -qu- partout ... 15
rissoler T / I, p.p.inv. ... 12
ristourner T ... 12
ritualiser T ... 12
rivaliser I / P.p.inv. ... 12
river T ... 12
riveter T ... 26
rober T ... 12
robotiser T ... 12
rocher I / P.p.inv. ... 12
rocouer T ... 12
rôdailler I / P.p.inv. ... 12
roder T ... 12
rôder I / P.p.inv. ... 12
rogner T / Ti, p.p.inv. / I, p.p.inv. ... 12
rognonner I / P.p.inv. ... 12
roidir T ... 34
roiller U / P.p.inv. / *Suisse* ... 12
romancer T ... 12
romaniser T / I, p.p.inv. ... 12
rompre T / Ti (avec), p.p.inv. / I, p.p.inv. / Pr ... 71
ronchonner I / P.p.inv. ... 12
ronéoter T ... 12
ronéotyper T ... 12
ronfler I / P.p.inv. ... 12
ronger T ... 16
ronronner I / P.p.inv. ... 12
roquer I / P.p.inv. / -qu- partout ... 15
roser T ... 12

rosir T / I, p.p.inv. ... 34
rosser T ... 12
roter I / P.p.inv. ... 12
rôtir T / I, p.p.inv. / Pr ... 34
roucouler I, p.p.inv. / T ... 12
rouer T ... 12
rougeoyer I / P.p.inv. ... 30
rougir T / I, p.p.inv. ... 34
rouiller T / I, p.p.inv. / Pr ... 12
rouir T ... 34
rouler T / I, p.p.inv. / Pr ... 12
roulotter T ... 12
roupiller I / P.p.inv. ... 12
rouscailler I / P.p.inv. ... 12
rouspéter I / P.p.inv. ... 19
roussir T / I, p.p.inv. ... 34
roustir T ... 34
router T ... 12
rouvrir T / I, p.p.inv. ... 44
rubaner T ... 12
rubéfier T ... 14
rubriquer T / -qu- partout ... 15
rucher T ... 12
rudoyer T ... 30
ruer I, p.p.inv. / Pr (sur) ... 12
rugir I / P.p.inv. ... 34
ruiler T ... 12
ruiner T / Pr ... 12
ruisseler I / P.p.inv. ... 22
ruminer T ... 12
rupiner I / P.p.inv. ... 12
ruser I / P.p.inv. ... 12
russifier T ... 14
russiser T ... 12
rustiquer T / -qu- partout ... 15
rutiler I / P.p.inv. ... 12
rythmer T ... 12

S

sabler T ... 12
sablonner T ... 12
saborder T ... 12
saboter T ... 12
sabouler T ... 12
sabrer T ... 12
saccader T ... 12

saccager T ... 16
saccharifier T ... 14
sacquer T / -cqu- partout ... 15
sacraliser T ... 12
sacrer T / I, p.p.inv. ... 12
sacrifier T / Ti (à), p.p.inv. / Pr ... 14
safraner T ... 12
saietter T ... 12
saigner T / I, p.p.inv. / Pr ... 12
saillir (= faire saillie) I / P.p.inv. / *Déf : usité seulement aux 3es pers. et aux temps impersonnels* ... 49
saillir (= s'accoupler à) T / *Déf : usité seulement à l'inf. aux 3es pers. des temps simples et au part. prés.* ... 34
saisir T / Pr (de) ... 34
salarier T ... 14
saler T ... 12
salifier T ... 14
salir T / Pr ... 34
saliver I / P.p.inv. ... 12
saloper T ... 12
salpêtrer T ... 12
saluer T ... 12
sanctifier T ... 14
sanctionner T ... 12
sanctuariser T ... 12
sangler T ... 12
sangloter I / P.p.inv. ... 12
saouler T / Pr ... 12
saper T / Pr ... 12
saponifier T ... 14
saquer T / -qu- partout ... 15
sarcler T ... 12
sarmenter T ... 12
sasser T ... 12
satelliser T ... 12
satiner T ... 12
satiriser T ... 12
satisfaire T / Ti (à), p.p.inv. / Pr (de) ... 5
saturer T ... 12
saucer T ... 17
saucissonner I, p.p.inv. / T ... 12
saumurer T ... 12
sauner I / P.p.inv. ... 12

saupoudrer T ... 12
saurer T ... 12
sauter I, p.p.inv. / T ... 12
sautiller I / P.p.inv. ... 12
sauvegarder T ... 12
sauver T / Pr ... 12
savoir T ... 9
savonner T ... 12
savourer T ... 12
scalper T ... 12
scandaliser T / Pr (de) ... 12
scander T ... 12
scanner T ... 12
scarifier T ... 14
sceller T ... 12
scénariser T ... 12
scheider T ... 12
schématiser T ... 12
schlinguer I / P.p.inv. / -gu- partout ... 15
schlitter T ... 12
scier T ... 14
scinder T / Pr ... 12
scintiller I / P.p.inv. ... 12
scléroser T / Pr ... 12
scolariser T ... 12
scotcher T ... 12
scotomiser T ... 12
scrabbler I / P.p.inv. ... 12
scratcher T ... 12
scruter T ... 12
sculpter T / I, p.p.inv. ... 12
sécher T / I, p.p.inv. ... 19
seconder T ... 12
secouer T / Pr ... 12
secourir T ... 41
secréter T ... 19
sécréter T ... 19
sectionner T ... 12
sectoriser T ... 12
séculariser T ... 12
sécuriser T ... 12
sédentariser T ... 12
sédimenter I, p.p.inv. / Pr ... 12
séduire T ... 82
segmenter T ... 12
séjourner I / P.p.inv. ... 12
sélecter T ... 12
sélectionner T ... 12
seller T ... 12
sembler I / U / P.p.inv. ... 12

semer T 24
semoncer T 17
sensibiliser T 12
sentir T / I, p.p.inv. / Pr . 36
seoir Ti (à) / U : *il sied de* /
Déf : *usité seulement*
aux 3es pers. des temps
simples et au
part. prés. 60
séparer T / Pr (de) 12
septupler T / I, p.p.inv. .. 12
séquestrer T 12
sérancer T 17
serfouir T 34
sérier T 14
seriner T 12
seringuer T /
-gu- *partout* 15
sermonner T 12
serpenter I / P.p.inv. 12
serrer T 12
sertir T 34
servir T / I, p.p.inv. /
Ti (à, de), p.p.inv. /
Pr (de) 37
sévir I / P.p.inv. 34
sevrer T 24
sextupler T / I, p.p.inv. .. 12
sexualiser T 12
shampouiner T 12
shooter I, p.p.inv. /Pr .. 12
shunter T 12
sidérer T 19
siéger I / P.p.inv. 20
siffler I, p.p.inv. / T 12
siffloter I, p.p.inv. / T .. 12
signaler T / Pr 12
signaliser T 12
signer T / Pr 12
signifier T 14
silhouetter T / Pr 12
sillonner T 12
similiser T 12
simplifier T 14
simuler T 12
singer T 16
singulariser T / Pr 12
siniser T 12
sintériser T 12
sinuer I / P.p.inv. 12
siphonner T 12
siroter T / I, p.p.inv. 12
situer T / Pr 12

skier I / P.p.inv. 14
slalomer I / P.p.inv. 12
slaviser T 12
slicer T 17
smasher I, p.p.inv. /T 12
smiller T 12
sniffer T 12
snober T 12
sociabiliser T 12
socialiser T 12
sodomiser T 12
soigner T 12
solder T / Pr (par) 12
solenniser T 12
solfier T 14
solidariser T / Pr (avec) .. 12
solidifier T / Pr 14
soliloquer I / P.p.inv. /
-qu- *partout* 15
solliciter T 12
solubiliser T 12
solutionner T 12
somatiser T 12
sombrer I / P.p.inv. 12
sommeiller I / P.p.inv. .. 12
sommer T 12
somnoler I / P.p.inv. /
Attention au part.
prés. : somnolant
(ne pas confondre avec
l'adj. « somnolent ») .. 12
sonder T 12
songer Ti (à) / I /P.p.inv. .. 16
sonnailler I / P.p.inv. 12
sonner I, p.p.inv. / T 12
sonoriser T 12
sophistiquer T /
-qu- *partout* 15
sortir I + être / T + avoir ... 36
sortir T / *langage*
juridique 34
soucier -se- (de) + être . 14
souder T / Pr 12
soudoyer T 30
souffler I, p.p.inv. / T .. 12
souffleter T 26
souffrir T / I, p.p.inv. /
Ti (de), p.p.inv. / Pr 44
soufrer T 12
souhaiter T 12
souiller T 12
soulager T / Pr 16
soûler T / Pr 12

soulever T / Pr 24
souligner T 12
soumettre T / Pr (à) 6
soumissionner T 12
soupçonner T 12
souper I / P.p.inv. 12
soupeser T 24
soupirer I, p.p.inv. / T /
Ti (après), p.p.inv. 12
souquer T / I, p.p.inv. /
-qu- *partout* 15
sourciller I / P.p.inv. 12
sourdre I / Déf : *usité*
seulement à l'inf. prés.
et aux 3es pers. de l'ind.
prés. (ils sourd/ent) *et*
de l'imparf. (elle/s sour-
dait/aient) 65
sourire I / Ti (à) /
Pr P.p.inv. *même à la voix*
pronominale 80
sous-alimenter T 12
sous-assurer T 12
souscrire T / I, p.p.inv. /
Ti (à), p.p.inv. 78
sous-déclarer T 12
sous-employer T 30
sous-entendre T 65
sous-estimer T 12
sous-évaluer T 12
sous-exploiter T 12
sous-exposer T 12
sous-louer T 12
sous-payer T ...... 28 ou 29
sous-tendre T 65
sous-titrer T 12
soustraire T / Déf : *pas de*
passé simple, pas de
subj. imparf. 88
sous-traiter T 12
sous-utiliser T 12
sous-virer I / P.p.inv. 12
soutacher T 12
soutenir T / Pr 4
soutirer T 12
souvenir -se- (de) /
U, p.p.inv. *dans des*
expressions comme il me
souvient que 4
soviétiser T 12
spatialiser T 12
spécialiser T / Pr 12
spécifier T 14
spéculer I / P.p.inv. 12

speeder I / P.p.inv. 12
spiritualiser T 12
spolier T 14
sponsoriser T 12
sporuler I / P.p.inv. 12
sprinter I / P.p.inv. 12
squatter T 12
squattériser T 12
squeezer T 12
stabiliser T 12
staffer T 12
stagner I
/ P.p.inv. 12
standardiser T 12
starifier T 14
stariser T 12
stationner I / P.p.inv. 12
statuer I / P.p.inv. 12
statufier T 14
sténographier T 14
stérer T 19
stériliser T 12
stigmatiser T 12
stimuler T 12
stipendier T 14
stipuler T 12
stocker T 12
stopper T / I, p.p.inv. 12
stratifier T 12
stresser T 12
striduler I / P.p.inv. 12
strier T 14
structurer T 12
stupéfaire T / Déf :
usité seulement
à la 3e pers.
du sing.
de l'ind. prés.
et des temps composés ;
remplacé par « stupéfier »
aux autres temps 5
stupéfier T 14
stuquer T /
-qu- *partout* 15
styler T 12
styliser T 12
subdéléguer T /
-gu- *partout* 19
subdiviser T 12
subir T 34
subjuguer T /
-gu- *partout* 15
sublimer T /
I, p.p.inv. 12

submerger T 16
subodorer T 12
subordonner T 12
suborner T 16
subroger T 16
subsidier T / *Belgique* ...14
subsister I / *P.p.inv.* 12
substantiver T 12
substituer T / Pr (à) 12
subsumer T 12
subtiliser T / I, p.p.inv. ..12
subvenir Ti (à) / *P.p.inv.* ..4
subventionner T 12
subvertir T 34
succéder Ti (à) / Pr /
P.p.inv. même à la voix
pronominale 19
succomber I / Ti (à) /
P.p.inv. 12
sucer T 17
suçoter I 12
sucrer T / Pr 12
suer I, p.p.inv. /T 12
suffire Ti (à) / Pr /*P.p.inv.*
même à la voix prono-
minale : suffi 81
suffixer T 12
suffoquer T / I, p.p.inv. /
-qu- partout. Attention
au part. prés. :
suffoquant (*ne pas*
confondre avec l'adj.
« suffocant ») 15
suggérer T 19
suggestionner T 12
suicider -se- + être 12
suiffer T 12
suinter I / P.p.inv. 12
suivre T / I, p.p.inv. /
U, p.p.inv. / Pr 84
sulfater T 12
sulfurer T 12
superposer T / Pr (à) ...12
superviser T 12
supplanter T 12
suppléer T / Ti (à),
p.p.inv. /-é- partout dans
la base 13
supplicier T 14
supplier T 12
supporter T / Pr 12
supposer T 12
supprimer T / Pr 12

suppurer I / P.p.inv. 12
supputer T 12
surabonder I / P.p.inv. ..12
surajouter T 12
suralimenter T 12
surbaisser T 12
surcharger T 16
surchauffer T 12
surclasser T 12
surcomprimer T 12
surcontrer T 12
surcouper T 12
surdéterminer T 12
surdorer T 12
surélever T 24
surenchérir I / P.p.inv. ..34
surentraîner T 12
suréquiper T 12
surestimer T 12
surévaluer T 12
surexciter T 12
surexploiter T 12
surexposer T 12
surfacer T / I, p.p.inv. ...17
surfaire T / *Usité surtout*
à l'inf. prés., à l'ind.
prés. et au part. passé ..5
surfer I / P.p.inv. 12
surfiler T 12
surgeler T 24
surgir I / P.p.inv.
(surgi) 34
surhausser T 12
surimposer T 12
suriner T 12
surinformer T 12
surir I / P.p.inv. (suri) ...34
surjaler I / P.p.inv. 12
surjeter T 26
surligner T 12
surlouer T 12
surmédicaliser T 12
surmener T 24
surmonter T 12
surmouler T 12
surnager T / P.p.inv. 16
surnommer T 12
suroxyder T 12
surpasser T / Pr 12
surpayer T ....28 ou 29
surpiquer T /
-qu- partout 15

surplomber T /
I, p.p.inv. 12
surprendre T 67
surproduire T 82
surprotéger T 20
sursaturer T 12
sursauter I / P.p.inv. 12
sursemer T 24
surseoir Ti (à) /
P.p.inv. 59
surtaxer T 12
surtitrer T 12
surveiller T 12
survendre T 65
survenir I / + être 4
survirer I / P.p.inv. 12
survivre I / Ti (à) / P.p.inv.
(survécu) 85
survoler T 12
survolter T 12
susciter T 12
suspecter T 12
suspendre T 65
sustenter T / Pr 12
susurrer I, p.p.inv. / T ...12
suturer T 12
swinguer I /P.p.inv. /
-gu- partout 15
symboliser T 12
sympathiser I (avec) /
P.p.inv. 12
synchroniser T 12
syncoper T / I, p.p.inv. ..12
syndicaliser T 12
syndiquer T / Pr /
-qu- partout 15
synthétiser T 12
systématiser T 12

T

tabasser T 12
tabler Ti (sur) / P.p.inv. ..12
tabouer T 12
tabouiser T 12
tacher T 12
tâcher Ti (de + l'inf.),
p.p.inv. / T 12
tacheter T 26
tacler I, p.p.inv. / T 12
taillader T 12

tailler T / Pr 12
taire T / Pr / *Pas d'accent*
circonflexe à l'ind.
prés. : elle (se) tait 89
taler T 12
taller I / P.p.inv. 12
talocher T 12
talonner T / I, p.p.inv. ...12
talquer T /
-qu- partout 15
tambouriner I, p.p.inv. /
T 12
tamiser T 12
tamponner T / Pr 12
tancer T 17
tanguer I / P.p.inv. /
-gu- partout 15
taniser T 12
tanner T 12
tanniser T 12
tapager I / P.p.inv. 16
taper Ti (sur), p.p.inv. / T /
I / Pr 12
tapiner I / P.p.inv. 12
tapir -se- + être 34
tapisser T 12
tapoter T 12
taquer T /
-qu- partout 15
taquiner T 12
tarabuster T 12
tarauder T 12
tarder I / Ti (à) / P.p.inv. ..12
tarer T 12
targuer -se- (de) + être /
-gu- partout 15
tarifer T 12
tarir T / I, p.p.inv. / Pr ...34
tartiner T 12
tartir I / P.p.inv. 34
tasser T / Pr 12
tâter T / Ti (de, à),
p.p.inv. / Pr 12
tâtonner I / P.p.inv. 12
tatouer T 12
taveler T 22
taxer T 12
tayloriser T 12
tchatcher I / P.p.inv. 12
techniciser T 12
techniser T 12
technocratiser T 12

teiller T 12
teindre T / Pr 69
teinter T 12
télécharger T 12
télécommander T 12
télédiffuser T 12
télégraphier T /
I, p.p.inv. 14
téléguider T 12
télématiser T 12
téléphoner I,
p.p.inv. / T 12
télescoper T / Pr 12
téléviser T 12
télexer T 12
témoigner T / I, p.p.inv. /
Ti (de), p.p.inv. 12
tempérer T 19
tempêter I / P.p.inv. 12
temporiser I / P.p.inv. ... 12
tenailler T 12
tendre T / Ti (à, vers),
p.p.inv. 65
tenir T / I, p.p.inv. /
Ti (à, de), p.p.inv. /
Pr / U, p.p.inv. *dans
des expressions comme
qu'à cela ne tienne ou il
ne tient qu'à toi de...* .4
tenonner T 12
ténoriser I / P.p.inv. 12
tenter T 12
tercer T 17
tergiverser I / P.p.inv. 12
terminer T / Pr 12
ternir T 34
terrasser T 12
terreauter T 12
terrer T / Pr 12
terrifier T 14
terrir I / P.p.inv. 34
terroriser T 12
terser T 12
tester I, p.p.inv. / T 12
tétaniser T 12
téter T / I, p.p.inv. 19
texturer T 12
théâtraliser T 12
théoriser T / I, p.p.inv. .. 12
thésauriser T 12
tiédir I, p.p.inv. / T 34
tiercer T 17
tiller T 12

timbrer T 12
tinter T / I, p.p.inv. 12
tintinnabuler I / P.p.inv. .. 12
tiper I / *Suisse* 12
tipper T / *Suisse* 12
tiquer I / P.p.inv. /
-qu- partout 15
tirailler T / I, p.p.inv. 12
tire-bouchonner T 12
tirer T / I, p.p.inv. / Pr ... 12
tisonner T 12
tisser T 12
titiller T 12
titrer T 12
tituber I / P.p.inv. 12
titulariser T 12
toiletter T 12
toiser T 12
tolérer T 19
tomber I + être /
T + avoir 12
tomer T 12
tondre T 65
tonifier T 14
tonitruer I / P.p.inv. 12
tonner I / U / P.p.inv. 12
tonsurer T 12
tontiner T 12
toper I / P.p.inv. 12
toquer -se- (de) + être /
-qu- partout 15
torcher T 12
torchonner T 12
tordre T / Pr 65
toréer I / P.p.inv. /
-é- partout dans
la base 13
torpiller T 12
torréfier T 14
torsader T 12
tortiller T / I, p.p.inv. /
Pr 12
tortorer T 12
torturer T / Pr 12
tosser I / P.p.inv. 12
totaliser T 12
toucher T / Ti (à),
p.p.inv. / Pr 12
touer T 12
touiller T 12
toupiller T 12
toupiner I / P.p.inv. 12

tourber I / P.p.inv. 12
tourbillonner T /
I, p.p.inv. 12
tourillonner T / I,
p.p.inv. 12
tourmenter T / Pr 12
tournailler I / P.p.inv. ... 12
tournebouler T 12
tourner T / I, p.p.inv. /
Pr 12
tournicoter I / P.p.inv. .. 12
tourniquer I / P.p.inv. /
-qu- partout 15
tournoyer I / P.p.inv. 30
tousser I / P.p.inv. 12
toussoter I / P.p.inv. 12
trabouler I / P.p.inv. 12
tracasser T 12
tracer T / I, p.p.inv. 17
tracter T 12
traduire T / Pr 82
traficoter I, p.p.inv. / T .. 12
trafiquer I / P.p.inv. /
Ti (de), p.p.inv. /
-qu- partout 15
trahir T / Pr 34
traînailler I / P.p.inv. 12
traînasser I / P.p.inv. 12
traîner T / I, p.p.inv. /
Pr 12
traire T / *Déf : pas de
passé simple, pas de
subj. imparf.* 88
traiter T / I, p.p.inv. / Ti
(de), p.p.inv. 12
tramer T / Pr 12
trancher T / I, p.p.inv. ... 12
tranquilliser T / Pr 12
transbahuter T 12
transborder T 12
transcender T 12
transcoder T 12
transcrire T 78
transférer T 19
transfigurer T 12
transfiler T 12
transformer T / Pr 12
transfuser T 12
transgresser T 12
transhumer I, p.p.inv. /
T 12
transiger I / P.p.inv. 16

transir T / *Usité
surtout à l'inf., et au
part. passé* 34
transistoriser T 12
transiter T / I, p.p.inv. .. 12
transmettre T / Pr 6
transmigrer I / P.p.inv. .. 12
transmuer T 12
transmuter T 12
transparaître I / P.p.inv. .. 74
transpercer T 17
transpirer I / P.p.inv. 12
transplanter T 12
transporter T / Pr 12
transposer T 12
transsuder I / P.p.inv. 12
transvaser T 12
transvider T 12
trapper T / *Québec* 12
traquer I /
-qu- partout 15
traumatiser T 12
travailler I, p.p.inv. / T .. 12
travailloter I / P.p.inv. 12
traverser T 12
travestir T / Pr 34
trébucher I, p.p.inv. / T .. 12
tréfiler T 12
treillager T 16
treillisser T 12
trémater T 12
trembler I / P.p.inv. 12
trembloter I / P.p.inv. 12
trémousser -se- + être .. 12
tremper T / I, p.p.inv. 12
trémuler I / P.p.inv. 12
trépaner T 12
trépasser I / P.p.inv. 12
trépider I / P.p.inv. 12
trépigner I / P.p.inv. 12
tressaillir I / P.p.inv. 46
tressauter I / P.p.inv. 12
tresser T 12
treuiller T 12
trévirer T 12
trianguler T 12
triballer T 12
tricher I / Ti (sur) /
P.p.inv. 12
tricoter T / I, p.p.inv. 12
trier T 14
trifouiller I / P.p.inv. 12

triller I / P.p.inv. 12
trimarder I / P.p.inv. 12
trimbaler T / Pr 12
trimballer T 12
trimer I / P.p.inv. 12
tringler T 12
trinquer I / P.p.inv. /
-qu- partout 15
triompher I / Ti (de) /
P.p.inv. 12
tripatouiller T 12
tripler T / I, p.p.inv. 12
tripoter T / I, p.p.inv. 12
triquer T /
-qu- partout 15
trisser T / I, p.p.inv. / Pr ..12
triturer T / Pr 12
tromper T / Pr 12
trompeter I, p.p.inv. /
T 26
tronçonner T 12
trôner I / P.p.inv. 12
tronquer T /
-qu- partout 15
tropicaliser T 12
troquer T /
-qu- partout 15
trotter I, p.p.inv. / Pr ...12
trottiner I / P.p.inv. 12
troubler T / Pr 12
trouer T 12
trousser T / Pr 12
trouver T / Pr / U, p.p.inv. :
il se trouve que 12
truander I, p.p.inv. / T ..12
trucider T 12
truffer T 12
truquer T /
-qu- partout 15
trusquiner T 12
truster T 12
tuber T 12
tuer T / Pr 12
tuiler T 12
tuméfier T 14
turbiner I, p.p.inv. / T ...12
turlupiner T 12
tuteurer T 12
tutoyer T 30
tuyauter T 12
twister I / P.p.inv. 12
typer T 12

tyranniser T 12

U

ulcérer T 19
ululer I / P.p.inv. 12
unifier T / Pr 14
uniformiser T 12
unir T / Pr 34
universaliser T 12
upériser T 12
urbaniser T / Pr 12
urger U / P.p.inv. / Usité
surtout avec le pronom
démonstratif familier :
ça urge 16
uriner I, p.p.inv. / T 12
user Ti (de), p.p.inv. / T /
Pr 12
usiner T 12
usurper T 12
utiliser T 12

V

vacciner T 12
vaciller I / P.p.inv. 12
vadrouiller I / P.p.inv. ...12
vagabonder I / P.p.inv. ..12
vagir I / P.p.inv. 34
vaguer I / P.p.inv. /
-gu- partout 15
vaincre T 72
valdinguer I / P.p.inv. /
-gu- partout 15
valider T 12
valoir I, p.p.inv. / T / Pr /
U, p.p.inv. : il vaut
mieux 55
valoriser T 12
valser I, p.p.inv. / T 12
vamper T 12
vampiriser T 12
vandaliser T 12
vanner T 12
vanter T / Pr (de) 12
vaporiser T 12
vaquer I / Ti (à) / P.p.inv. /
-qu- partout. Attention
au part. prés. : vaquant
(ne pas confondre avec
l'adj. « vacant ») 15
var apper I / P.p.inv. 12

varier T / I, p.p.inv. 14
varloper T 12
vasectomiser T 12
vaseliner T 12
vasouiller I / P.p.inv. 12
vassaliser T 12
vaticiner I / P.p.inv. 12
vautrer -se- + être 12
vedettiser T 12
végéter I / P.p.inv. 19
véhiculer T 12
veiller I, p.p.inv. / T / Ti
(à, sur), p.p.inv. /
Pr, Suisse 12
veiner T 12
vêler I / P.p.inv. 12
velouter T 12
vendanger T / I, p.p.inv. ..16
vendre T / Pr 65
vénérer T 19
venger T / Pr (de) 16
venir I / + être 4
venter U / P.p.inv. 12
ventiler T 12
verbaliser I, p.p.inv. / T ..12
verdir T / I, p.p.inv. 34
verdoyer I / P.p.inv. 30
verduniser T 12
verglacer U / P.p.inv. 17
vérifier T 14
vermiller I / P.p.inv. 12
vermillonner I /
P.p.inv. 12
vermouler -se- + être ...12
vernir T / Attention au
part. passé :
verni/ie/is/ies (ne pas
confondre avec le nom
« vernis ») 34
vernisser T 12
verrouiller T / Pr 12
verser T / I, p.p.inv. 12
versifier I, p.p.inv. / T 14
vesser I / P.p.inv. 12
vétiller I / P.p.inv. 12
vêtir T / Pr 40
vexer T / Pr 12
viabiliser T 12
viander I, p.p.inv. / Pr ...12
vibrer I, p.p.inv. / T 12
vibrionner I / P.p.inv. 12
vicier T 14

vidanger T 16
vider T 12
vidimer T 12
vieillir I, p.p.inv. / T / Pr ..34
vieller I / P.p.inv. 12
vigneter I / P.p.inv. 26
vilipender T 12
villégiaturer I / P.p.inv. ..12
vinaigrer T 12
viner T 12
vinifier T 14
violacer -se- + être 17
violenter T 12
violer T / Attention au
part. prés. : violant
(ne pas confondre avec
l'adj. « violent ») 12
violeter T 26
violoner I / P.p.inv. 12
virer I, p.p.inv. / Ti (à),
p.p.inv. / T 12
virevolter I / P.p.inv. 12
virguler T 12
viriliser T 12
viroler T 12
viser T / I, p.p.inv. /
Ti (à), p.p.inv. 12
visionner T 12
visiter T 12
visser T 12
visualiser T 12
vitrer T 12
vitrifier T 12
vitrioler T 12
vitupérer T / Ti (contre),
p.p.inv. 19
vivifier T 14
vivoter I / P.p.inv. 12
vivre I, p.p.inv. / T 85
vocaliser I, p.p.inv. / T ...12
vociférer I, p.p.inv. /
Ti (contre), p.p.inv. /
T 19
voguer I / P.p.inv. /
-gu- partout 15
voiler T / Pr 12
voir T / Ti (à), p.p.inv. /
Pr 51
voisiner Ti (avec) /
P.p.inv. 12
voiturer T 12
volatiliser T / Pr 12

volcaniser T 12
voler I, p.p.inv. / T 12
voleter I / P.p.inv. 26
voliger T 16
volleyer I, p.p.inv. / T /
  -y- partout 29
volter I / P.p.inv. 12
voltiger I / P.p.inv. 16
vomir T 34
voter I, p.p.inv. / T 12
vouer T / Pr (à) 12
vouloir T / Ti (de),
  p.p.inv. / Pr (p.p.inv.

uniquement dans
l'expression s'en
vouloir de) 8
vousoyer T 30
voussoyer T 30
voûter T / Pr 12
vouvoyer T 30
voyager I / P.p.inv. 16
vriller T / I, p.p.inv. 12
vrombir I / P.p.inv. 34
vulcaniser T 12
vulgariser T 12
vulnérabiliser T 12

W, Y, Z

warranter T 12
yodler I / P.p.inv. 12
zapper I / P.p.inv. 12
zébrer T 19
zester T 12
zézayer I / P.p.inv. ..28 ou 29
zieuter T 12
zigouiller T 12
zigzaguer I / P.p.inv. /
  -gu- partout. Attention
  au part. prés. :
  zigzaguant

(ne pas confondre
avec l'adj.
« zigzagant ») 15
zinguer T /
  -gu- partout 15
zipper T 12
zoner T / I, p.p.inv. 12
zoomer I / P.p.inv. 12
zozoter I / P.p.inv. 12
zwanzer I / P.p.inv. /
  Belgique 12
zyeuter T 12

Imprimé en Italie par Rotolito Lombarda
Dépôt légal 1° édition : Juin 1999
N° de project : 11010846
580116 - Juillet 2010